2002 北京人民广播电台年鉴

北京人民广播电台　编

中国广播电视出版社

市委副书记龙新民，市委常委、宣传部部长蔡赴朝，市委副秘书长赵东鸣，市委宣传部副部长王荔茹等领导到电台调研

市委副书记龙新民、副市长林文漪在北京教育广播承办的第四届北京出国留学咨询会上

广电总局副局长张海涛来我台检查“十六大”安全播出的准备工作

为搞好“十六大”宣传，对全台采编播人员进行封闭式培训

我台举行两年制英语大专班毕业典礼

台领导和相关部门领导欢送第一批赴澳大利亚媒体访问学习团成员

以人事、组织和培训部主任陶维许为团长的“越南之声”代表团一行6人来我台参观访问

能容纳50多人的语音教室

新闻广播记者陈京英（右一）在北京市第十一届人民代表大会第五次会议开幕式结束后跟随市委书记贾庆林采访

“十六大”报道小组组长陈建勋、记者朱凌翔

新闻广播记者张延红（右一）在中共北京市第九次代表大会中外记者招待会上采访

张娜依荣获第五届全国百佳新闻工作者称号

北京经济广播和西城区人民政府共同主办“首届北京金融服务咨询日”活动

纪念周总理为北京电台外语讲座开播批示30周年大型座谈会

北京交通广播和北京交通工程学会共同主办首届国际城市交通广播论坛

由北京交通广播等单位倡议、出租行业募捐建立的“北京的士希望小学”迎来5周年校庆

北京交通台－交管局指挥中心直播室举行开播剪彩仪式

北京交通广播在第七届国际车展现场直播

北京音乐广播与中央电视台文艺中心合作，通过卫星向全国15家省市音乐电台现场直播第十届全国青年歌手电视大奖赛

北京音乐广播通过（全国）卫星音乐广播协作网在全国16家省市音乐台现场直播庆祝香港回归五周年大型演唱会

2002年12月31日北京文艺广播在人民大会堂现场直播北京新年音乐会

北京体育广播记者焦钰辉采访亚运会的首枚金牌获得者男子花剑运动员王海滨

北京体育广播在做直播前的准备工作

编辑说明

一、《北京人民广播电台年鉴》主要记载北京电台基本情况和发展变化，反映在编一年中的重大事件、各方面工作的情况和史料。

二、本年鉴从1994年起，每年编印一册。2002年刊为第九卷，主要包括以下部分：1.概述；2.特稿；3.重要会议；4.规章制度；5.宣传工作；6.专辑；7.节目设置；8.评奖；9.论文；10.经验、体会；11.听众工作；12.技术工作；13.管理与经营；14.外事外宣；15.机构；16.人物；17.出版物；18.大事记。

三、对本年鉴有关栏目的几点说明：

〈特稿〉——收录台领导撰写的有关文章和重要讲话。

〈专辑〉——介绍重大宣传报道活动。

〈节目设置〉——介绍本年度新开办的节目（栏目）和优秀节目（栏目）及各专业台本年度广播节目时间表。

〈论文〉——收录本年度获奖论文，一等奖论文全文刊登，二等奖论文摘编；有关报刊发表的论文作篇目索引。

〈经验、体会〉——选录有关报刊发表的经验、体会文章。

〈人物〉——介绍当年聘任的副处级以上职务和评聘的副高级以上专业技术职务人员，并附当年职称评定情况一览表。

四、《北京人民广播电台年鉴》的编辑工作得到了台内各级领导及有关部门的关心和大力支持，在此一并表示感谢。

编写说明

目 录

一、概　述

党的“十六大”是我们党在新世纪召开的第一次代表大会，意义非同寻常。为此2002年北京电台把迎接“十六大”，宣传“十六大”，贯彻“十六大”和深入宣传“三个代表”重要思想，作为宣传报道工作的主线和头等重要任务贯穿全年。为了保证这项工作全面、准确、顺利地完成，台党委在党的建设、干部队伍建设和宣传管理等各方面采取了一系列措施，为确保全台每个阶段的宣传在把握正确导向，维护社会稳定，宣传改革成就，营造良好舆论氛围等方面都发挥了有效作用。

为了搞好党的“十六大”宣传，从年初开始，就进行了深入研究，周密部署。随着时间的推移，每个季度都有具体安排。据不完全统计，从年初到11月中旬，全台推出16个挂牌节目，播发的有关迎接、宣传“十六大”的各类报道多达1160篇（套），投入人力物力之多、推出挂牌节目之多，在北京电台历史上还是第一次。在宣传党的“十六大”的同时，还着重抓了北京市第九次党代会、首都精神文明建设、重点工程建设和“两会”报道等。

为了搞好“十六大”的报道，电台党委从抓队伍建设入手，加强了人员培训，继6月份对全台90多名各级干部培训之后，8、9月间，又对300多名采、编、播人员进行了培训，大大增强了全台干部和采编人员的责任意识和把关意识。技术部门加大了技术设备的维护，严格了各项规章制度，有效地保障了“十六大”期间万无一失，安全播出。

由于全台宣传、技术及各部门的共同努力，2002年的宣传报道工作取得了圆满的成功，得到了社会各方面的赞誉。另外，2002年北京电台在“北京广播在线”、“音乐资料公用库”的建设、机构调整、基础设施建设以及经营创收方面也都取得了新的成就。

二、特　稿

肖培在北京电台宣传管理干部培训班上的讲话

（根据6·26录音整理、未经本人审阅）

很高兴有机会和大家探讨一些问题。今天我准备就“新闻队伍的思想政治建设”和“抓住机遇，加速发展，打造区域媒体巨人”这两方面的话题与大家做一次思想交流。

首先我谈第一个问题，我们队伍的思想政治建设。作为一支新闻队伍，特别是社会主义新闻队伍，思想政治工作是一切工作的首要任务和面临的永恒的课题。

我们应当充分认识加强队伍建设的必要性。我认为要明确的第一个问题“三个代表”重要思想是新闻工作今后相当长的一段时期内，即在改革开放进入新时期、新阶段的历史条件下，新闻（舆论）工作的根本导向。实践“三个代表”要求我们增强把握正确的舆论导向的水平，继去年7月1日江泽民同志发表重要讲话全面阐述“三个代表”重要思想以后，今年的5月31日江总书记又一次发表了重要讲话，这一重要讲话应当说是“十六大”的重要思想准备，是基本的思想旗帜。大家知道，“十五大”召开之前，研究《报告》应怎样阐述新的思想表述，于是提出两个字，就是“旗帜”。《报告》中有两句话：“旗帜就是方向，旗帜就是力量。”前不久“5·31讲话”完整表述了：高举邓小平理论的伟大旗帜，全面贯彻“三个代表”要求的论述。这一论述应当理解为是“十六大”重要的思想旗帜和召开“十六大”的根本指导思想。“5·31讲话”的第二个标题“与时俱进努力开创建设有中国特色社会主义的新局面”是“十六大”的根本政治任务。一个是政治旗帜，一个是政治任务。“5·31讲话”应该是在改革开放和社会主义现代化建设事业进入了新阶段，面临新形势、新任务的特殊时期提出的我们党面临的庄严的历史使命。我们要理解如何把握正确的舆论导向首先就是要以“三个代表”为根本要求，并作为今后我们舆论建设的根本导向和根本指导方针。“三个代表”最重要的理论贡献就是，根据进入新世纪、新阶段和面临的新任务提出的一个崭新的、依据世界变化了的形势、依据中国迅猛的发展和依据我们党面临的历史使命，提出的重要的思想理论体系。

我理解，提出这样的理论体系，是有充分依据的。其一是世界变化，指的是全球政治的多极化和经济的全球化。江泽民同志概括“三个代表”的产生是依据这“两化”的曲折发展而诞生的崭新思想，是继承马列主义、毛泽东思想和邓小平理论，依据新形势产生的一个重要思想。其二是中国发展。中国全面进入小康建设需要新实践。人均GDP800美金的水平达到了，去年宣布全国进入小康，中国社会主义建设进入了新阶段，初步、总体告别了贫困。另外，加速社会主义现代化建设的进程需要新动力。尤其是加入世贸组织，如何把我们内部的各个阶层的动力调动起来，形成力量的核心，同时更加充分、有效地利用国际资源。再有就是中国内部社会阶层的迅速分化，需要新分析。中国改革开放20年之后，中国社会发生的最大变化就是阶层的分化。用我们电台的发展做分析，专业化办台，前提就是受众的细分化，而受众细分化的基础是需求的多样化，需求的多样化的前提又是社会阶层观念和需要的多样化。所以20年来，中国社会阶层在迅速地演变。去年年底据中国社会科学院的报告反映，中国社会分成十个社会阶层之多，说明中国社会阶层在迅速演化。在这样的情况下，需要对中国社会的各个阶层进行透彻的分析。毛泽东同志曾经分析的第一个问题是“中国社会的各阶级”，提出我们应该依靠谁、团结谁、打倒谁，是一种崭新的思想方法，直至1945年，毛泽东写《新民主主义论》时，他感到我们党迅速发展壮大，未来中国的社会框架搭成了，于是在政论文中去抒发自己的心情——一轮红日冉冉升起，我仿佛看见了茫茫大海上已经露出的桅杆……这是对中国社会各阶级的分析已经完成了，对中国前进的方向和力量已经全面掌握了，而产生的一个历史性的结论。进入改革开放新时期之后，中国急需对社会各个阶层有一个透彻的分析，于是江泽民“七一讲话”中提出了很多新思想，比如：关于对无产阶级的判断问题，今天的无产阶级不再是没有财产，房无一间地无一垅，不能再沿用这样的概念，对各个阶级分析过后，我们可以明确，我们要代表先进生产力的发展方向，要团结、凝聚、吸引代表先进生产力的那些社会基础、社会先进分子，有的甚至要实验进入我们党内、从而完成我们党“十五大”提出的伟大工程，面向新方向加强党的建设，使党充满活力，从而巩固中国共产党的执政基础。其三是党的使命。江泽民提出很重要的一点就是，把党的建设作为新时期的伟大工程来抓，核心是强化、加强党的执政意识，提高党的执政水平，使中国共产党牢牢地把发展作为执政的第一要务。“5.31讲话”能发表的就2000字，但是其中的思想内涵异常丰富，可以深入开掘，我估计，在“十六大”会有深入的阐述。它对于我们分析中国社会各个阶层，从而认识中国共产党崭新的发展方向，为一个历史性的变革和飞跃提供了很重要的思想理论依据。中国共产党有一个很重要的特点，就是时刻把理论建设作为全党建设的第一任务，所以党建分为思想建设、组织建设、作风建设、廉政建设四大部分，而核心就是思想建设。思想建设中核心又是理论宣传，我们党最早提出“发动群众、组织群众”，发动群众靠舆论，这是党的使命之一。江泽民提出一个很重要的思想：新世纪，我们要建设三个文明。80年代，邓小平提出要建设两个文明，是依据马克思主义关于世界存在的两个方式而提出的，即物质世界和精神世界，因此人类的文明形态依据世界的存在方式而划分为两大文明形态，一个是物质文明，一个是精神文明。江泽民提出，新世纪要创造三大文明，即高度的物质文明、高度的精神文明和高度的政治文明。基础和依据是，在一个文化形态发展过程中，世界除了物质和精神之外，一个介乎于两者之间的东西，就是制度。制度具有主观性，而制度的决定和存在方式又具有客观性。因此制度是介乎于主观世界和客观世界，介乎于物质文明和精神文明之间的一种存在方式，它的选择是依据一定的理论基础、社会基础而作出的，是主观的，而制度一旦存在，它又是一个客观的体系。制度文明概括出来就叫政治文明。实际上是我们的国家体系，其中包括中国共产党的领导和领导下的多党合作制，包括人民代表大会制度、政治协商制度、参政议政制度、基层民主选举制度等，还有高度的民主、高度的法制，这个新理论的提出，总结了将近20年文化理论建设的成果，学术建设的成果。过去我在高校工作时，教了六年西方哲学史，主要研究的是体制。近20年来，我国一直在致力研究体制文明，现在终于提出了“三个文明”，这是一个重要的理论贡献，写进我们党的报告中，将是一个里程碑式的理论。在邓小平理论的基础上又有了新的继承和发展。“讲话”中江泽民还提出，社会主义的自我完善，需要与时俱进的理论武器。不断地要产生新思维、产生新思想，统领新实践。我们党长期执政，要永葆先进性和创造性，就要把握崭新的决定性的因素，这一因素要到社会各阶层的分析中去找，要到变化了的形势中去找，要到我们党面临执政的新课题、新任务中去找。这就是“讲话”产生的强大的社会基础。我们经常讲要做好思想政治工作，而做好思想政治工作的要务是提高信息量，饱有信息量是思想政治工作成功与否的关键，要在不断地信息交换当中，开阔眼界、启迪心志、明确大局。这才能保证思想政治工作长期地拥有活力。我们把“讲话”提出的时代背景了解清楚，有利于我们把握正确的舆论导向。

社会主义传媒要集中体现“三个代表”的重要思想（按照“三个代表”的要求才能建设好社会主义新的传媒形式），我理解，社会主义传媒事业是知识密集型的文化产业和公共事业，因此，它集中体现了“三个代表”的要求。我们的传媒业要不断运用新的先进生产力成果、新的科学技术成果，发展和开发社会主义新闻生产力，同时传播先进生产力发展的要求，我们在技术成果的运用上应该是不断地把握最先进的东西。我国传媒面临的一个重要的问题是自主知识产权的技术开发不足。虽然成果享用非常快，但自身的技术开发和引导不够。我们自身要发展，首先要运用先进的生产力，其次，传媒有一个重大的任务和时代课题，就是必须向社会传播先进生产力发展的方向和要求，社会主义的传媒业要集中宣传、倡导、弘扬先进文化的前进方向，同时，自身要再现先进文化的一切成果，我们既是先进文化的传播者、张扬者，同时自身又必须体现先进文化的性质。“5·31讲话”十分强调文化成果的发展问题，其中有许多崭新的思想。比如：文化建设的任务是什么，传媒的根本任务是什么，江泽民说，要大力发展面向现代化，面向世界，面向未来，民族的、科学的、大众的社会主义文化，不断丰富人们的精神世界，不断增强人们的精神力量，这是给文化事业，包括新闻传媒事业提出的一个任务，“5·31讲话”中又有一个新思想，就是“把培育和弘扬民族精神，作为文化事业的极为重要的任务”。要“增强有民族特色的社会主义文化的吸引力、感召力”。第三，传媒要在体现喉舌性质的同时，代表人民群众的根本利益，反映群众的当前利益，站在群众当中办传媒，在“急”、“难”这些事关群众切身利益和实际要求的问题上帮助群众，从而引导群众。传媒在服务于群众利益上是三个任务，一是代表群众的根本利益，二是反映群众的当前利益，三是在群众遇到急事和难事的时候，要帮助群众，根本的是要在人民群众中办传媒。我在晚报时经常考虑一件事，当时大家提得最多的是“贴近时代、贴近生活、贴近群众、贴近读者”。“贴近”总是让人感到你是游离于生活之外办传媒。我大量阅读了过去的晚报，我了解到邓拓同志有这样一句话，“晚报，要站在人民中间办报”，这比“贴近”准确多了！不是游离，是站在人民中间，我是你中间一员。所以我觉得我们社会主义传媒就要集中体现“三个代表”的要求，从而宣传、贯彻和实践“三个代表”。这是我要讲的关于加强对新闻队伍的政治思想队伍建设的必要性的第一个问题，“三个代表”是新闻工作者的根本导向。

第二个问题，加入世界贸易组织以后，新闻事业不断深化改革的新形势，要求我们的传媒有新的发展。中国的传媒业在自身竞争不充分，发展未完成的特殊历史条件下，面临着一个严峻的局面。由于加入世界贸易组织这样一个特殊形势，我们的传媒面临着从“内战”到“抗战”的转折。我这是一个形象的概括。今天我们自身还在竞争，还不完善，突然面临全球强大的传媒，虎视眈眈要进入我们的传媒市场，争夺我们的受众。我们在自身舆论建设不断发展的时候，在舆论斗争不断强化的时候，我们又面临着国际竞争。我们目前的形势概括出来就是“从内战到抗战，从舆论斗争到舆论竞争”。这是从2002年开始的崭新的历史形势。我们面临着与世界强大的传媒竞争的特殊历史机会，我们面临着特定的挑战时期，我们的传媒工作者肩负着我们民族传媒事业的发展和对西方传媒优秀的文化遗产的兼容并蓄的特定的生存环境，面临着既要在发展中提升自己实现传媒的现代化，又面临着如何把握正确的舆论导向，坚持民族的、大众的、科学的传媒方向和历史使命。这个任务注定要由我们生活在开放时代的人来完成。具体说，我们现在面临着两个任务，一个是在多元化的西方政治主张影响年轻一代的成长和价值取向的时候，如何坚守阵地，同时完成“三个代表”要求，并按照它的方向来实践自己传媒使命的提升。二是坚持民族的、大众的文化根基的问题。我们面临的环境是全球传播一体化的舆论环境，概括起来就是全球信息同步传播，全球思潮同步发生，全球咨询同步传递，全球热点内外互动，全球传播形势共享。我们经历了生产的一体化，我们经历了资本的一体化，我们经历了市场的一体化，我们还经历了西方跨国资本进入以后的本国化，现在我们要经历一个更加深刻的文化层面，叫全球传播舆论环境一体化。这也是我个人的概括，不准确。我们要看到这个环境是由于我们加入世贸组织以后而出来的。前不久我去香港的时代华纳看了一下，时代华纳在香港的亚太总部基本上是中型电视台的状态，包括CNN整个设置，杂志的制作，时代华纳的推销，影片制作的一部分，装备条件比我们现在电视台的条件不差。能够明显感到，他们把华娱台吃掉以后，对中国，对整个金三角地区进行改造的欲望。这个形势对我们来讲非常紧迫，要求我们加速发展。我曾经认真地把加入世界贸易组织以后，对中国传媒业的要求原本文件拿来看了一遍，想来想去最根本的问题是发行市场。北京的发行市场今年开放，一个发行公司，包括图书发行、音像发行，在北京可以建两个分销点，三年之后，允许控股。所以我专管传媒以后，第一件事就是敦促新闻出版局，迅速地、赶紧地组建发行公司。把各个新华书店的发行公司整合起来，作为北京传媒业一个新的突破口。因为给我们留的时间只有两年半，我们的新华书店现在没有多少人去买书，新华书店卖书人不懂书，都是问题。我们要尽快建成规模，形成物流、配送。我查阅过一些资料，考虑将来按一千户设一个门店的形式让各类出版物进入社区，我们要建社区书店，发展连锁经营。像贝塔斯曼书友会，我买书都是通过他们，他给我送家里来了。我们怎么抵挡他，就给我们留下两年半的时间，我们体制老，没有钱呀！行政开道、资本垫底，而绝对不能再搞单纯的行政撮合，见不到利益。举个配送的例子：北京小红帽150辆车，由北京青年报支付55%的发行费，2000人的队伍，送一趟报纸就没有事了，这个队伍的资源没有充分利用起来，应当想办法进行整合，形成股份制的发展局面，就是不要形成千龙网现在的样子，最好有自身能力。这是北京传媒业面临的迫切任务。两年半，西方资本完全可能进来，畅通无阻，可以建电影院，选择权是他们的，这就关系到我们社会主义精神产品的最终实现的终端能不能控制在我们手里的问题，所以要加速发展。这次“黑网吧”火灾，西方传媒大做我们的文章，法新社、路透社从来不说中国网吧里失火，而是说中共政权把网吧和妓女划为一个词，中共借整顿网吧一场偶然事故，要设置数字鸿沟。一着火，他们记者比我们记者先到，这说明全球互动的形式，传播同步的形式，咨询同步传递的形式非常迅速。在这样的情况下，需要我们对全球一体化的舆论环境有新认识，我们的思想政治工作，就是要研究在全球传播一体化的情况下，如何做好群众的思想政治工作，将来宣传典型，就要找这种典型，是开放中做思想政治工作的典型，具有时代特点，挖掘出时代经验，这决定典型的思想水平，我们的思想政治工作也才能提高水平。

再一个，加入世界贸易组织后，我们面临一个新的问题，就是要掌握和开发新技术。传媒技术在世界上发展非常快，比尔·盖茨在APEC期间跑到上海来，发布视窗XP的消息。今年三月份联想宣布转移，叫进军移动技术。就是说，过去新闻业是由广播电影电视局，由新闻出版局控制的，现在加了第三个力量信息产业部，网络管理是信息产业部管理的。整个信息产业发展的重要趋势就是让你随时随地接受和享用信息，移动是新闻发布和接收的根本的未来环境，要研究移动性。我们跟三星合作，2006年争取建成移动发送图像信息网络。2008年一定要实现移动接收奥运信息。我们的办公也要移动性，这是世界技术发展的一大潮流。因此，传媒技术分成传媒主体技术、开发性技术、产业链技术、前瞻性技术四个大的技术领域。比如说，开发性技术，我要求晚报开始制作客户管理系统，力争把所有用户统计出来，我可以向广告公司定向出售信息，可以定制未来信息，深度地开发受众。《纽约时报》过去20年没有办电子版，今年3月20号开通电子版，一开通每个月6.83美金，利用的就是自己的客户管理系统。你早上打开电脑以后，给你发送的信息是你要的信息。晚报搬入东方广场办公了，发来的整个稿件全部是无纸化，一次发到我的机器上，印刷出来就行了。数字化的广播技术将来我要认真学习，现在没有发言权。一句话，技术是在不断发展的。谈到把关也是需要技术的，你可以把法轮功输入关键词，所有稿件有法轮功就能跳出来，光靠人把关不行，盯不住，不如把宣传纪律都输入电脑，设定关键词，哪篇稿子里有这个关键词，一下子就跳出来，现在千龙网把关就是这样。技术在发展，很多东西都需要新技术。还有产业链技术，包括广播也是如此，如何发展自己的产业链，形成自己的产业链。现在你们的产业链组织得不错，像国际音乐节，就是产业链技术，就是产业链的一种业态形式。所以在这种情况下，我们要不断适应新情况，从而提高我们的舆论导向水平。这样一个世界科学技术的迅猛发展和加入世贸组织以后的紧迫形势，迫使我们要不断地发展事业，强化导向，使我们在不断地对内竞争、对外竞争当中，把我们的媒体做大、做强，能够形成强有力的坚持正确的舆论导向的物质基础。

第三个问题，传媒主体多样化，传媒竞争加剧，要求我们的队伍建设要上新台阶。过去传媒业主体是单一的，都是由我们国家经营的，但现在资本不断地向传媒业扩张，形成了三种资本业态。（1）业外资本进入传媒。我们看到的《21世纪经济报道》、《经济观察报》全部是业外资本。（2）境外资本的进入。过去办得不错的，但长期被资金困扰的《三联生活周刊》。（3）业内资本互持。离我们最近的就是北京广播影视集团投资《北京娱乐信报》。业态发生变化，就是所有制形式在发生变化，这样带来了不同体制的竞争。从竞争规模上来看，我们现在竞争的是资本的规模，信息的规模，媒介的规模，受众的规模。过去认为信息发布的准确性决定了信息发布的质量，现在是信息发布的速度决定了信息发布的质量。你的信息发布得快，就能达到制高点。比如中美撞机事件，我们信息发布慢，西方舆论快，他撞了我们，他在国际舆论上还能先发制人，把扣押的24个人的姓名、背景、妻子对他们说的话都公布了，第一时间全球舆论很同情这24个人。可是我们牺牲了王伟，我们做的一切公布晚了，滞后于第一时间。所以信息传播速度决定传播质量。

媒介规模也存在竞争，单一媒介在竞争中很难形成强有力的资本积累，单一媒介的发展，很难不依靠单一广告渠道的资本积累。所以我们想到集团化发展，集团化关键取决于多样的传媒形式的组合，而不能仅仅是单一传媒形式的组合。世界上并没有报业集团的概念，都是传媒集团，在集团内部是复合式的传媒组合。这给我们提出很多新的课题。受众规模，不等于受众的多寡。不是《北京晚报》读者一百万，一百万的受众就形成了规模。而必须对受众进行细分，受众中有哪些是能够进行再生产和再开发、再增值的，这是核心。所以，要把受众当作我们的资源去开发。同时，对信息的整合能力也是竞争的内容。

面对激烈的竞争，竞争形式的多样化，竞争主题在多元化的特定历史条件下，必须保证我们的队伍能够不受干扰，坚持正确的政治方向，必须保证竞争中保持社会主义传媒的根本性质。同时要强大自己，必须保持新闻队伍的政治素质。在竞争中我们看到，竞争需要的是持久动力，而只有发挥我们的政治优势，塑造我们的职业精神，才能真正在竞争中提高我们的竞争能力和提供持久的动力。支撑人的力量是职业精神。泛泛地讲，对于事业有时我们缺少一种虔诚的职业精神，对一个事业的忠诚和对自己的忠诚，这个东西靠钱是买不过来的，得靠思想工作，得靠队伍建设。所以我在晚报年年开思想政治工作会议，只要有人病了，特别是外地人，一定要去看他，他妈来做手术，我也去看他妈，这个人就牢牢攥在我手里了，因为培养了集体的感情。现在的年轻人游动性很强，一年能换八个工作，是缺少组织对他们的关怀和关心，过去大学毕业生都是周总理在人民大会堂做报告，讲你们即将到祖国最艰苦的地方，哪里有需要，哪里有困难就到哪里去。当然现在人太多了，讲不过来了。那个时候我们的学生能感到党的关怀，人民的培养，现在我们不提这个了。但是要让我们记者感到，是人民在培养你，事业需要你，党在关心你，这是一个持久动力。在一个利益分配较为纷乱的形势下，需要我们有正常的、和谐的、正确的人际关系，这是靠政治工作培养。

我还要跟大家谈三个观，观点、观念、观察；三个视，视野、视角、视点。不同的“三观”、“三视”，一定产生不同的新闻，也就是说新闻是靠“三观”和“三视”提炼出来的。我们要求我们的记者观点、观念和观察是准确的，要求我们的记者具有宏观的视野，准确的视角和现实的视点。新闻竞争最后拼的一定是视野、视角和视点。因此无论什么角度的报道，都会客观地对社会产生导向，这个导向实际上是对社会受众的客观作用。导向作用的产生具有客观性。新闻报道的作用在于反映客观，引人思考，从而产生认识的发生过程。新闻写作本身具有主观性，但是新闻的作用是产生观点指导社会行为。全球舆论都报道裁判不公，绝对产生的是舆论行为。因此这种社会行为的产生，无论怎样，都使舆论产生客观的导向作用。强调导向问题，我是为了证明导向是客观的过程，认识这一点才能坚持正确的舆论导向。再有，导向的设定具有主观性，这是不能否定的。新闻不只是反映客观的，因为新闻中的导向是由作者、编者、总编和媒体的价值所确定的。导向是由作者的价值、编辑的价值、媒体的价值、总编辑的价值所设定的一种作用方向。反映的是主办者的意志，西方也一样，反映的是主办者的意志。我在《纽约时报》实习，跟他们探讨问题的时候，能感觉到中国一种从骨子里的感觉，这个感觉后来我研究中美历史时感到，从上个世纪初开始，两国一直在斗争中发展的特殊环境决定了这一切。所以我们讲究导向，强调导向，也是必然的，是自觉的，是对规律的认识。我们能够提出导向这个概念，证明我们党的新闻管理工作在很大程度上掌握了新闻的规律，这是我们的自觉行为。所以强调导向是中国共产党自觉执政的重要基础。自觉就是对必然的认识，所以江泽民同志在做总书记期间，对导向问题有一系列重要的论述，比如：导向正确与否，关系到党和国家的福与祸；又比如在军报讲话中提出，政治家办报；关于四个根基的理论；关于打好主动仗，唱响主旋律的舆论态势的思想；关于用正确的舆论引导人的方针的提出；关于舆论要团结、稳定、鼓劲的方针执行；关于阵地意识、大局意识、政治意识的强化，等等。这一系列思想构成了江泽民同志在他执政时期，对舆论工作管理的思想理论。这种思想理论的不断提出和强化，是我们党自觉执政的重要根基。开个玩笑讲，我们歌颂农民起义，所以才有昌平那个雕塑，李自成挥马直指紫禁城。执政党要研究执政规律，所以江泽民同志的“5·31”重要讲话，2000字中，13处提到执政，强调执政，执政意识。将来最大的腐败就是不敢执政，不勇于执政，这是最危险的一个问题。所以江泽民同志在他的领导时期，不断强化执政意识这个总体方向是非常正确的，自觉地调控舆论新闻的客观作用过程，所以保持正确的舆论导向，是我们必须坚持的一个方针。同时，我们还要看到，社会主义舆论的诞生和发生，具有两大作用，社会主义舆论对我们党来说具有宣传发动作用，还有社会组织作用。你们就很巧地利用社会组织作用，多伦治沙，坚持一年多，天天播“35块钱治一亩沙地”，这是社会主义舆论不可忽视的作用。

通过正确导向，产生统一的、自觉的行为，而这种舆论组织作用，对后发现代化国家来说，尤其重要。中国是一个后发现代化国家，只有20年现代化的超速发展进程，百年现代化史，20年的超速发展进程，对后发现代化国家来说具有强大的社会主义因素的作用。导向在客观社会里，是多元的，功能也是多样的，分析导向作用，从功能层面分成根本导向、政治导向、安全导向、社会导向、文化导向和生活导向六个方面。（1）根本导向。我们的舆论必须保证坚持社会主义方向，必须保证舆论在意识形态的意志和利益上的根本方向，不能动摇。建党80周年时，学术界有人讨论共产党存在的合法性，这是根本导向问题，不能讨论，碰都不能碰。（2）政治导向。政治导向的根本就是在政策、民族、外交、军事、学术这些问题上与党中央保持一致。（3）安全导向是指国家利益。在大量的对外报道中，一定要坚持维护国家利益原则。（4）社会导向。社会导向包括稳定、宗教、道德等问题。好多东西过去我不理解，火灾报就报了，哪个国家不烧死人。其实这对大局的影响，对整个北京的影响很难估量。我到这个位置工作，每天接收的信息让我了解，为什么有些消息控制就是第一位的，不能炒作，炒起来以后很麻烦。好报道也得考虑社会负面效果。八达岭高速路1999年10月1日通车，9月30日一整版报道，说比利时专家讲，我要是上帝都会亲吻这条路的，第二天六点钟出发去八达岭的市民，晚上六点半还没有到八达岭，全线堵车。通过这个事例说明，正面报道也会有社会客观问题，有社会影响问题。全国为了“肉”的问题，已经撤了七个总编辑了。我建议你们在编稿的时候，敏感的事就不要报。再举一个例子：八月十五做月饼，我们一个回族的部主任报了一条鸿宾楼做腊肉馅月饼的消息。回民有腊肉吗？没有就出事了。好在到北京图书馆查资料，查出陕西一个村做过牛肉的腊肉，万事大吉。依据我们现在队伍的知识水平，根本把握不住这类问题，这里涵盖很多知识。还有道德的导向，社会风尚的导向。（5）文化导向。要传播崭新的文化观念。（6）生活导向。关乎生活方式、生活文明和生活格调。南方的报纸为什么跟香港报纸一样，口水新闻特别多，就是格调有问题。21世纪的新闻最终打的是格调，拼的是人文观念。晚报在发展过程中，有过这么一段经历，当有的报纸在迅速地发展汽车、广告负载品的时候，我花了很大力气建设人文板块，人文周刊，新知周刊，世纪导刊，我们花了很多力量做这个，打造人文的认知平台，最后把读者深层次地、稳定地吸引住。他读你的报纸不是看热闹，是内心地、稳定地需要阅读。所以导向是多层面的东西，同时导向的实现方式也是多样的，有直接的、间接的、迂回的、抽象的、具体的，要艺术地把握导向的实现方式。

坚持把握正确的舆论导向，是新闻工作者的崇高使命，是我们党自觉执政，自觉地维护和发展国家利益，是我们国家作为一个后发现代化国家迅速发展的重要的社会组织条件，因此要求我们的传媒工作者忠于祖国、忠于党、忠于事业，要求我们有政治意识、大局意识、责任意识，要求我们分析方向，把握方向，实现导向，要求我们守土有则、执行纪律、严格把关。为什么要首先从思想认识上讲清楚坚持导向是客观的，也是我们形势发展所需要的，在这个过程中切实提高我们的导向水平。

下面是我今天要讲的第二个问题，讲发展。这是对全市讲的，不光是对电台，抓住北京持续六年的难得的历史机遇，加速发展，加快打造传媒巨人或者区域性传媒巨人的步伐。

坚持正确的舆论导向和加速发展是我们面临的一个任务的两个方面，不是割裂的，是统一的，加速发展，才能形成巨大的坚持导向的事业基础，坚持导向也才能够真正地加速发展。所以我们落实市九次党代会精神，不久的将来，落实党的十六大的精神，北京要借面临的奥运之机，制定切实的发展规划，最好能够利用奥运会在北京举办，传媒事业必须长足发展的特定历史机遇，把自己做大做强。甚至成为在亚洲具有重要舆论影响力和物质实力的传媒巨人，我们面临着这样一个特殊的历史课题。九次党代会上提出北京要加速实现现代化，率先基本实现现代化，北京的传媒同样面临着如何加速实现自身现代化的任务。而在这个机遇面前，在这个历史任务完成之前，奥运又给我们提供了特殊的历史机会，大量的事情都可以借助这样一个机会去发展，去构想，去解放思想，与时俱进。在解放思想中统一思想，这是江泽民同志今年年初提出的很重要的思想，胡锦涛同志在全国宣传部长会议上讲，要在解放思想中统一思想。今年统一思想的任务很重，这是丁关根讲的，要加快解放思想的步伐，加速事业的发展。同时，奥运会在北京举办，给我们提供了难得的国际沟通机会，以办奥运为由头，扩大国际影响，提高区域舆论的辐射力，打造区域传媒强势的品牌，特别是在亚洲区。我们一步不能成为国际的大传媒，我们在亚洲总可以吧。北京有一些单位是有条件在总量上实现的。全国最好的报业集团是广州日报，总资产量 40 个亿，年广告收入 13 亿，全国第一。第二是上海新民文汇报业集团，可经营资产量在 27 亿，年广告收入 10 亿。北京日报报业集团排第三，总资产量 22 亿，年广告收入 7.5 亿。北京的传媒资源如果稍加整合，完全可以诞生 45 亿的总资产量，特别是可经营资产量较高。当然和广电比，又不一定了，广电系统设备投入高。我说的是可经营资产，还不能算固定资产。这就要考虑如何用行政开道、资本垫底的方式打造全国第一传媒集团，起码在报业。北京日报社的大楼建成以后，资产量能从 22 亿上升到 35 亿，怎么联合，怎么迅速发展，要考虑这些问题，包括我们的电台也存在这样的问题。如何提高、培养信息采集能力，整合信息发布能力。奥运会期间，记者不能光看你的大型公告牌，北京的传媒有没有能力参与奥运会，是要求，也是一次检验。要奔着 2008 年的目标设计和发展北京的传媒事业，这是一个很重要的问题。要迅速扩大我们在区域和国际的影响力，要实事求是、量力而行地来探索、壮大我们的传媒规模。中国歌曲排行榜到美国去能够有影响，意味着什么？当前世界一大特点，特别是全球媒体一体化的环境下，内外宣一体化，大量的内宣工作直接影响外宣，外宣工作又扩张到内宣，它是一个互动过程。特别是在华人圈，包括北美华人圈的合作，入手去扩大品牌，输出性合作，培育国际竞争力，增长国际竞争的见识非常重要。所以我觉得贯彻党代会精神，如何抓住这个机遇，是北京传媒面临的一个课题，同样，广播电台也面临这样一个问题。这个问题需要上下研究，发展是我们执政兴国的第一要务。

再一个要制定规划，同时面临一个任

务，不断提高办报、办台的水平，包括电视台，要不断地创新节目形态。北京人民广播电台面临一个极其特殊的环境，在分众化的条件下，专业化办台的问题，这是我们大的方向。在专业化的办台当中，在分众化时代，你们定的专业化办台方向我是支持的，但是在这个过程中，我提出一些问题我们来研究和探讨。比如分众化的形态，如何研究和确立大众化的共性特征的问题。方向是分众的，一方面研究分众形态，一方面要研究共性形态。我在实践中有体会，报纸的前16个版是共性的，是新闻，后面都是分众的，什么娱乐、体育、新知等。我们要正确地认识分众化和市场细分化。在这种情况下，有几个层面的问题供我们大家思考：（1）宽众中要瞄准具有价值影响力的窄众。宽众的报道一定要瞄准具有价值影响力的窄众，从这个窄众的价值传播影响受众。而窄众的报道中要注重寻求宽众的价值。（2）宽众中寻求注意力，比如我们办新闻是宽众，一定要寻求社会注意力，没有注意力，没有"眼球"，没有听众是不行的。新闻也是如此。为什么报纸要大力发展深度报道，因为跟网络比，有四个比不了：速度比不了，海量比不了，检索比不了，互动比不了。我们的对策是：以权威发布应对速度，以区域性、地方亲和力应对海量，以深度报道应对检索，以服务应对互动。所以宽众中寻求注意力，窄众中追求号召力，窄众中没有广泛的社会号召力，窄就要走进死胡同了，最后成为一部分人的，而忽视了大众传媒的共性特征。（3）不以编辑规律代替受众认识规律，比如晚报，老百姓谁知道什么叫副刊，谁知道什么叫导读，首先要好看。我们的编辑规律有时候跟受众的认识规律、新闻发生规律、认知规律是不一致的，以谁为标准？当时在研究晚报分众化的时候，我们提出三个观点，就是要不断提高节目质量和创新节目形态，这是第一个前提，要正确研究受众的问题。大众传媒本身具有的公众特性，一定要把握住。在窄众发展中注意到公众的综合性需要，这样我们窄众的发展才能有旺盛的活力。图钉之所以能扎得深，是有一个受得住压力的面，图钉如果只是一个钉子尾巴，你就按不下去了。任何窄众性的东西必须有一个平面的支撑和具体深入下去的支点，这是构筑一个分众化时代的基本的思维模式，并在这样一个思维方式下研究问题。我们目前面临的竞争是要不断创新节目形态，在专业频道当中去创新，在自己的专业里，既有广度，同时又有深度，节目形态应该是图钉形，这很重要。

再一个，新闻节目创新是我们不断地改进办台质量，办报质量，包括办电视台质量的一个很重要的手段，这个创新就是创造一种可利用的资源。创新的本质是创造一种可以被自己利用的资源，因此，创新分两类，一种是同质创新，一种是异质创新，大家别小看韩国，韩国是同质创新的典范，没有什么新产品，在同一类产品中不断创新，哪个市场大，我就占有哪个。80年代《青年周末》影响大，大家都办周末，后来《玫瑰之约》影响大，大家都办玫瑰之约，它是同质的，同一命题的，能不能取胜，同样能取胜。这些在90年代我们的新闻实践中比较多，也有成功者，只要精心去做，这种同质的创新就会发展。

异质创新就要深入研究节目和受众的形态，必须认识报纸、电视节目、电台节目的类型化特征，报纸叫版面类型化。比如说，专业报纸，有汽车报、房地产报，电台有专业台，我讲的都是新闻共性。北京晚报前32版的新闻是包括新闻元素外加一些专业元素构成的。比如文艺台的新闻加专业元素，音乐台、交通台的新闻加专业元素，构成杂志类型，就是一种集合特征。如何给他们编织在一起，再加入谈话元素，这是值得探讨的问题。去年我到意大利，看到一个网络能跟电台竞争，意大利有一个网站，现在已经发展成一个大规模的电台。听众可以把计算机点到网站上，新闻有文字的，同时有声音，同时还有图片。跟电台一样，整点播新闻。在这种情况下，广播的伴随性非常重要，这个特征元素一定要参与到竞争当中去。发展要有规划，根据不同的特点，不同的定位研究共同性，这样才能促进首都经济事业的发展。《东方时空》改版六七次为什么改不好，就是忽视了一个问题，《东方时空》只有半个小时的新闻，剩下就是访谈，早上的新闻必须是快速的新闻和新闻的背景，你违背这个规律，改版多少次都不会成功。早上从七点到八点半这个时间的节目，是强大的新闻节目时间，对电台来讲，这个时间我听你们的新闻，要把早间运动性的信息加进去，实际上包括动态性新闻、观点性新闻、背景性新闻加上早晨在运动中需要的各种新闻，加上音乐调节，这样构成类型化的特征。北京人民广播电台有很多好的传统，细分化市场要做好，这样使我们有一个节目的合理规划和发展形成对北京市场的强大的、磁性的吸引力。

第三，跟报纸、电视一样，我们的节目生产要更加组织化，调动全社会一切因素，包括调动市场的因素，或者改造我们自己的组织，成为某一种市场的因素来发展和壮大自己。目前我们国家的电视和广播有一个倾向，就是节目生产中，个人化代替个性化，电视中特别明显，是依据一个制片人的认识水平去办节目，节目的水平跟具体人的素质结合起来，特别是在报纸推行编辑制，电视推行制作人制的情况下，保持一个媒体的个性化高水平的发展，而不是个人化的蔓延，是一个值得注意和研究的非常关键的问题。我在办报中有深刻的体会，一个版，一个组合交给一个人，就成了个人化的东西，这是传媒发展阶段共性的问题，不只是电台遇到了，电视、报纸都遇到了。在这个情况下，如何社会化的、科学管理化的、流程化的制作报纸、广播、电视的版面和节目，是我们面临的生产组织问题，要提高节目生产、报纸生产的管理水平，包括节目选题调查，节目规划、策划，节目编制和节目播出反馈，是完整的动态过程。用一个先进的手段去管理它，最终我们的事业才能获得根本的发展，才有坚实的传媒基础。

今天讲了两个问题，主要是讲导向问题，后面是讲发展问题。导向问题是核心的意见，发展问题是基于我个人工作的考虑，对北京传媒目前面临的情况的介绍，不妥的地方请大家批评指正。谢谢大家！

（肖培：北京市委宣传部副部长）

创新——前进的主题

降巩民

广播走专业化道路北京电台虽然不是始作俑者，但是十年来我们敢为人先，取得了一定成绩。在这十年当中我们不仅由一个综合台，扩大到涵盖新闻、经济、教育、交通、文艺、音乐和体育在内的七个专业广播，扩展了规模，形成了声势，而且取得了社会效益和经济效益双丰收。目前，全国各地的电台在广播走专业化道路的认识上基本达成共识，我们多年来积累的经验：“专业化的发展方向，灵活多样的分配机制，权力重心下移的管理结构”，也被各家电台灵活机动地所采用。作为先行者，我们永远要面临新情况、新问题，邓小平同志讲：改革中出现问题要用改革的办法来解决。因此，创新是我们事业发展的永恒主题。

一、新形势促使我们不断创新

北京电台之所以能够高速发展，其根本在于我们坚持了专业化的道路。中国记协年内要在我台召开题为“北京人民广播电台现象”的现场会，与会人员包括广电系统、报业集团、网络杂志等各类媒体的决策者，这无疑对我们是一个激励和促进，但同时也把我们推到了竞争的最前台。

综观全国各级电台和电视台的发展，我们不难发现，过去他们一直默默无闻向我们学习，但现在他们已然成长壮大起来，有的已经成为了我们的竞争对手，有的在某些方面甚至已经超越了我们。中央人民广播电台齐集各路英才与台湾一家公司合作，注资3000多万元人民币，将重新打造以流行音乐为主要内容的“900频道”，其架构先进、专业化特色彰显、指向性明确；中央电视台西部频道（12频道）已经在进行“制播分离”模式的试验，这个问题我们虽然很早就提出来了，但一直没有付诸实施；深圳电台是一个仅有三个频率的台，但今年上半年的创收额度却达到了4952万元；加之境外媒体对国内广播界窥视已久。由此，可以看出我们在专业化进程上、制作模式上、经营创收上已经没有绝对优势可言。当真正市场化的竞争出现在我们面前的时候，我们必须革除原有经验造成的条条框框，以创新的方式去抓住机遇，应对挑战。

二、实践证明创新是生存之道

创办交通广播是北京电台的创新，其专业范围很窄，但适应了市场的发展（北京是全国交通的核心与枢纽，也是全国交通最先进的地区），满足了广大人民群众的需求（北京交通拥堵严重，制约老百姓的出行），显露出了无限生机并且刷新了全国广播单频率创收的纪录；交通广播首创了“多家广告公司代理制”，使其经济效益呈直线上升；他们大胆创新地进行“ISO9001质量管理体系认证”尝试，仅仅一年的时间，使其经营、管理水平又上了一个新台阶，并且拿到了进入市场进行企业化运作的通行证。

交通广播与电视、杂志的互动；音乐广播“爱耳贝丝广告公司”的成立、全国音乐卫星广播协作网的诞生，这些创新之举，在更高的层面上看到了商机，无不昭示着在未来市场中新的经济增长点。

儿童广播与教育广播的合并，撤生活台创办全国第一家专业体育广播等一系列创新，都源于我们对市场的科学调查和敏锐反映，时间也必将证明我们创新的价值所在。

三、我们创新的战略

1．思想认识上的创新

北京电台近几年发展速度很快，干部职工的收入、办公条件和生活条件都得到了很大的改善，这样做符合“三个代表”精神，也是整个社会发展的必然规律。但是，在这种情况之下，我们的斗志是否会减弱、是否会产生贪图安逸满足现状的情绪，是否会缺乏饥渴感和紧迫感？如果我们忘记了所处的环境、形势以及应该付出的劳动，那必将对我们事业的发展造成巨大的损失。因此，在新的历史条件下，我们必须以全新的思想体系来武装干部职工的头脑，克服骄、娇之气。

2．发展理念上的创新

广播除了完成“喉舌功能”之外，还要不断实现它的媒体客观属性，这是广播专业化发展的根本动力，也符合代表广大人民群众利益的原则。

人民群众在媒体改革中的主体地位得到了空前的提升，这是前所未有的。这就要求我们要重视听众的需求、重视对他们的服务，剔除过去那种“唯我独尊”的错误认识，采取各种潜移默化的方法，既要他们接受“喉舌”的宣传功能，还要为自身生存争取市场，实现社会效益和经济效益的双丰收。

3．对专业化发展方向认识的创新

目前，广播专业化的发展还远没有达到理想的程度，这是我们必须认真思考的问题。现在我们发展专业化是为了充实和壮大自己：一是占有先机和有利的地形；二是吸引听众，占领市场。这是在原有基础上的自我超越，并不是竞争所致，现在我们面临的竞争还远未达到如此残酷激烈的程度。广播专业化发展的最终目标是去应对媒体间的市场竞争。

4．对节目内容认识的创新

“内容为王”是大家的共识，节目内容是应对竞争的根本，也是实行“制播分离”模式的核心所在。如果失掉节目，那么形象、品牌、竞争都无从谈起；坚持以内容为本，不断提高节目质量，当真正进入到市场化（“制播分离”模式）运作的时候，有百利而无一害：一是广告经营，节目所在广告时段价格的提升；二是节目自身的二次价值实现（节目交易）。

5．树立品牌意识的创新

品牌的三要素是：频率、节目和主持人。目前，就电台而言频率最具有价值，而且相对稳定；节目是频率品牌的基础，但尚未形成巨大的效益；主持人是节目品牌的代言人，具有流动性。

北京电台的品牌就是我们的七个专业广播，经过多年的实践我们可以看出频率品牌的重要性，以交通广播和音乐广播为例，正是由于他们的品牌具有权威性，从而吸引了客户广告的投放，取得了良好的经济效益。其他几个专业广播也应高度重视品牌效应，在品牌打造上要有创新意识。加强媒体宣传和开展多种多样的造势活动，是树立品牌的有效手段。

6. 对经营主业认识的创新

在专业化发展上要努力“耕好自己的地”（并非墨守成规），坚定专业化办台的方针，做好自己专业范围内的节目，突出宣传上的主业。

在经营工作上要坚持以广告经营为主，突出主业（但非目不斜视）。北京电台在现阶段不能因为做其他事情而忽略广告经营，从现状来看，随着国民生产总值的不断提高，还有很大的潜力可挖。我们目前的经营手段、方法水平还不高，所以必须要不断提高认识、优化营销手段和方法，提高经营管理水平，做好广告经营这一主业。

7. 管理工作的创新

交通广播通过“ISO9001质量管理体系认证”不足一年的时间，已经在管理工作中产生了超乎想象的作用。全台其他专业广播、技术部门、职能部门对这个问题应该有正确的认识。目前七个专业广播的管理水平参差不齐，领导者的才能也各有差异，但是“认证”恰恰可以弥补这些差异，会给我们各项工作水平的提升提供有力保障。

勇于开拓　不断创新

——北京电台专业化办台的思考

汪　良

专业化办台，是十年来广播行业的话题。

美国人托夫勒写的《第三次浪潮》较早预言了电台专业化的大趋势，并且，他的预言在70年代成为美国广播的现实。美国广播的商业化和激烈竞争的环境，使他们较早地认识并实行了专业化，他们也因此在媒体的竞争中稳定并扩张了自己的份额。

改革开放以后，直至80年代末期，我国广播在电视、报纸等媒体强大的冲击下，开始了改革的进程。经过十来年的改革，北京电台频率专业化的格局已经形成，新闻、经济、教育、交通、音乐、文艺和生活这七个频率的专业特色日益鲜明，并使广播专业化朝着强化频率定位，细分受众市场，确立目标听众的方向不断深入。

一、专业化格局的形成

1986年珠江经济台的开播带动了全国广播的改革，在80年代末期进行的这种改革当时还是比较有成效的。当然珠江经济台的模式并不是我们现在专业台的概念，而是稍有侧重的综合台，它的变革，形式大于内容。其意义就在于这种改革带动了节目形式的变化；带动了播出方式和节目内容的变化，也就是变录播为直播；打破节目、栏目分割的形式，采用大板块，以主持人为串联；启用热线电话，增强和听众的沟通等等。

北京电台的专业化建设，是从1990年开始的，1990年8月北京经济台开播，虽然那时仅仅是一种对珠江经济台简单模仿的结果，但是它为北京电台全方位的改革迈出了带有开创性的关键一步，可以说是北京电台专业化建设的开端。当时，在我们的周围，在专业化的问题上，理论和实践的准备都十分不足。我们和听众，大都陶醉于直播所带来的热烈效应中。

经济台的开播为北京电台进一步的改革开阔了思路，也为北京电台此后的跃进提供了运作的经验。从1993年北京音乐台、新闻台、儿童台、交通台的相继成立，到1994年文艺台、教育台的开播，北京电台用了两年的时间完成了建立七个专业化系列台的格局。

专业台格局形成后，一定要坚持广播频率的专业化方向，但具体的专业台的内容不是一成不变的，而是要根据变化的形势、听众的需求及经营的状况进行调整。

北京电台始创初期的七个专业台中的儿童台，经过几年的播出，两个效益和收听情况都不是很理想，台里果断地将儿童台与教育台合并，用一套频率播出外语和电大的教学节目。1999年通过调查研究，台里决定开办生活台。生活台开播第一年，其效益就超过了教育台。2001年7月北京申办奥运成功，中国足球队冲进世界杯，北京人对体育关注的热情更高了。我台的体育记者们，纷纷向台领导建议：开办体育台的时机成熟了。恰巧在当时举办的听评月活动中，就有好几位听众建议电台开办体育台。

为了慎重起见，北京电台社会调查科开展了“关于开办体育台的专项调查”，调查中对体育台的名称、节目设置以及被调查者对体育的关注程度等问题进行了详细的了解。另外，调查科的同志还向全国66家电台进行了调查，整理出《关于全国各省、自治区、直辖市（计划单列市）广播电台专业台设置的基本情况》，并请文艺台策划部搜集选编了“部分国家广播（电视）业发展最新资料”。在我台2001年9月份召开的“专业化研讨会”上经过充分讨论和论证，决定从2002年1月1日将生活台改为体育台。

经过紧锣密鼓的筹备，全国第一家专业体育电台——北京人民广播电台体育台于2002年元旦在中波927千赫开播了，这是北京电台专业化改革和发展的又一重大举措。体育台开播虽然不足两个月，但前景看好，估计年创收可超过生活台两成以上。

专业台的基本格局确立之后，我们也根据社会的需求、市场的变化、效率原则对部分频率的内容布局作过调整。比如：我们为缩短战线，先是将效益不好的儿童台合并到教育台；为使频率资源得到最大程度的利用，又把教育台的一个调频频率换给交通台；2001年下半年，再将生活台改成体育台。变化是绝对的，关键是要审时度势、抓住时机、敢于否定自己。这也体现了实事求是、与时俱进的精神。

二、专业化阶段的认识

北京电台七个专业台建立起来了，但与真正的专业化电台尚有距离。北京电台从1990年至1994年建立起七个专业台，只能说是初具专业化的面目。因为那时各专业台虽有自己的专业内容，但同时夹杂着不少重叠串门的内容，令人感觉重复，面目雷同，甚至由于冲撞造成内耗。原因是早开播的已有节目设置的沿袭，比如说经济台有儿童节目。还有的是由于经营的需要而开设的。再有是为提高收听率而开设的，如体育节目、排行榜等等。因为在经营过程中各台强弱有别，因此就产生了矛盾。

北京电台和各专业台认识到，与其把精力放在争上，还不如制定游戏规则，规范内容，以便把精力由广种薄收转到精耕细作，由和别人争转到加强自己的个性建设。因此，在充分讨论的基础上，总台制定了各专业台办台方针，规范各专业台办台的专业内容，要求各台设置节目严格按办台方针设置，不允许种别人的田，却荒了自己的地。以这种宏观调控的手段推行北京电台的专业化建设，并允许各专业台在微观上的竞争。

到1997年，按照专业台办台方针，经过三年的调整，各专业台调整基本到位，但仍存在一些问题。为了进一步规范专业台，北京电台于1998年又提出了“红绿灯”的概念，并以文字形式加以明确。各专业台绝对不许开办的内容为“红灯”，即与本台宗旨、与本台的主力听众、办台方向、市场定位不符，并且对其他台有干扰的内容，或是对其他台虽然没有干扰，但在专业上与自己形象严重不符的内容；虽有经济效益，但因小利干扰了大利，也属于“红灯”之列。各专业台应尽全力办好的内容是“绿灯”，也就是与本台专业面貌相符，本台独有的，主力听众必听的，市场销售占位独到的，都属于“绿灯”。为着娱乐和调节而不是以竞争为目的内容，以专业为本的阐发性的内容，以及自己得利与人无害、周末填充性的节目属于“黄灯”。

北京电台考虑到各专业台的心理承受能力，采取了渐进规范的方法。这样做的结果，节目质量没有降低，继续提高；经营收入也继续增长了。收入增长的因素有很多，但这是基础。

专业台的进一步深化是从2001年6月开始的。所谓深化就是强调目标听众群的建设，提高专业化办台水准。这就要求办台者以市场营销理论为参照，为基础，为指导，细分受众市场，或培养，或稳定自己的听众群，确立市场生存空间。理想的境界是节目内容与目标听众相一致，播出时间与收听规律相吻合。

为什么要提出目标听众这个问题呢？

首先是我们对广播规律认识深化的结果，广播没有报纸的版面和可留存的特性。也没有电视的视觉上的优势。广播以窄播的姿态出现，是线性传播特点的需要，也是强化个性的需要。

其次是媒介竞争激烈的结果，电视依然强大，也在搞专业布局。我们广播的同行也在见贤思齐，努力变革，或者跟进，或者“克隆”。在北京虽然我们的竞争对手在观念上、体制上、机制上目前还不具备太大的优势，但它却有资源上的优势，况且情况也会发生变化。

目标听众是什么？目标听众可以理解为一个台的主力听众，是广播服务的主要对象，是广播销售的主要人群，是实现两个效益的基础；目标听众应该是年龄、职业、文化程度、收听习惯等几点交叉的人群。

建设目标听众群有两个含义，一是在明确的基础上稳定。通过调查，明确某一听众群与办台的宗旨相吻合，并且尽可能与别的台有区别，像这样的听众就要想办法把他稳定住。稳定的办法不外乎调整节目、加强服务，这种办法成本较低。就像这儿有一个小区，许多人在这里生活，我们为了给他们服务，建立联系，在这儿开一个商店卖东西。

二是培养目标听众，这种办法成本比较高。就相当于在原本没人的地方建一个大商场，建好商场以后，投入大量广告，吸引顾客来，这种办法成本就比较高了。但是在两种情况下，还是必须要这样做。第一，它有长远的效益，就要做。第二，是为了生存的空间，虽然我也想在小区里建商场，但人家都已经建好了，竞争又不处于有利地位，也只好到别的地方建。对于我们办台来说，就是或者围绕老听众调整节目，或者为了新听众设置节目。

可以说，培养目标听众就是培育自己的市场；培养目标听众就是树立自己的权威。

培养目标听众要遵守一个原则，也可以理解为搞专业化的原则，就是为与不为的原则。有所不为才能有所为，有时候是忍痛不为，才能有所为。面面俱到将会导致“四不像”，一般效果不会好。

三、专业化办台的两个关系

随着专业化办台的深化，有两个关系要处理好。

一是专业化与非专业内容的关系。

在深化专业化办台的过程中，遇到了这样一个问题，即在频率专业化后，一方面专业化节目的增多，满足了目标听众的需求，也提高了频率在目标听众中的市场占有率，但另一方面绝对收听率却下降了。例如北京经济台从一开始的综合台到1999年调整成为以财经节目为主的真正意义上的经济台，从大众传播到分众传播，经济台强化了专业频率的深度，强调了专业内容对听众的冲击力，这样的结果，炒股炒汇的听众中的收听率达到了75%和90%，固定听众的市场占有率大大提高，但绝对收听率却下降了。这一现象引起了我们的思考，要求我们更科学地认识专业化的问题，处理好专业化与非专业内容的关系。在讨论调整2002年的节目时提出了“绿地理论”。

何谓绿地理论？如果将一个专业台的专业节目内容比喻为一个小区的主体工程，那么其他节目内容就像配套工程、绿地工程，是一个小区必不可少的设施。实施绿地工程，不仅不会影响主体工程，相反可以美化环境，使整体项目增值。

例如，经济台财经节目服务性强，能够吸引固定听众。但是，经济台整体节目内容偏于沉重，财经节目之外的内容缺乏可听性。经济台实施绿地工程，目的在于稀释节目“浓度”，使整体形象趋向轻松。

为什么要搞绿地工程呢？主要基于以下几点考虑：

首先，广播线性（按时间顺序）传播的特性，需要我们努力生产一些轻松、娱乐的内容，随时能吸引住随意收听的人群。同时，广播伴随性和非独占性的特点增加了听众与广播频率接触的可能，专业内容的节目抓住了听众的需求，设置轻松、娱乐节目，又可使听众在听完了他们所感兴趣的财经内容之后，别关上收音机或转台，还可以吸引更多的听众。

其次，是广播自身功能的体现。在这一点上，广播与电视相仿，除了信息、教化的功能，娱乐的功能很重要。忽视了这种功能，容易失去听众。北京电台历次社会调查前50名的节目中，几乎80%以上是娱乐类型的节目。说明听众对此类节目的喜爱程度，也说明了听众的需求。

再有，是参与媒体竞争的需要。报纸以其深度报道吸引了文化水平较高的读者；电视具有视听结合的传播特点，日益显现其优势。广播在发挥传播信息及时，互动性强、伴随性和非独占性的优点的同时，生产轻松、娱乐内容的节目，是抓住移动人群，发挥自己的优势，参与媒体间竞争的需要。

最后，实施绿地工程，可以提升专业内容被听众的“注意价值”。正像房地产项目一样，在一个没有任何配套设施和绿化环境的地方盖楼，房子再好也不一定卖得出去；相反，完善的配套设施和优美的环境，将使房产价值提升。

在专业台内适当安排非专业内容的节目，有一个“度”的问题。但是专业内容与轻松、娱乐内容的比例多少合适，绿地与房产的比例多少为宜，绿地到底占多少？怎样搞绿化？并不能以数量来简单决定，还是要看效果。也就是说，不管专业内容、轻松内容的多少，一定要以社会、听众对一个频率专业面目、水平的评价为目标。

二是要处理好专业化与经济效益的关系。

广播频率的专业化之所以难于推行，主要是在于有效益的节目大家都来办，所以造成撞车、雷同。要真正搞好专业化一定要处理好专业化与经济效益的关系。

随着广播改革的深入，专业化、听众、市场已经成为当今广播人倍加关注和必须面对的重要问题了。市场经济对广播的发展带来的冲击和影响，就是我们已经被推向市场这一严峻的现实，我们必须接受市场经济的洗礼，而广播要在媒体的激烈竞争中创造更好的经济效益，就要拥有更多的受众。因而“听众即市场”这一观点已被越来越多的广播人所认识，所接受。

在实际工作中，特别不好处理的是面对经济效益的诱惑，当经济效益与专业化的节目设置发生冲突时，我们要求各专业台也必须从大局出发，权衡利弊。对虽有经济效益但对电台专业化建设不利，无益于电台形象的也要控制，少做，不做，金钱不是万能的。

我们认为，在坚持社会效益第一的前提下，通过社会效益而取得经济效益是我们应该追求的。但是强调专业化，并不意味着忽视经济效益对更好的实现专业化的促进和保护作用。如同国画的画月亮，本来是画月亮，但却要画云，画云意在画月，意虽在月，却又在画云。当然这个比喻并不十分恰当。

一个单位，内部需要凝聚力，员工需要物质鼓励，只讲精神不讲物质的时代过去了，设备需要更新换代，吸引人才也要有物质条件，这些都不能没有经济效益。

经济效益首先取决于听众，办好节目是吸引听众、产生经济效益的基础。一个专业台节目质量不高，不能吸引更多听众，经济效益必是不好，但并不是说，一个台的节目内容好、质量高，经济效益会自然实现，因为经营有自身的规律，也是一门学问。

北京电台近些年不断探索、改进、完善经营管理的方式。比如管理重心的下移，财务管理上实行统一管理，分散经营，分配方面的激励机制，广告创收方面的代理制等等，对电台搞好经营创收都起到了重要的作用。节目质量好了，经济效益不会自然好，但却可以反过来，节目办得不好经济效益不可能好。竞争应该说是两个领域的竞争，理想的应该是两个效益双丰收。

北京音乐台和北京交通台在始创初期就是比较明确个性的专业台，他们的节目设置、节目内容都是与专业台的定位一致的，并且每年根据市场的发展和收听率的变化，不断地调整节目的设置和经营策略。由于定位准确再加上经营有方，经济效益连年增长。音乐台不仅通过不断调整完善了四级评估的节目质量管理体系，而且通过不断优化组合，形成了一支能量很大的广告经营队伍，很快把经营收入由250万元提升到4000万元，在北京台独树一帜。交通台在节目设置上有鲜明的个性特征，并拥有与北京市交管局合作提供的有效的“路况信息”，他们已于2001年12月18日通过“ISO9001－2000质量管理体系”的认证，成为国内广播电视行业中第一个取得此项认证的媒体。交通台在经营广告上采取招标经营，根据投标者的条件，选择实力雄厚的几家广告公司定额承包。广告公司超额部分实行超额广告代理费制度，充分调动了广告公司的经营积极性，出现了广告时间旺销的局面，尤其是频率由中波调整为调频，改善了收听条件以后，近三年上了三个大台阶，1998年1800万元，1999年4000万元，2000年接近6000万元，2001年接近7000万元，不仅为北京电台的经济效益的提升做出了新贡献，而且创造了广播电台单一频率经营创收的全国最高纪录。

北京电台的专业化改革一直稳步前进，七个专业台在各自的领域里深入挖掘，不断开拓，通过七个台的“窄”播，达到北京电台整体的“广”播。专业化促进了经济效益的成倍增长，1992年全台广告收入仅653万元，1997年广告收入达到1.1亿元，2000年广告收入突破1.79亿元。2001年在大环境艰难的条件下，仍然达到1.85亿元。坚持走专业化的道路八年来，经营收入翻了四番多，为北京广播事业的发展奠定了坚实的基础，如今职工队伍稳定收入大幅度提高，也吸引了不少高素质人才。

四、专业化的前景

在媒介竞争激烈的今天，所有媒介都是在通过不断的专业化来扩大自己的市场占有的。实现广播频率的专业化，是广播多频率发展的必然。展望广播专业化的前景，还有待我们不断努力。

首先，专业化就要在专业领域里形成权威。这种权威是专业化逐步深化的结果，而只有形成权威，才会更有利于专业化的发展。

专业领域的权威性是我们各专业台追求的目标，要实现这个目标，就要求我们的专业台在自己经营的领域里不仅要专、要精、要深，还要不断地扩大影响，才有可能达到权威境界。

这几年北京电台各专业台在这方面下了很大的工夫，不仅努力办好节目，还开展与其专业相关的各种社会活动，使专业台在社会上和受众中产生了很好的效果。也提升了自己频率的品牌价值。

北京音乐台的专业特色是最鲜明的，心无旁骛，一意在音乐的领域经营；围绕音乐的公关活动有力地提升了形象；他们用了8年的时间打造的《中国歌曲排行榜》是中国原创歌曲的名牌节目，在全国电台、电视台等多种媒体的众多排行榜中以规模大、公正性强、历史长等因素占据了权威地位；音乐台还走出去，转播“格来美”、“萨尔斯堡”等著名的音乐会；他们首先推出并主办的“北京国际音乐节”，现已成为北京在国际乐坛有较大影响的音乐盛会。新闻台不仅拥有众多的深受百姓欢迎的新闻节目，公益环保活动也得到京城百姓的积极响应，收到捐款已超过200万元。交通台以方便快捷的“路况信息”为出行的司机提供准确信息，提议并积极筹办了为出租司机免除后顾之忧的“的士爱心基金”；倡导组织北京出租行业的职工投资在河北贫困地区建造了“北京的士希望小学”，在北京的司机当中极有人缘。交通台在为北京交通提供实在的服务的同时，在报道交通新闻、发布交通信息、参与交通管理方面也具有一定的权威性。教育台举办外语学校以及“留学咨询”等活动都在社会上产生了积极的影响和良好的作用……这些社会活动影响力大，使专业台在有关专业上的权威性大大提高，同时也提升了频率的品牌价值。

其次，专业化应凭借个性形成专业的规模。与专业化建设相关的，还有一个专业化建设的规模化问题。这个前提是在专业深化的基础上，如果你的产品不深化，不独到，就没有市场价值。个性是稀缺的资源，各专业台要在媒体激烈竞争的今天生存和发展就要有鲜明、突出的个性，这种个性是我们区别于他人的特有的优势，也是我们参与竞争，在竞争中求生存，拓展空间的本钱。

例如，经济台围绕股市、汇市以及投资理财充分展示个性，扬广播的优势，他们开办的三档“国际汇市报道”是全市独家、最快的；“即时行情”也是各家媒体没有的；他们的《财经新闻》有美国道琼斯和侨讯公司的支持，使他们在与同行业的竞争中独具特色。在突出个性的同时他们还凭借个性形成专业规模，即使节目内容与社会活动形成一体。如在全市媒体中独家举办的“投资理财咨询日”、“首都经济论坛”、“1026 投资理财学校”举办各种股民报告会、见面会及首届“中国股民精英报告会”等等，这些活动都是配合专业台个性发展实施的，它不仅提升了专业频率的形象，更为日后取得市场竞争的优势奠定了坚实的基础。并在这些活动中与电视、报纸、网络等媒体呼应配合，凭借这种个性全方位地占领市场。

再有，专业化经营应追求跨地域的规模，这也是广播做强做大不可或缺的。广播在追求跨地区经营方面还是有其独特的优势，通过长途电话或手机就可以联网播出，成本不高，范围不小，成效显著。

音乐台去年开始联合新加坡、马来西亚及香港、台湾、广东、上海六家电台合力打造的《全球华语歌曲排行榜》，仅用了一年的时间，便在流行歌坛树立了权威性的地位。

又如经济台主办的与全国十几家电台合作的《全国广播旅游网》节目与“证券网”都扩大了北京经济台的影响力，其经营规模远远超过一个地方专业电台的范围，最终得利的是听众，而媒体本身也从中受益匪浅。

最后，深化广播的专业化改革要最大限度地利用资源，开发相关的产业。随着广播影视集团的建立，广播电视的网络技术、数字技术、卫星技术、光纤技术等高新科技的迅猛发展和广泛应用，专业化广播与其他媒体联手有更独特的优势，特别是与网络牵手，可使广播扬长避短，发挥更大的作用。充分利用广播影视网络资源和节目资源，积极拓展网络业务，开展数据广播、网络点播等信息服务业务。广播的专业化程度高，其个性就突出，相对于专业的节目就会更有市场，在一些专题节目的经营上，也是有其广阔天地的。

五、探索专业化的节目质量管理

节目质量是办好专业台的基础。现在我台七个专业台全天播出 138 小时的节目，节目量很大。专业化办台的方针如何落实到节目上，总台如何监控，如何全面提高全台的节目质量成为一个十分重要的问题。专业台成立后，各专业台在抓节目质量上是各有各的高招，有的有完整的节目考评管理奖励办法，有的比较粗糙，有的只按节目数量进行考核。

为了把专业化办台落到实处，促进全台节目质量的提高，多出精品佳作，规范专业台的节目设置，我们制定了《名牌栏目评选办法》、《重奖在全国获奖人员的奖励办法》、《关于加强宣传管理严格按专业台办台方针设置节目的规定》等管理措施。2001年年底派人到山西电台学习他们建立节目“质量管理体系”的经验，回来后结合我台的实际制定了《关于开展节目质量考评的实施办法》、《关于确定节目质量要素的意见》，各专业台都按照总台的要求对所有节目制定了明确的节目方针和节目的质量要素。并在全台公开招聘具有中级以上职称的采编播人员组成考评科，专职对七个专业台的所有节目进行抽测考评。

考评的目的是监督日常的质量，因此，将某个节目的设立是否符合专业台的办台方针，是否符合目标听众的收听需要，内容是否符合节目的既定方针，播出是否达到要求等作为考评的重要内容。通过考评对各专业台的节目质量起到评价、监督、督导作用。

考评科的成立是我台一个战略性的举措，大大强化了总台对节目的监管督导力度，强化了专业台的自我监督意识，使出精品有了一个扎实的基础和保证，也为各台的分配提供了较为客观的依据。我们认为，长久地保证节目质量，努力防止运行中的不良惯性和惰性，不能光靠人的自觉，制度约束和激励规则更重要。

回顾我们已经走过的道路，有许多的心得，更有教训。它们都是财富。不甘平庸的观念，爱惜人才的心胸，良好的激励机制，章法严格的管理，对我们至关重要。广播的未来在我们的努力中。

再谈专业化办台

汪　良

北京台的专业化的建设不断向前推进，这是上下统一认识、共同努力的结果。坚定地走专业化的路，在理论上、口头上似乎没有争论。在实践中，各台的操作也越来越自觉了。重视研究专业化，努力确定方向和目标听众，自觉维护秩序，在专业领域不断开拓。如音乐台的节目协作网就是专业与经营结合的成功例子。但由于在前进的过程中不断出现新问题、新情况，认识也需要不断地更新统一，这也是实践江泽民同志“与时俱进”的思想。

一、关于专业化办台的指导思想

节目为本，品牌造势，经营有道。

自律与规范相结合。

可持续发展。

以上是指导思想的简单概括。

节目是立台之本，是一个台保持较长生命力的基础。品牌是一个台的脸面，需要化装、需要张扬。经营有自身的规律，有了节目和品牌，还要有必要的经营策略。明降价或暗放水都是策略，当大家都这样做的时候就不是策略，因为没有结合自己特色的个性，没有领先一步的价值，效果也就大减。北京台第一个专业化办台成功的是音乐台。当实践被岁月冲刷之后，沉淀下来的便是经验，节目为本，品牌造势，经营有道，就是对成功经验的总结和概括。

自律是最好的秩序保障形式，因为他一般是在理解了的基础上的主动行为。规范是被动的，但也是必要的。没有规范，会因为个别单位对秩序的破坏导致全局的混乱和崩溃，损害大局。虽然个别可能因此得到或多或少的利益，但对于整体却是极大的损失。这个时刻，往往是对领导者意志和眼光的考验。

可持续发展是对一个单位的长远利益负责。这在今天还有些困难，原因既有主观的，也有客观的。从长远考虑，政策也需要进一步研究和完善。

二、关于怎样评价一个台的问题

一个台的成功与否，当然首先是看宣传工作是否忠实执行了上级指示，是否富于创造性，经营业绩是否突出，是否增长幅度大。

具体说，有以下几点值得注意：

1. 专业特色是否鲜明。首先是明确专业内容，其次是对“绿地”或“园林”的把握。既然是点缀性的绿地，就不能建成颐和园或中山公园；既然是公园，就不能在其中搞住宅小区建设。我们有必要进行量化的研究。专业特色有赖于总台的宏观保护，更要靠自己的准确、积极地开发，在某种意义上说，正确地、积极地、主动地开发也是最好的保护。

2. 目标听众明确。明确的标志是细分、具体。如年轻人，不但要有年龄的特征，还要有职业的特征，甚至还包括习惯的、接触时间的、场合的、收入水平的特征。但较为重要的是年龄和职业，因为这两个因素最能体现文化特征，也最能体现听众的需要。

3. 工作的指向性集中。围绕一个台的既定的方向，节目、活动、市场的诉求统一，形成自己的合力。而不是忽左忽右、忽东忽西。

4. 广告与保健品的构成合理。保健品不是洪水猛兽，不是只有一面性。如同蛇毒，剂量合适能治病，剂量过大也可以死人。广告虽然是健康食品，但暴饮暴食也有害。我们的理想是，保健品保持一个不损害或不太损害形象的量，托住局面。在这个前提下，努力开发广告，而不是知难而退，有保健品就不思进取。

5. 收入稳定、增长、可持续发展。稳定的意思是不因为我们的操作失误大起大落。增长是向前发展的客观要求。可持续是要有长远眼光。比如保健品和广告的比例，二类广告和节目的比例。要考虑广告的总量和台的形象、听众承受力。如何在局部的广告量控制后，流入其他专业台，等等。饮鸩止渴和过度开采做法都会导致恶性循环。降巩民同志说在这个问题上要想到后人，我们应该理解这个思想。

三、关于正确认识自己的问题

专业台之间，难免在竞争中比较，这是正常的。但不能不顾客观现实。

1. 冷静定位，正视自己的位置。不好高骛远，给自己提出做不到的任务。台与台之间，由于资源、内容不同，要求也不一样。

2. 积极努力，争取同类的先进地位。眼光瞄准条件差不多的对手，相同内容的媒介。这样在竞争时，由于心态平和，采取的措施就容易切合实际而奏效。

四、关于目标听众与经营的问题

在专业化的道路上，担心由于强调目标听众使经营不利，或本身的目标听众不利于经营，都使坚持专业化的信心动摇。

我们认为，一个拥有若干个专业台的大台，只强调综合听众，会造成重复用力、诉求过分冲突，最终导致效益差。个别省台虽然改革早，但在此后的专业化建设方面进展缓慢，效益增长不快。而有的省台在专业化方面急起直追，决心大，措施到位，效益增长迅速。这样的实例，值得我们深思。

目标听众由于各自明确，总体形成合力，是符合运筹学的规律的。就各个台内部说，由于目标相对集中，也容易转化成市场效益。

我们要注重围绕目标听众的实际运作：

1. 三位一体和四点一线。

内容专、听众具体，但手段要广、眼光要深。在形式上，应该追求节目、活动、经营三位一体，指向集中。互为因果，互相促进，所围绕的是为着目标听众的节目和活动，以此为经营张目。比如浙江交通台，他们是节目覆盖到哪儿，活动策划到哪儿，经营目光到哪。这种三位一体，效果也不错。

在节目和活动的内容上，应该追求四点一线。也就是，政府满意，听众喜欢，符合专业化要求，有经济效益。这是我们的理想境界。

节目大体说有三类：不挣钱但必须办的或不挣钱有品牌效益的，挣钱但收听效益差的，既挣钱又有社会效益的。这三种节目都要存在，少了哪一类我们的办台就有疑问。我们要努力增加第三类节目。

2. 正确争夺移动听众。

对移动听众的争夺。广播的收听，移动是越来越看好的形式。移动的主要特征是开车、坐车，或者说与交通工具相连。争夺这个领域的听众是正常的，关键是方法和效果。首先，要从专业特色出发（否则就有悖专业化），围绕自己的目标听众（否则会失之空泛）规避强者（否则会事倍功半），做符合自己个性的特色文章。应该争夺移动中的目标听众，而不宜简单地理解为争夺司机。

争夺听众应该理解为争夺目标听众，目标听众不是简单地按年龄、职业划分，应该是与台的定位所吻合的各年龄段中、各种职业中、各种收听场合中的人群。

争夺离不开节目、活动的服务。服务的对象是广告客户还是目标听众？首先应该是目标听众。我们要靠听众聚拢人气，提高收听率。而把收听率转化成广告效益的就是经营之道。比如建立听众库就是有意义的办法。如何经营虽然与专业化有联系，但却是另外的话题了。

张勉之在2002年北京电台专业化研讨会上的讲话

专业化办台的问题越讨论，我们在认识上、思想上越清晰，一年比一年清晰，解决起问题来也越来越容易。今年协调起问题，至少在会上协调起来容易多了，在这个场合好协调多了。从整体思路上也清晰多了，我个人觉得专业化办台至少应该包括四个层面上的意思。

第一个层面是频率的定位、内容的区割，甚至还有运作格式上的区别。这个层面上的重点是定位和区割，定位问题这几年我们还是在不断的调整，不是说定了位就一成不变了，如果不合适我们还可以重新定位。其实我们这几年做的，比如儿童广播改成生活广播，生活广播又变成体育广播，这就是在给它寻找一个合适的定位；新闻广播在探讨能不能把新闻综合广播变成一个纯新闻的广播，全新闻的广播，这也是在寻找一个比较好的定位；还有经济广播，由综合经济广播改成了一个财经广播，由财经广播现在又要改成财经加“绿地”，实际上也还是在寻找一个合适的定位。内容上的区割是一个很重要的方面。这个层面上的意思主要是要追求一个稳固的、独特的听众群，当然也是争取自己特定的利益。

第二个层面上的意思就是对专业人才的选拔、培育、造就，它与第一个层面是紧密联系在一起的，是服务于第一个层面的。交通广播、经济广播和体育广播的发言中都谈到人才的问题，专业人才的造就问题。主要目的是在定位、区割以后，把节目做到位，做出高水平。

第三个层面是专业分工的细化和社会化。这与整个社会的发展是相吻合的，社会越进步、越发展，分工越细，越社会化。国外的广播分工非常细，很多都是社会来做的，而不是电台自己来做。比如美国，它的广播电台规模都非常小，一个台就十来个人，欧洲也是这样。尤其是节目制作这块多是社会来做，市场调查、包括经营，有的都分到社会上去做了。第三个层面上的意思，目的主要是追求低成本、高效益。

第四个层面，就是达到比较理想的产业化运作。专业化程度越高越便于产业化运作，就像美国的清晰频道公司，它的制作公司制作的节目既对自己的频道，同时也对整个社会，节目制作出来卖到8000多家电台，还卖到全世界好多家电台。然后它还拥有娱乐公司，去年组织了两万场演出，卖了6200万张票，挣了很多的钱，组织这种演出也大大丰富了他们的节目，两万场演出给他的节目增加了多少内容呀。这就是理想的产业化运作。

我理想的专业化办台应该包括这四个层面上的意思。

我重点想讲的还是第三个层面上的意思，就是制播分离的问题。这几年我比较关注广播业宏观的发展问题，与海外的媒体接触也比较多。一个是他们的来访，还有一个就是我们的出访，接触了很多海外的广播媒体，在台内我一直强调，我们应该特别关注和下工夫的，主要有三个方面，而且比较紧迫。

第一个方面是异地的、跨地区的操作，联网操作，我们应该特别关注这方面的事情。经营频率，哪怕是再艰苦的地方、再穷困的地方，经营频率也会有效益，也比生产产品强得多。如果有这种机会我们一定不要放弃，而且国家已经放开了，现在也有了这种政策，如果在外地我们有了几个频率，就可以联网操作，这与目前经济台和音乐台搞的联网还不是一个意思。我特别主张在这方面我们要下点功夫，现在弄到频率还比较容易，将来就会非常非常的难。

第二个应该多关注的就是制播分离的问题。对这个问题，我们认识得并不晚，应该说还比较早，但我们动作比较慢，至今没有什么进展。很早我们就想组织起来几个人，把我们现在的节目理一理，把好的节目向外面推销，哪怕起步也行，但是我们现在也还没有结果。我觉得制播分离这个事情从现在开始一定要赶快做，逐步把节目制作从我们电台剥离出去，一开头生产的节目可能只是供给我们自己，慢慢过渡到面向社会。这个东西非常有好处，在美国我确实看到几家大的制作公司，当然我们的情况与美国有许多的不一样，我们现在还没有那样的气候，但是这种气候很快就会形成。因为中国毕竟地方太大了，电台也太多了。在国外办得好的电台都有销售性收入，销售性收入就是卖节目的收入。美国销售节目的收入无论是广播还是电视都很高，全世界广播电视节目市场上 60%～70%的产品都是美国的。制播分离肯定是有很大好处，可以增加一种收入，可以大大地节约办台成本。如果现在让我办一个台，我肯定不要那么多人，肯定会去买节目，买节目肯定比自己制作投入要少得多，成本要低得多，节约了办台成本，这是一个很大的好处。还有它对节目质量提高的推动。美国大的制作公司，一档好节目卖给好几百家电台，最多的卖给五六百家电台播出，它对节目质量的推动确实是非常大的，好节目才能卖出去。美国的名主持人不在电台而往往是在制作公司里，因为制作公司推一档好节目，一下子就推到几百家电台去，它的影响要比你在一家电台做大得多。电台养不起明星，明星养在制作公司里，这种好处是特别多的。现在可能涉及到一个有没有市场的问题，应该说中国广播界人们的觉醒是逐步的，他们正在明白，应该说 290 多个省台，再加上 1200 家地县台，我们有约 1500 家电台，应该说市场是不小的，我们一个台都是五六个频率、七八个频率，整个算下来也有三四千个频率在播出节目，应该说这个市场还是不小的。那天特别让我有触动的是《只要主义真》，其实它就是一个策划，就是一个主张，他弄了这样一个东西，就卖给 80 家电台，一家 5000 块就收 40 万，那种节目制作起来不会有很多的投入。还有黑龙江台向全国推的《彩链当空》，也是同样一个策划，也是在向全国卖节目。北京电视台已经花了 7 年的工夫在拍摄《世界文化遗产》，世界文化遗产一共有 600 多项，他们现在已经拍了 200 集，后来很多台意识到这个问题，包括中央电视台想要申请拍，人家不批准，据说联合国就批准三家电视台拍摄。他们动手比较早已经拍了 200 集，下了很大的工夫。这种大的节目策划，拍出来岂止是在国内卖，可以卖到世界上很多国家。所以我觉得市场肯定会有，但是要慢慢培育，而且人们的这种意识也在提高，不少电台的人士已经有这种眼光了。我们北京做这件事有一个很大的优势，就是资源优势，这是外地任何一个电台比不了的，哪一个城市、哪一个省能有这么多的节目资源，就是供做节目的材料，哪个城市哪个地方都没有。比如说做音乐节目，多少歌星、大的文艺团体、唱片公司全在北京；比如说做那种谈话节目，多少明星都集中在北京。所以我们在这方面下点功夫，真是有干头，在很多方面的事情我们都可以做。现在我们总台、包括专业台，都可以考虑这些问题。我觉得我们需要有一些特殊的政策，对节目制作这块，总台需要制定一些特殊的政策，而且总台需要有一定的资金投入。向节目制作投资是国外很多大的电台很下工夫做的事情。所以我觉得往这方面多作些投入，有一些特殊的政策，有一些政策上的保障，各专业台在重新筹划人员的时候怎样去筹划，有一些政策上的保障，有一些资金上的投入，下一些功夫。现在市场可能还不行，但将来有一天我看肯定会行的。等到真行的那天，我们再动手就晚了。动手太晚，恐怕就要落在别人后头。这方面我们需要多下点功夫。

第三个就是数字化的问题。数字化的问题不是简单的有了多少个音频工作站的问题，实际上这个东西来得非常迅猛，在美国看了 XM 以后，我感到触目惊心，我就不知道广播将来会是什么样子？因为这家公司开了 100 个频道，总共 400 多名员工，而且它是全国覆盖，所有汽车上都可以听，现在通用汽车公司在 25 种车型上装这种设备，而且今年年底就要变成 200 个频道，200 套节目，什么都有。同时美国纽约西里乌斯公司的卫星广播，也开出 100 个频道，现在在 30 个城市播出，很快就全国覆盖。加拿大人讲，美国还有数字的有线广播，也是通过卫星实现全国覆盖的，他开出 120 个频道。现在全世界数字广播的日程表全都定出来了，我们国家是 2012 年，是比较晚的。最早的是 2006 年。从 2006 年到 2012 年，6 年的功夫发达国家就要全部实现数字化，欧洲提出数字化以后对欧洲 9600 万员工是一个很大的挑战，他用很少的人，就可以办几百套节目。所以将来的事情很难说，未来的广播是个什么样子很难说，看完 XM 公司以后，触动太大了。将来的数字广播一下子就可以开出 100 个频道，有一个台就可以开出 100 个频道来，那美国多有几家这样的电台，其他的调频台、中波台将来怎么办？确实是非常严重的问题。数字化会对广播产生极为深刻的影响，我们不能不关注。

三、重要会议

进一步办好《七台精彩节目联播》座谈会

《七台精彩节目联播》创办三年来，为各专业台的优秀节目提供了一个展示的园地，加强了专业台之间的交流，对促进全台创优起到了很好的作用。

为了总结经验，统一认识，进一步把《七台精彩节目联播》节目办好，元月4日，总台召开了有各专业台主管宣传的副台长及有关部门负责同志参加的座谈会。座谈会由马仕存副总编辑主持。会上，大家畅所欲言，总结了各自的经验，对存在的问题进行了讨论。总编辑汪良出席座谈会并发表了重要意见。

大家认为，在过去的一年中，各专业台被《七台精彩节目联播》采用的节目在数量上不够平衡，这里有主观原因也有客观原因，除了各专业台重视程度、相关政策不同外，大家对推选过程也有不同意见。主要表现在三个方面，一种意见认为，《七台精彩节目联播》是北京电台的“样板间”，七个专业台的优秀节目都应在这里展示，现在的节目大部分采用的是专题报道，有些节目受到限制，应使节目更加形式多样、精彩纷呈。另一种意见认为，有些节目重内容，轻制作。第三种意见认为，新闻类节目和文艺类节目没有可比性，所以被选用率比较低。

经过讨论，大家在以下几个方面取得共识：

一是送选节目要有鲜明的主题。

主题是作品思想内容的核心，主题不明确或者主题模糊的作品说明节目缺乏策划和创意，这样的作品是很难被采用的。

二是送选节目要体现编辑记者和主持人的功力。

《七台精彩节目联播》形式上展示的是节目，其实是展示编辑、记者和主持人的功力，也就是要考核该节目从选题到采编直到驾驭节目的水平与能力，只有这些方面的优秀者才能被入选。

三是送选节目要体现新闻媒体的作用。

节目要有一定的新闻由头，配合当前的热点，紧密结合实际。纯欣赏性的节目作为日常播出节目可能是很好的节目，但如不符合《七台精彩节目联播》方针，是不能被选用的。

四是节目要好听，要有深度。

鼓励创新，要突出广播特点，不能干巴巴，要吸引人，感动人。

大家还认为，《七台精彩节目联播》播送的节目应是各专业台节目的典范，代表北京电台的水准，要用“三精”(思想精深、艺术精湛、制作精良)思想指导节目。

总编辑汪良在充分肯定大家所谈意见之后，发表了重要意见：1. 关于新闻性：选用的节目要有新闻由头，这是最低限度，因为我们是新闻媒体。2. 关于专业性：选送的节目要突出各专业台的专业特点。3. 有意为之：做到心中有数，一些重要节日，一些新闻热点，要早做准备。

好的题材可以做两版，日常播出一版，专为《七台精彩节目联播》做一版。日常节目要想到创优、拿奖。4. 制定奖励政策，让大家有奔头。

总编室与新闻广播联合召开听众座谈会

3月12日，总编室与新闻广播联合召开听众座谈会，就2002年新闻广播节目改版听取听众的意见。副总编辑白福义参加了座谈会。

与会听众充分肯定和赞扬2002年新闻广播的改版坚持专业化办台的方向，拓展了新闻的领域和空间，使目前的节目架构成串、成网，改版基本是成功的。听众在发言时说，由于《新闻时间》的设立使现在的新闻比过去更及时、内容更丰富，录音报道有所增加。尤其反映在“两会”期间以及日常的一些突发事件的报道和追踪报道，像莱太花卉着火、大学生刘海洋伤熊事件、“五胞胎降生”，以及北大教授学术腐败的报道等等，都体现出了较快的时效和一定的深度，其中有些报道都是第一时间，并早于其他媒体，充分发挥了广播的优势。此外听众谈到《新闻聊天室》、《新闻圆桌》以及《北京报道》等新设置的节目中都有许多出色的报道和话题。

在谈到对改版节目的意见和建议时，听众说目前的报道中反映“三农”的新闻还比较少。希望今后还要增加录音报道，加强新闻评论，减少重复新闻和滞后新闻。还有听众对改版时砍掉的一些节目表示遗憾。

副总编辑白福义在总结发言时表示，感谢听众一如既往支持电台的工作，感谢听众直言不讳的发言。今后将认真研究和采纳听众的意见，办好电台的节目。

研究室召开第一次兼职研究员会议

3月14号下午，我台研究室组织召开了兼职研究员见面会，15名来自全台各部门的兼职研究员挤出宝贵时间参加了会议。副总编辑、研究室主任张礼栓对研究室的基本情况、主要课题方向以及今后兼职研究员如何开展课题研究做了详细介绍，所有兼职研究员也都作了热情洋溢的发言，在拟定新课题、如何发挥兼职研究员的作用、研究室今后发展方向等各方面提出了自己的看法。精彩的发言、独到的见解、由工作实践而来的可贵想法连缀起三个小时的会议，大家在不断提高自身水平、齐心协力完成课题方面达成共识，并因此备受鼓舞。

研究室成立伊始，人员较少，而自愿报名兼职研究员的都是热爱广播事业、自身业务水平较高并且勤于思考的工作者，是电台的一个精神宝库，研究室今后将尽量创造条件，充分发挥兼职研究员的作用。同时欢迎电台其他有志于广播研究的人员加入兼职研究员的队伍，或参加研究室的不定期活动。

广播人与听众欢聚一堂

——我台举行听评月主持人节目展播颁奖联谊会

4 月 27 日下午，长富宫的芙蓉厅里欢歌笑语，100 多名听众与 50 多位电台的各级领导、主持人欢聚在这里，举行北京电台 2001 年听评月、主持人节目展播颁奖联谊会。

经济台表演的轻松欢快的舞蹈《洗衣歌》拉开了联谊会的序幕，赢得了与会者阵阵掌声。会议开始后，副总编辑马仕存首先介绍了 2001 年度听评月和主持人节目展播活动的情况，他高度赞扬了广大监听员的执著精神和认真态度及对广播宣传的关心和热爱。随着苏京平和陶津轻松、精到的主持，听众与主持人们欢聚一堂，会场充满了欢快和谐的气氛。电台各级领导与节目主持人作为开奖、颁奖“嘉宾”，为 60 名在听评月中获奖、35 名在主持人节目展播听众评议中获奖的听众和在主持人节目展播中荣获最佳奖、优秀奖的主持人颁发了奖金和证书。

电台的主持人与听众共同表演的节目，为颁奖会增添了喜庆气氛，听众周宝林专为这次颁奖会创作的京剧清唱、教育台刘娟的黄梅戏《女驸马》、音乐台冯健的小提琴独奏《梁祝》和于允的琵琶独奏《彝族舞曲》、听众萧泽瀛的“口技”和文艺台万海的快板《绕口令》精彩纷呈，王世玲、李洋、牛力和季燕、云飞分别表演的“故事”是他们各自节目的再现。现场采访总编辑汪良、副总编张礼栓、主持人苏京平和孙萱北的挑战主持人节目，采访者精彩的提问、被访者机智幽默的回答赢得与会者一阵阵笑声与掌声。汪良与张礼栓的即兴表演更令大家连连叫好。

这次颁奖会上我台还向 100 多名到会的听众颁发了业余监听员的证书。台长降巩民在最后的讲话中对监听员们关心广播、参与广播、支持广播给予充分的肯定；对业余监听员们多年来热情评议广播，积极提意见和建议，促进我台节目质量的提高表示衷心的感谢和高度的评价。他真诚地希望听众继续关注广播、支持广播。

广播宣传阅评交流会

我台广播宣传阅评交流会7月23日召开。市委宣传部阅评领导小组和广播阅评组成员，电台台长、总编、副总编、各专业广播、国际部、总编室负责人及台内监听员等35人参加会议。

副总编马仕存在会上首先汇报了我台近年来特别是今年上半年落实新闻阅评意见的情况。他说，新闻阅评同志对电台问题抓得准，分析透彻，有理有据，令人信服，对于北京电台牢牢把握正确舆论导向，提高我台编播人员的政治意识、大局意识、责任意识，提高电台节目质量都起到了很好的推动促进作用，在此向各位新闻阅评组成员表示衷心的感谢！马副总编说，电台历任领导都十分重视新闻阅评意见，汪总编主持工作以来坚持将《新闻阅评情况》逐条、全文在全台编前会上传达，并结合我台宣传工作的实际举一反三，宣讲有关宣传纪律，要求每位编播人员引以为戒。对《新闻阅评情况》中涉及电台的问题，各专业广播都要进行认真调查、核实、分析，并结合电台有关规章制度，实事求是地进行严肃处理。处理情况一律填报“新闻阅评情况处理表”，专业台台长签字后交到总编室，总编室再安排专人负责，及时将《新闻阅评情况》中有领导批示的问题的处理情况反馈给新闻阅评领导小组。

今年上半年电台共收到市委宣传部新闻阅评情况30期，其中涉及到北京电台的听评意见29条，表扬的有5条，反映问题的有24条。交流会上，马副总编对所有反映的问题逐一进行分类，并将处理情况和我台近年来为提高节目质量，坚持正确舆论导向所采取的措施做了汇报。

市委宣传部新闻阅评领导小组常务副组长梁潇介绍了阅评工作的任务、职责、方针、概况。他说，新闻阅评工作已经开展10年了，阅评的方针是：细挑毛病，精说成绩，善提建议。阅评对宣传工作确实起到了参谋助手作用，对此，市委领导对阅评工作给予充分肯定。梁潇对电台近年来的改革发展给予充分肯定，同时也指出了存在的问题，一是有的节目格调不够高；二是节目中有技术性差错或一般性差错；三是保健品广告有违规违法现象等，说明采编播人员素质有待提高，要进一步加强管理。广播阅评组组长牛桂芝代表广播阅评人员对七个专业广播的优秀节目给予了充分肯定，也对节目中存在的问题提出了中肯的意见。参加交流会的其他阅评人员也对我台广播节目提出了中肯的意见、建议。希望电台加强节目审稿制度，特别对外来公司节目更要严格审查把关。

最后，台长降巩民、总编辑汪良在讲话中向新闻阅评组同志表示衷心感谢，并对阅评组提出的宝贵意见表示要认真研究、落到实处。今后，要进一步加强自身队伍的建设，努力提高采编播人员自身素质，争取办出更多更好的品牌节目。

汇七台之精华　扬一网之优势

——北京电台召开北京广播在线开通一周年研讨会

8月20日上午,北京电台在二楼会议室召开北京广播在线开通一周年研讨会。台长降巩民、总编辑汪良;台领导马仕存、白福义、王季平;各专业台、总编室、国际部、技术中心、研究室的领导以及各部门的网络管理员共40余人参加了会议。

会议由副总编辑马仕存主持，信息资料中心主任李晓晖对网站一年来的工作情况进行了汇报。台长降巩民在讲话中指出，建设网站对电台长远发展很有意义，网络是新兴的媒体，是与广播最贴切、最接轨的媒体，同时它也代表了电台的形象，要求电台网站一步一步平衡的发展。汪总编在会上对网站的性质、发展、宣传作了具体的指示，他指出目前网站应着眼于覆盖北京，立足于北京，要稳扎稳打，步步为营，办出自己的个性，要“汇七台之精华，扬一网之优势”。

与会的各部门领导，纷纷从技术、内容、发展方向等方面提出了建设性的意见。会上大家畅所欲言，充分肯定了网站开通一年来的工作成绩，并提出了宝贵的意见和建议。此次会议的召开，为电台网站的进一步发展奠定了基础。

专业化办台研讨会

10月11日至12日，我台在宽沟招待所举办了“专业化办台研讨会”。台长、总编辑、副总编辑；各专业广播台长、副台长；总编室和信息资料中心、广告部主任等有关人员参加了研讨会。

汪良总编辑主持了研讨会。研讨会上，各专业广播台长就“今年以来，你的目标听众是否明确，有无调整打算，依据是什么？节目设置在运行中有哪些改动，为什么改？效果如何？专业化深入方面，还打算做什么？有哪些困难；从加强专业化建设出发，你希望哪些方面总台给予保护？你认为其他值得注意研究的问题”等结合今年的社会调查数据和听评月及日常听众的意见和建议，进行了认真的发言。

张礼栓副总编辑在发言中说：“通过

这个研讨会，专业化办台的思路越来越清楚了，问题解决起来也越来越容易了。我个人认为专业化办台有四个层面上的意义，首先是正确的定位和内容上的区割，目的在于争取稳定的听众群，获取更大的利益；第二是对于专业人才的选拔、培训、造就，其目的是将已有的内容的区割做到位并达到高水平；第三是专业分工的细化和社会化，这是与社会发展追求低成本高效益相吻合的；第四，最终目的是要达到产业化运作，专业化程度越高越便于产业化运作。我们应该关注的三个方面的问题，一是跨地区的联网操作；二是制播分离的问题；三是数字化广播的问题。关于制播分离的问题，我们认识的比较早，但一直没有动手；中国地域广、电台多，这就为节目销售提供了市场，真正实现了制播分离可以对提高节目质量起到极大的推动作用，可以降低节目制作成本，同时便于推出明星主持人。因此，我们在制播分离方面应及早动手以便掌握主动权。”

汪良总编辑认为，此次研讨会开得非常好，大家都很重视，做了充分的准备，对调查报告都进行了认真的研究，发言比较务实。对于在办台专业化中存在的交叉和分歧，大家相互协调并达成共识。归纳起来有这样几个方面：新闻广播的《北京新闻》由新闻广播独家首播，允许其他专业广播在其他时间重播；财经类节目（金融、股票、保险）为经济广播所专有；对教育广播要进行保护的是“性知识教育”类节目；文艺音乐类节目，除文艺广播和音乐广播外，其他专业广播在节目总量中不得超过 20%，栏目名称要回避专业色彩，排行榜只许音乐广播开办，其他专业广播不许开办变相的排行榜节目，长书节目由文艺广播首播，其他专业广播由文艺广播提供节目；对交通广播的《路况信息》节目进行保护；体育类专题节目、重大赛事的制播为体育广播独家所有。有关天气预报的协议由总台统一进行签署。在谈到专业化的问题时，汪总编辑说：专业化的进程随时都会发生变化，到底专业化到什么程度，“绿地”到底有多少合适，我们并不十分清楚。就专业化的内容来说，我们应该树立自己的权威性，除了权威我们还应该有自己的个性，还要与现有的经营模式相适应。专业化第一要坚持正确的舆论导向，其次还要获取经济效益。当我们进入专业化的良性循环之后，才可以去考虑产业化的道路。制播分离是个比较复杂的问题，需要一步一步地来，大家在这个问题应该多加考虑。

降巩民台长在总结中指出：北京电台之所以能够高速发展，其根本在于我们坚持了专业化的道路，但我们每年还要来研讨这个问题，这是因为广播的专业化是在逐步发展变化的，现在有很多原因都促使我们必须认真对待这个问题。中国记协确定 11 月中下旬在我台召开“北京人民广播电台现象”现场会，中国记协在广泛调研的基础上认为北京电台的发展非常具有代表性，参加现场会的人员囊括了媒体各个层面的代表，这在宏观上是对北京电台的一个肯定。我们自己有内在的发展动力，实践也证明了我们确实可以高速发展，但是现在形势并不乐观，中央电视台已经在逐步实行制播分离的公司化模式操作，中央人民广播电台 12 月 1 日开始将与台湾的一家公司合作推出“900 频道”，同时这家台湾公司还将在山东人民广播电台文艺广播投入巨资，台湾的广播业竞争是非常激烈的，他们的操作方法、手段等都比我们要先进。由此可见，树立自己的品牌，吸引受众群体，扩大市场的占有份额是十分重要的。

降台长强调说，我们应该站得更高一些，对于竞争，眼前应该考虑的是使我们有生存的余地，生存余地要不断扩大，还要生存得更好一些；长远的未来的竞争主要是机遇的竞争，苦练好内功才能抓住机遇。中宣部媒体调研小组给我们总结的发展原则是：专业化的发展方向；灵活的分配机制；权利重心下移的管理结构。第一位的就是专业化的发展方向，在目前的形势下我们必须要考虑公司化运作、企业化、市场化运作，近几年来北京电台实际上一直在实行企业化的运作，这使我们获益匪浅。目前我们的工作条件、职工收入都有了很大的提高，但是条件好了，绝不能贪图安逸、满足现状、缺乏斗志，这是应该引起我们重视的问题。

在谈到研讨会的收获时，降台长说：

第一，通过研讨会，认识与往年相比有了很大提升。对专业人才需求的考虑，这实际上是对专业化发展的一个深层次的考虑。

第二，实行专业化的出发点、目的、目标最主要的是通过实施媒介的功能占有市场，并不断扩大市场份额，从而获取更大的经济利益。通过儿童广播——生活广播——体育广播的演进过程，可以看出我们在选择市场上所采取的一个正确的步骤，社会调查证明我们的选择是正确的。市场和社会需求就是我们专业化的方向，这也符合“代表人民群众利益”的大的原则。人民群众在新闻改革运动中的主体地位提升了，既符合中央的方针政策，又符合人民群众的根本利益，这才是我们进行改革的根本目的。

第三，跨行业、跨媒体合作，单业经营与多业经营的问题。目前有几个专业广播已经在考虑这个问题了，这说明专业化发展到一定程度必须要考虑这个问题，当专业化发展成熟之后，为了获得更大的发展空间，必须寻找新的突破口。

对于今后的发展，降台长提出了几个问题：

第一是专业化发展还远远没有达到理想的程度。目前广播市场竞争还处于一个沉寂的阶段，但我们所拥有的优势已经不多了，各界都开始看好广播市场，势必使得今后的广播市场竞争会更加激烈，我们必须通过自己的加倍努力，通过自己的招牌来吸引听众。

第二是关于内容的问题。目前是“内容为王”的时代，实行“制播分离”的最终目的就是要加强内容。在此次研讨中大家从宏观角度谈的比较多，对具体内容谈的不足，各专业广播对节目的问题还要继续深入的研究。节目是市场竞争基础的基础，希望大家要思想集中，“心无旁骛”地在节目上下功夫。抓好节目质量对提升节目时段的广告经营价值以及节目自身的价值都是非常重要的。“制播分离”之后，会形成好节目利于创收、便于销售的形势。

第三是突出主业的问题。“耕好自己的地”，做好自己专业范围内的节目，突出宣传上的主业；做好广告经营，突出经营上的主业。北京电台在现阶段不能因为做其他事情而忽略广告经营，从现状来看，随着国民生产总值的不断提高，还有很大的潜力可挖。我们目前的经营手段、方法水平还不高，所以必须要不断提高认识、优化营销手段和方法，提高经营管理水平，做好主业。

第四是关于树立频道品牌形象的问题。广播品牌的三要素是指“频道、节目和主持人”，其中频道品牌价值是最高的。所以各专业广播要充分重视并加强对频道品牌的树立和宣传，在这方面多动动脑筋。

第五是关于管理的问题。对于推广“ISO9001质量管理体系认证”应该有正确的认识。目前七个专业广播的管理水平参差不齐，领导者的才能也各有差异，但是“认证”恰恰可以弥补这些差异，会给我们各项工作水平的提升提供保障。

体育台与市体育局召开座谈会

体育台在成立一周年前夕（11月5日），与市体育局和有关部门召开座谈会，共同探讨如何做好来年体育台的宣传报道工作。副总编辑马仕存、市体育局副局长张立华以及市体育局法规宣传处、群体处、竞赛管理中心、体育彩票中心的领导和体育台的同志一起参加了座谈。

座谈会上，体育台就成立第一年的宣传工作情况和明年的节目调整打算与体育局的领导和专家进行了交流。针对竞技体育、全民健身、体育产业和体育法规的宣传报道工作，体育局的领导和专家从专业体育工作者的角度，为体育台出谋划策，大到全民健身的系统宣传和体育台如何打好奥运牌等建议，小到双方如何建立联系热线及时发布体育健身信息等具体问题，大量新的信息和专业的视角拓宽了体育台专业办台的思路和节目调整的重点。

此次座谈会是体育台年底一系列和明年宣传、节目调整有关的座谈会之一，体育台将通过这一系列交流和研讨，力争做到有的放矢，使明年的宣传报道和节目质量能有一个新的面貌，也为体育台的长远发展打下一个良好的基础。

年终表彰大会

12月5日，我台召开表彰大会，对在“十六大”期间作出突出贡献的部门和在2002年度各项评选中的获奖人员进行表彰，对在全国荣获政府奖的人员进行重奖。

表彰大会的主会场设在二楼会议室，利用电视会议系统向全台转播。台长降巩民在讲话中说，今天的会不仅是一个表彰会，还是一个动员会。他指出：“节目质量是广播电台的生命线”，这是电台无论做任何事情都要第一位考虑的问题。要提高节目质量，人的素质是最重要的，希望大家要努力提高自己各方面的素质，鼓足干劲，努力创造一流的工作业绩，把电台建成一流的企业，争取明年取得更大的成绩。

总编辑汪良在讲话中说：做好“十六大”的宣传报道工作，保证“十六大”宣传任务的完成，是今年我台宣传工作中的一项重中之重的任务，也是贯穿全年的一条主线。在全台同志特别是宣传、技术一线的同志们共同努力下，圆满地完成了任务。他代表台领导向全台每一位职工表示衷心的感谢。在谈到我台在全国政府奖的评选情况时，他说：“今年我台在评奖活动中取得了优异的成绩，有两个节目获中国新闻奖一等奖，有 6 个节目获中国广播奖一等奖，另外还有 7 个节目获中国广播奖二等奖，有 9 个节目获三等奖。无论是获奖数量，还是获奖的等级，在我台近 20 年的评奖史上都是最多和最高的。与全国兄弟台相比，我们也是名列前茅的。我们的这些成绩，是大家用心血和汗水换来的，来之不易，我们要珍惜这些成绩。”他认为，北京电台能够取得这些成绩主要是这几年我们从管理入手，坚持抓节目质量，抓创优工作；开展节目质量的考评，推动了全台节目质量的提高；建立并严格执行各项规章制度。另外，一批年轻有为、精力充沛、懂业务、富有奉献精神的年轻人已经成长起来。针对明年的宣传创优工作汪总编辑提出：一是要继续贯彻“严守宣传纪律，把握正确导向，深化专业化办台，提高节目质量”的工作方针；二是抓创优、抓节目质量提高，要和宣传、贯彻“十六大”精神紧密结合起来，对重要报道、重大典型、重要活动要精心策划、精心准备，必要时要组织精兵强将进行采访报道；三是要严格抓好节目考评工作。认真总结一年来考评工作的经验、进一步完善考评工作的有关规定，使考评工作更加贴近实际，更加有利于促进全台节目质量的提高；四是要进一步完善规章制度，加大执法力度；五是要大力提倡“创新”，在节目设置、节目创意，节目制作上全面创新，以适应当前媒体激烈竞争的需要。

副总编辑马仕存、张礼栓和刘爱勤先后宣读了我台在中国新闻奖、中国广播奖和中国国际新闻奖评选中的获奖名单；荣获北京新闻奖、北京广播奖的名单；我台 2002 年论文评选、十佳优秀节目评选获奖名单。刘爱勤宣读了“关于奖励在全国获奖作者的通报”，通报中对荣获中国新闻奖一等奖、中国广播奖一等奖的 2001 年 7 月 14 日《北京新闻》的编辑陈晓海、景兵、刘锦升、童淑玲；对荣获中国新闻奖一等奖的系列报道《关注食品安全》的作者朱凌翔、章萍各奖励15000元。对荣获第五届中国百佳新闻工作者的张娜依奖励8000元。对荣获中国广播奖一等奖的消息《申奥成功，北京沸腾》的作者曹力、王建平、白玉、赵瑞华、陈京英、朱凌翔、姚钢、李彦平、文立军、陈建勋奖励8000元，对荣获中国广播文艺奖一等奖的音乐专题节目《侗乡随想》的作者伍洲彤、苏阳、朱学兵；电影录音剪辑节目《刮痧》的作者张美华、徐北威、董晓晖各奖励8000元。对荣获中国播音与主持作品奖广播主持作品一等奖的《走进摄影家邓伟》的作者刘思伽奖励8000元。对荣获中国新闻奖三等奖、中国广播奖二等奖的短消息《比金子贵几倍的碳纳米管在我国率先实现批量生产》的作者曹力奖励5000元。对荣获中国广播奖二等奖的五件作品的作者杜敏；沈孝昌、崔伟、贺西平；郝为群、蒋树珍；于万海、张宏、贺西平；陈琦、马维等各奖励 5000 元。对江西台选送的（与我台合作）荣获中国播音与主持作品奖二等奖的直播节目《红色之旅》的作者（新闻广播与江西台合作）奖励2500元。对荣获中国广播奖三等奖的六件作品的作者郭晋旭、张娜依；刘爱勤、李捷、姚钢、张友信、陈建勋、张红力、王薇、沈彤、许向东等人；孙岩、宋爽；王健、张红力；张文祚各奖励2000元。对荣获中国国际新闻奖三等奖的评论《悄悄地暧昧着——评日本首相参拜靖国神社》的作者张立新奖励2000元。

总工程师王季平宣读了《关于对在“十六大”期间做出突出贡献的部门给予奖励的决定》，决定中说，我台全台上下、各个部门、各位员工，努力加强防范意识、责任意识、大局意识，通力合作，不但做到了“十六大”前六十天准备期和“十六大”期间的零秒停播，而且也正确地把握了宣传舆论导向的正确性，圆满完成了这次大会的宣传任务，受到上级的表彰。为此，总台决定对在“十六大”宣传期间做出贡献的部门给予表彰奖励。获一等奖的部门有新闻台、技术中心和804发射台，荣获二等奖的部门有总编室、经济台、教育台、交通台、体育台、音乐台、文艺台；获三等奖的有国际部、办公室（保卫部）、信息中心；获四等奖的有党办、人事部、计财部、广告部、研究室和工会。并宣布了对部门奖励的奖金金额。

总编室主任亢亚志主持会议。

我台举办2003年“合办节目”招标会

12月6日，我台举办了2003年“合办节目”招标会。来自20余家广告公司的80余名代表参加了此次招标会。

我台在新闻、经济、教育、文艺和体育五个专业广播中办有“合办节目”。招标会旨在更加合理利用各广告时段，统一“合办节目”价格，同时，加强对“合办节目”的宏观调控。在全部21个合办节目时段的竞标中，中标总额达9314万元。

此次招标会由广告部组织，广告部主任张树荣主持了招标活动。台长降巩民、副台长尤士成、副总编辑刘爱勤以及相关专业广播的台长、副台长出席了招标会。招标会为我台在经营工作中全面推行“广告计划模式”进行了有益的尝试。降台长在讲话中指出：电台的发展与各广告公司的利益是紧密相关的，招标活动本着“公开、公平、公正”的原则，使大家有平等竞争的机会。同时，这一活动，也是电台寻找目标听众群，寻求更大经济效益增长点的一次尝试。

“如何面对其他媒体竞争”务虚会

12月20日我台召开了“如何面对其他媒体竞争”务虚会。会上，通过对其他媒体调查数据的分析和讨论，大家一致感到北京广播同行业的竞争已经开始，各专业台应该强化个性、加强合作，以北京电台的整体形象面对其他媒体的竞争。

这次务虚会，特邀三个调频专业台的台长参加，会前副总编辑赵多佳出了三个讨论题，即“各频率对自己周边媒体情况的掌握”、“应对的初步想法”和“北京电台各频率间内容调整形成合力的可能性”，要求与会者提前做好发言的准备。

参加会议的有台长降巩民、副总编辑马仕存、副台长尤士成及音乐台、交通台、文艺台的正副台长，新闻台、经济台和国际部等单位的有关领导也主动参加了这次会议。副总编辑赵多佳主持会议。

会上音乐台台长邵军首先介绍了他们了解的中央人民广播电台“音乐之声”开播后的一些做法以及对他们的调查分析报告，之后也谈了他们应对的一些想法，包括节目设置、内容、包装以及经营等方面的对策，他特别提出中央台的“音乐之声”是个国家级的流行音乐台频率，中央台以此为龙头拉开改革序幕的事实说明，北京电台独占北京广播市场的时代已经一去不复返。在这场竞争中，音乐台是前沿阵地，应该是以音乐台为先锋，以全台的合力集中应对。

交通台台长王秋和文艺台台长张厚美先后谈了他们各自的打算。交通台虽然取得了骄人的业绩，但依然存在压力和危机，这次的国际城市交通论坛给他们带来不少先进的交通管理经验和理念，他们提出了增加交通信息源，建立自己的交通信息网，实现跨媒体经营等方面的应对措施。张厚美认为中央台的这次调整对文艺台是一个机遇。他们提出以加大民族音乐、戏曲和电影录音剪辑等方面的文艺节目来对应。在谈到下一步打算时几位台长都谈到专业人才的需求和有关人才政策的问题。

尤士成、马仕存和赵多佳也发了言。他们认为面对中央台“音乐之声”的开播，我们要有良好的心态，要分析利弊，沉着应对。要重视他们，学习他们成功的地方，研究他们的优势，但不要跟着他们走。要强化自己的个性，进一步提升品牌效应。要以我们各个专业台的协同作战，以我们北京电台整体的形象去面对这场竞争。音乐台重点要在节目形态上下功夫，把语言减下来；交通台要在路况外的信息资源强化优势；文艺台可拾遗补缺，增加民族音乐节目的分量。

台长降巩民在讲话中特别提出：北京广播同业竞争的开始，对我们来讲是件好事，我们对此宁可过于敏感，保持箭在弦上，也不要麻木不仁。要在战略上藐视他们，在战术上重视他们。要认清形势迎接竞争，这场竞争是整个北京电台的事，总台要整体考虑，各专业广播要认真研究对策，学会有所“放弃”，认真研究可舍弃的方面。在这场竞争中，仅仅是防御性应对是不妥的，要坚持“发展”，发展我们的个性、我们的长项；坚持“创新”，这是我们的第一要务。

四、规章制度

关于在推行聘用合同制工作中人员分流的有关规定

（试行）

台字［2002］1号

为完善我台聘用合同制，加快我台新老干部的交替，优化职工队伍内部结构，提高职工队伍整体素质，保持职工队伍的生机与活力，减员增效，促进广播事业发展，根据京办发［2000］63号文件的精神，结合我台实际情况，现就在推行聘用合同制工作中人员分流的有关问题作如下规定：

一、严格定岗定编管理

在推行聘用合同制工作中，各部门人员的聘用，必须严格执行《北京人民广播电台关于贯彻〈北京市事业单位实行聘用合同制暂行办法〉的实施细则》中有关岗位、编制、人员聘用条件、程序等的有关规定。

二、严格执行《北京人民广播电台关于贯彻〈北京市事业单位实行聘用合同制暂行办法〉的实施细则》中有关合同签订、合同终止和解除的有关条款，对合同到期的无岗位人员随时解除聘用合同。

三、严格执行退休政策

对连续工龄20年以上，男满60周岁，女干部满55周岁，女工人（含聘干不满10年的，下同）满50周岁的一律按时办理退休手续。

四、鼓励自谋职业

对签订5年以上合同的人员，鼓励自愿解除合同自谋职业，凡经同意解除聘用合同自谋职业的人员，档案关系转入集团人才服务中心或其他人才交流机构，单位一次性补发给个人自谋职业费8万元，已购公房不予收回。

五、向第三产业分流

全台各部门举办的第三产业，要规范经营，规模经营，力争成为全台经济的一个增长点，同时要及时清退现有的临时人员，积极吸纳台内待岗人员，台内待岗人员也要无条件服从台内的安排。凡在第三产业就业的人员，总台工资待遇保留两年，两年后第三产业转为自负盈亏，但各类社会统筹可由总台代缴代扣，单位承担部分由三产承担。

六、鼓励创办经济实体

鼓励有能力的职工以多种形式创办经济实体或承包经营本台已有的实体。

七、鼓励有条件的职工自费国外留学，自费国外留学期间的待遇见总台的有关规定。

八、对于签订无固定期限的合同制人员，因违章违约等原因成为内部待岗人员的严格执行《北京人民广播电台内部待岗人员管理暂行办法》的有关规定（见《聘用合同制文件汇编》第37页），其中男满55周岁，女满50周岁的可办理台内退岗休养手续，内部退岗休养人员在内部退岗休养期间享受在职时的工资待遇，其他待遇不再保留。

九、对于因总台行政性的编制精简、机构撤并等原因而成为内部待岗的人员，对于签订有合同期限的人员，按内部待岗人员的有关规定办理，对于距退休不足十年或签订无固定期限合同的人员，可办理内部退岗休养手续，凡办理内部退岗休养的可保留原工资待遇，其他待遇不再保留，且同时给予一次性内退补贴。（见附件一）

凡办理内部退岗休养的，在内部退岗休养期间遇国家政策性工资调整时，此类人员正常调整，专业技术职称不再评审，此类人员达到退休年龄时正常办理退休手续。

十、对于签订无固定期限合同或距退休不足10年的在岗人员，男满57周岁，女满52周岁，或男满55周岁、女满50周岁且工龄满30年的，经总台同意后可办理内部离岗休养，凡办理内部离岗休养的一切工资、福利待遇均保持不变，期间遇国家政策性工资、补贴调整时，此类人员正常调整，离岗休养的同时给予一次性的离岗休养补贴。（见附件二）

离岗休养人员在离岗休养期间可申请专业技术职称资格，获得高一级资格的人员，单位不再聘任，但其工资补贴兑现，此类人员在达到法定退休年龄时正式办理退休手续。

十一、对符合第十条办理内部离岗休养的人员，台内各部门一律不得有偿返聘。

十二、对于办理内部退岗休养、离岗休养的人员由原部门负责管理。

十三、本规定由人事部负责解释。

十四、本规定自2001年12月18日起执行，执行截止日期由总台视情况随时确定。

二〇〇二年一月四日

关于加快我台新老干部交替工作的有关规定

（试行）

台字［2002］2号

为深化我台干部人事制度改革，加强我台干部队伍建设，保证广播事业健康有序地发展，根据京广电党字［2001］10号文件的精神，并结合我台实际情况，就加快我台新老干部交替工作作如下规定：

第一条：处级干部的聘任必须在上级和我台规定的编制和职数范围进行，且严格执行职数配备的有关规定。

第二条：干部的选拔和聘任必须坚持革命化、年轻化、知识化、专业化的方针和德才兼备的原则。

第三条：干部的使用在坚持党管干部的原则前提下逐步推行竞聘上岗（选任制干部和组织人事部门干部除外）

第四条：处级干部每届聘期最长为两年，聘期内和聘期届满时由干部管理部门按干部管理权限进行定期或不定期的考核，并做出书面考核评语，为干部的培养和使用提供客观依据。

第五条：干部使用坚持能上能下原则，对考核不合格或不称职的干部随时予以解聘，其工资福利待遇随岗而定。

第六条：凡男满58周岁，女满53周岁的处级干部无特殊情况一般不再担任现职，可从事专业或专项工作，其原政治待遇、工资、效益工资、福利待遇、岗位津贴等均保持不变。其他待遇（含用车）不再保留（任命制干部除外）。

第七条：男满56周岁，女满51周岁的现职处级干部聘期届满后一般不再续聘担任处级职务。

第八条 ：对于男50周岁以上58周岁以下，女45周岁以上53周岁以下的处级干部在干部使用过程中：

一、因不具备任职条件、任职资格落聘人员

1. 工龄满30年且任现职满5年以上的，保留原工资待遇、效益工资待遇，其他待遇（含车辆、通讯费、岗位补贴等，下同）不再保留。

2. 工龄不满30年或任现职不满5年的，原工资待遇保留，效益工资待遇保留2年，其他待遇不再保留。

二、因主动让贤而未聘的人员

工龄满30年以上或任现职满5年以上的保留原工资待遇、效益工资待遇，其他待遇不再保留。

三、因竞聘而落聘的人员

1. 工龄满30年且任现职满5年以上的，保留原工资待遇、效益工资待遇，其他待遇不再保留。

2. 工龄不满30年或任职不满5年的，原工资待遇、效益工资待遇保留2年，其他待遇不再保留。

第九条：在本次处级干部竞聘工作中，男50周岁（不含）以下，女45周岁（不含）以下因不符合任职条件、任职资格或主动让贤及落聘人员，保留2年80%的效益工资，其他待遇（含工资）均不再保留。

第十条：因不符合任职条件、任职资格或主动让贤及落聘人员，选任为专职支部书记的，原工资待遇不变，其他待遇按随岗而定的原则，享受本部门副职待遇。

第十一条：凡保留工资待遇人员，在保留期限内，遇国家工资标准调整时予以调整兑现；如遇改革性补贴或政策性的改革（如住房）时按工资享受的级别予以兑现，只保留效益工资人员其他一切待遇随岗而定。

第十二条：凡保留效益工资的未聘人员在保留期限内享受现部门效益工资待遇。

第十三条：加强干部交流力度，在保持稳定和工作不间断的基础上，处级正职在同一部门的任职不超过三届（六年）（特殊情况除外）。

第十四条：本规定适用于聘任制正副处级干部。

第十五条：本规定由人事部负责解释，自2002年1月1日起执行。原台人字［2000］2号《关于加快干部新老交替工作的有关规定》同时废止。

二〇〇二年一月四日

关于干部退休和退休干部的管理规定

台字［2002］3号

实行干部退休制度，是我们党和国家干部制度的重要组成部分，做好干部退休工作和退休干部的管理工作，妥善安置好退休干部，对保证职工队伍新老交替的顺利进行，使职工队伍充满生机和活力，促进广播事业改革和发展具有十分重要的意义。为此，根据上级有关文件精神，结合本台实际情况，特作如下规定：

第一条：严格执行干部退休制度。凡达到退休年龄的干部，除按国家规定延长退休年龄或留任者外，均应按时办理退休手续。

第二条：对于达到退休年龄的干部，先由组织、人事部门按干部管理权限报任免或聘任机关批准，人事部在其达到退休年龄之日前一个月内通知本人和所在部门，办理退休手续，并做好工作交接，从达到退休年龄之日的下月起不再列为在编人员。

第三条：依据法律和有关规定经选举任区县级以上人大代表、政协委员等职务，在任届未满时达到退休年龄的干部，在其任届期满后，即按规定办理退休手续。

第四条：经医院证明丧失工作能力，又不具备退休条件的干部应办理退职手续，退职后按月发给退职费。

第五条：已符合退休条件，但按国家规定已办理延长退休年龄的干部，因身体、业务、能力等原因一年内未能聘用上岗，在本人自愿的情况下，可以办理退休手续。

距法定退休年龄五年以内，且连续工龄10年以上的干部职工，本人自愿，单位同意，可办理单位内部提前退岗休养。提前退岗休养期间的待遇，参照本台有关规定执行。达到法定退休年龄时，正式办理退休手续。

第六条：聘用制干部（指工人聘干）连续聘干超过10年，且在干部岗位达到退休年龄的，可按干部身份办理退休手续。

第七条：干部退休须办理台内公物清退手续。拟退休干部在得到人事部通知后，要按调出人员规定，持《退休、调出人员公物清退手续单》到各有关部门办理公物（包括汽车、电脑、采访机、录音机、图书资料、技术资料胶带、办公桌椅、公务用品等）的清退及归还工作，在办理完退休手续后未缴清公物的，按台固定资产管理规定，折合成现金后从退休工资中扣除，需缴服务等费用的停发一切服务等费用。

在此规定下发执行之前，已办理了退休手续而未缴清公物的退休干部，要及时回台补办清退手续。退休干部在办理完退休手续后，应及时清理办公室中个人用品，腾退办公桌。

第八条：干部退休时，人事部会同退休干部所在部门举行欢送会，肯定退休干部在职期间的成绩，听取退休人员对电台工作的意见和建议。

第九条：台人事部是全台退休干部的管理部门，负责根据上级有关政策办理干部退休手续、退休干部的服务管理、退休干部待遇落实等工作，设专人负责。并随退休人员的增加，在人事部门内部设立专门机构。

第十条：落实好退休干部的政治待遇：

1. 按照北京市“退休干部应享受同级在职干部的政治待遇”的规定，每年组织退休干部进行必要的政治学习和参加有关会议，并让退休干部及时了解本台的有关情况。

2. 建立好退休人员党支部，按台党委要求开展工作，定期过好组织生活，并配合台党委，做好退休干部的思想工作。

3. 每年组织一至二次退休干部参观本市工农业生产及城市建设等方面改革开放以来的成就，并组织退休干部适当开展文体活动。

4. 每年年终召开一次退休干部座谈会，由台领导向退休干部介绍台内情况，并听取退休干部对电台事业发展的意见和建议。

5. 开展退休干部生日慰问活动。

第十一条：保证退休干部享受国家及本市规定的生活待遇：

1. 按时发放退休费及本市规定的各类补贴。

2. 元旦、春节期间做好退休干部的慰问工作，及时了解他们的困难，并尽力帮助解决。

3. 按京办发（1991）7号文件关于退休干部“各单位根据自己的经济条件，给予非生产性福利补助”的精神，在解决在职人员福利性补助时（包括现金和实物），对退休干部要根据台经济状况可同时进行适当补助，但要与在职职工有所区别。

4. 根据市政府关于“退休干部重病、疾病用车予以保障”的精神，在条件许可的情况下，退休干部疾病、重病用车一般予以保证，若保障用车有困难时，重症病人就医用车可乘出租车或救护车，其费用予以报销。

第十二条：按台承受能力对退休干部的生活待遇给予适当照顾。

1. 夏季防暑降温费，按国家规定退休干部不再享受，但考虑到我台退休职工的具体情况，按台承受能力适当发放，但与在职职工有区别，一般掌握在在职职工的50%。

2. 节日补贴，按在职职工的标准发放。

3. 个别家庭困难的退休干部和长期患病的退休干部，要根据其经济困难程度，每年年终适当给予一次性困难补助，发放标准与范围由人事部与退休党支部协商，并报台长批准。

4. 在职职工统一体检，通知退休干部参加。

5. 在医疗保险未实施之前，退休职工经医务室同意可办理就近看病，其医疗费按规定报销。

6. 退休干部的健康疗养一般1～2年在本市范围内安排一次，每次不超过4天。

第十三条：为使退休干部“老有所为”，鼓励退休干部在身体健康，本人自愿，社会需要的前提下，继续为首都两个文明建设发挥余热。

第十四条：台内个别部门根据其工作需要，在退休干部身体健康且本人自愿的情况下，可以返聘个别退休干部回台工作。

1. 允许返聘的部门

根据台内职工现状，允许七个专业台和新闻中心、国际部可各返聘一名台内外退休干部作为业务顾问，但同一退休干部不得由两个或两个以上部门重复交叉聘用，其他管理技术服务等部门不再返聘已退休的同志从事台内各项工作。

2. 返聘人员条件

年龄65周岁以下，具有正高级以上专业技术职称，工作认真，责任心强，身体健康，能坚持上下班。

3. 返聘方式

返聘人员一律同在职职工正常上下班。

4. 返聘程序

凡需返聘业务顾问的部门需向人事部提出返聘申请，并写明返聘的理由，返聘人员所做的具体工作以及返聘的意向人选，由人事部提交总台研究确定，并由总台与之签订返聘协议书。

5. 返聘期限

退休干部返聘最长为一年，到期或跨年度聘用须由总台重新研究确定。

6. 返聘人员使用

返聘人员退休前属原部门的不再安排在原岗位工作，只能作为业务顾问使用，且不得参与原所在部门或总台的现职管理工作或决策性工作。

7. 返聘人员待遇

返聘人员的待遇由总台统一确定，并由总台统一发放，费用由用人部门支付，各用人部门不得重复发放。

8. 返聘人员除必要的办公用品外，不再配备交通和通讯工具，退休前有交通工具和通讯工具，退休后直接返聘的，其交通工具和通讯工具必须缴出。

9. 返聘人员一般不再安排值班或加班。确需要加班的，从退休干部的健康出发，应严格掌握，每周不能超过两个半天。其加班费标准参照在职职工执行。

10. 返聘人员在返聘期间，不能坚持上班或因身体原因不能完成工作任务的要及时通知人事部，由人事部提交总台决定是否改聘其他人员。

第十五条：从事史志工作的退休人员，暂不纳入第十四条规定的返聘人员范围，但人员使用的数量必须从严掌握，待遇由总台统一规定，且此类人员须由总台与之签订《退休人员返聘承包合同书》。

第十六条：允许返聘退休人员的部门，须按此规定办理返聘手续，凡未办理有关手续私自使用的，其劳务费用不得从台内开支。

第十七条：自本规定下发之日起，台内已返聘的退休人员要在6个月之内办理完离台手续，已经作为业务顾问使用的人员按规定程序报批，其他退休人员各部门不再返聘。

第十八条：退休干部或返聘人员一般不再安排因公出差，确实需要的，须由台长批准，其差旅费等所有开支，根据其业务性质由派出部门或对口部门承担。

第十九条：工人退休和退休工人的管理，参照本规定执行。

第二十条：本规定如遇与上级规定相抵触时，按上级文件执行。

第二十一条：本规定由人事部负责解释，自下发之日起执行，原人字［1997］24号《关于干部退休和退休干部的管理规定〈试行〉》废止。

二○○二年一月四日

关于党支部书记待遇等有关规定

党字［2002］1号

党支部是党的最基层组织，是党联系群众的桥梁和纽带，是党的全部工作和战斗力的基础。在我台的建设和发展中，尤其改革开放以来，全台广大党员和干部职工，团结一致，积极投入以宣传为中心的各项改革和事业建设中，取得非常可喜的成绩，党支部起到了十分重要的作用。为了创建全国领先、世界一流的电台，我台党委决心下力量抓好党支部建设，确定支部工作是我台党委的一项重要工作。抓支部建设，党支部书记是关键。为此，现就党支部书记待遇等有关规定明确如下：

一、党支部工作应紧紧围绕党的宣传等各项任务展开，与行政等保障管理工作有机地结合起来。党支部书记原则上由部门副处级以上领导同志担任。

二、专业台、新闻中心、技术中心、信息资料中心、804发射台支部可设专职党支部书记。其余支部设兼职党支部书记。

三、专业台、新闻中心、技术中心、信息资料中心、804发射台的专职党支部书记，享受如下待遇：

1. 效益工资按本单位副处级待遇兑现。专业台的专职党支部书记，效益工资高于本台宣传副台长的不变；低于本台宣传副台长的，按本台宣传副台长标准兑现。

2. 手机费按本单位副处级干部待遇规定报销。

3. 参加副处级干部学习等有关政治活动。

四、专职党支部书记所享受的待遇从台党委正式批准之月起执行。

五、党支部书记必须履行好如下职责：

1. 根据电台党委工作要求，紧密结合本单位实际，认真制订本支部年度工作计划和工作目标。党支部和党员要实行目标责任制，群众思想工作要落实责任人。要保证工作计划、工作目标得到落实。

2. 认真组织全体党员学习党的路线、方针、政策和上级的有关决议、决定等，不断提高每个党员的思想觉悟和政策理论水平，在宣传等各项工作中充分发挥党员的先锋模范作用和党支部的战斗堡垒作用。

3. 每月组织党员或群众至少进行一次学习或其他活动。

4. 适时召开支委会、支部大会和民主生活会。

5. 深入实际，了解掌握党员和群众的思想、工作、学习等情况，发现问题及时解决，坚持“四必谈”（职工利益受到影响必谈；职工受到批评处分必谈；职工有了思想情绪必谈；职工之间有了矛盾必谈）、“五必访”（职工生病住院必访；职工家庭发生意外必访；职工婚、丧、生育必访；职工家庭发生纠纷必访；职工长期出差在外必访），做好经常性的政治思想工作，充分调动大家的工作积极性。

6. 积极配合、支持本单位行政领导开展工作。

7. 按时参加党支部书记培训或其他有关活动。

8. 认真培养、发展新党员。

9. 保证本支部、本单位不出现重大问题。

六、台党委办公室对支部书记履行职责情况，每半年要进行一次考核。不称职的进行批评教育，或建议党委研究取消其待遇。

七、本规定由台党委办公室负责解释。

二○○二年一月十五日

北京电台固定资产管理办法

（试行）

台字［2002］9号

一、总　则

第一条　为加强电台固定资产管理，使固定资产经常保持完好、可用状态，防止国有资产流失，促进其保值增值，特制定本办法。

第二条　固定资产是我台国有资产重要组成部分，是保证电台各项工作尤其是广播宣传工作正常进行的重要物质基础，也是电台今后发展的基础和条件。

第三条　对固定资产管理和使用，必须贯彻“统一领导，分工管理，层层负责，合理调配，管用结合，物尽其有”的原则。健全并严格落实验收、维修、保养、定期清查等项管理制度。

第四条　要逐步建立一支与电台改革和发展相适应的固定资产管理队伍。对管理人员要制订考核办法，认真培训，不断提高管理能力，保持管理人员的相对稳定。

二、范围和作价

第五条　具备下列条件，应列为固定资产：

1. 单价在1500元以上，耐用期在一年以上，并能在原有状态下独立使用的广播制作和播出设备；

2. 单价在 500 元以上，耐用期在一年以上，并能在原有状态下独立使用的行政办公一般设备；

3. 单价在5000元以上的计算机软件；

4. 无偿调入、补偿或赠送给我台符合上述条件的物品；

第六条　下列资产，不论价值大小，均不列为固定资产：

替换性资产，如轮胎、电瓶、计算机

键盘等（该项中属于成套设备中原已配套的仍作为固定资产完整的组成部分，其价值计入成套设备价值之内，替换时可分别不同情况按维修或消耗对待）。

第七条　新添固定资产的安装费，应计入新添固定资产总值内。

第八条　有下列情况之一者，应增减固定资产原值：

1. 原有固定资产因改制而提高质量或扩大功能而增加附件，按实际开支增加其原值；

2. 成套设备因损坏或其他原因拆除其中一部分时，应减少其原值。

第九条　固定资产原值的增减，应按规定的程序办理记账手续，以保证账账、账卡及账物相符。

三、购置和验收规定

第十条　固定资产的购置，严格执行采购预审制度，应根据电台发展进行全面规划，严格论证，无特殊情况不得突破。编计划时，不但要考虑需要，而且要考虑存放安装条件，使用技术水平和配套设备等因素。计划须经技术部门和固定资产管理部门审核确认后，按审批程序报台领导批准，严格按计划执行。计划项目的变更或预算超支，要提供变更和超支原因，经技术部门、固定资产管理部门、相关领导核准好，办理财务手续。未经以上程序核准，不符合规定的项目，不得随意要求支付款项。

第十一条　总台设备购置实行归口负责，技术设备由技术中心负责，行政办公设备由固定资产管理科负责；系列台可自行购置或委托技术中心和固定资产管理科购置。

第十二条　新购置固定资产必须到固定资产管理科严格进行验收，并办理相关手续。

1. 播出、录制设备验收，由固定资产管理科会同技术部门、申请购置单位固定资产管理员进行验收，对照实物填写入库单。如发现损坏或质量和数量及规格型号等有问题，应由采购订货部门与国内、外厂商联系解决，验收合格后，按规定建立固定资产账；

2. 家具等办公设备由固定资产管理科会同申请购置单位固定资产管理员进行验收，验收合格后，填写入库单，按规定建固定资产账。

3. 固定资产在办理验收之前，无特殊情况不得投入使用。

4. 如设备先于发票到达，须到固定资产管理科办理固定资产登记和验收，待发票送达后再办理固定资产的入库等手续。

第十三条　固定资产入库和记账规定由办公室固定资产管理科负责办理验收手续：

1. 行政设备单价在500元以上（含500元）；播出、制作设备单价在1500元以上（含1500元）；计算机软件单价在5000元以上（含5000元），应填写《固定资产入库单》，由固定资产管理科在验收核实后，给资产编号、输机、打印固定资产卡片，使用人和使用人所在部门领导在卡片上签字，将购置申请复印件留存固定资产管理科，固定资产管理科科长在发票上签字认可，方可到财务报账。

2. 增加原有设备功能或另配置附件如光驱、内存条、硬盘、闪光灯等，应填写《固定资产入库单》，并由固定资产管理科注明“增值”，方可到财务报账。

3. 设备维修需更换价值超过500元的零部件如微机主板、驱动器、显示器等，必须把换修下来的坏（旧）部件交固定资产管理科，固定资产管理科根据其功能及价格情况，办理设备增值或换修手续。由固定资产管理科科长签字，财务方可报账。

4. 固定资产在购入后一周内，须到固定资产管理科办理入库手续。

四、管理、使用、维修

第十四条　固定资产管理科为电台固定资产的管理部门，负责固定资产管理及监督检查工作。固定资产的保管责任要落实到使用人，使用人所在的部门领导和兼职固定资产管理员负有监督管理的责任，各部门无法落实使用人的设备，统一由该部门固定资产管理员负责管理。

第十五条　要建立必要的固定资产管理制度及管理（保管）人员岗位责任制。各部门固定资产 管理人员（含兼职人员），对本部门所管的固定资产负有管理和监督责任。任何人未经管理人员同意，不得擅自动用、移动和拆卸。

第十六条　固定资产管理人员应保持相对稳定，确需调动时，应通知固定资产管理科，办好交接手续。全台职工如调离、退休、部门变更等，必须通知固定资产管理科，及时办理固定资产转移手续，并变更固定资产数据，避免国有资产流失。

第十七条　电台各部门所添的固定资产均属于电台财产，均应到固定资产管理科办理验收、登记、建账等手续，凭固定资产管理科出具的固定资产入库单和出库单，并由固定资产管理科科长在发票上签字认可，才能到财务报账，如手续不全办理了财务手续，对因此而带来的不良后果，将追究相关人员责任。

第十八条　技术中心等使用管理部门应经常了解和研究固定资产的使用情况，设备维修应建立维修台账，及时进行维修记录和变更记录，并于每月 25 日前将本月维修变更情况通知办公室固定资产管理科，固定资产管理科根据变更记录及时变更资产卡片内容。

第十九条　利用电台固定资产对外服务及创收须经相关领导批准后，到固定资产管理科办理有关手续，非经营性固定资产转经营性固定资产必须征得固定资产管理科同意，报请台领导批准后，履行有关手续，并坚持有偿使用原则。

五、固定资产调剂、交流、报废及奖惩

第二十条　购置固定资产不论资金来源如何，均为国有资产，产权归电台所有。各部门自行购置的设备，有优先使用的权利，但电台有权根据需要统一调配。

第二十一条　各部门多余闲置设备应及时退库上交总台，由固定资产管理科负责收回调配使用或处理。技术中心维修用备用设备，须先办理退库报废手续，做备用设备登记后，技术中心可自主处理。

第二十二条　固定资产管理科定期公布交流设备清单，各部门可提交申请，由固定资产管理科报相关领导批准后，办理设备转移手续。各部门也可通过固定资产管理科发布本部门暂时不使用、希望有偿交流的设备清单，将双方签订的设备交流协议复印件留存固定资产管理科和计财部，办理相应的设备交流登记和费用转账手续。

第二十三条　固定资产使用期满，确已丧失效能的，由于人为的或自然灾害等原因造成毁损，应作报废处理。报废的固定资产必须经过技术鉴定确定无法修复使用，由固定资产管理科负责办理报废相关

手续，其他部门不得擅自办理。报废固定资产单价或总价3万元以下报台领导批准，3万元至10万元的报集团有关部门批准，10万元以上的报市主管部门批准。

第二十四条　由于使用人违反操作规程或保管人保管不善，致使固定资产损坏、丢失，应查明原因，对责任人根据情节作出赔偿、通报批评，情节严重的报有关部门进行行政处罚。赔偿金额采用原值×未使用年限/应使用年限的方法计算(即年限比例法)。

第二十五条　对于严格遵守固定资产管理规定，固定资产管理清晰、有序、无误的部门，可考虑按其固定资产总值的一定比例给予该部门奖励。

六、固定资产清查

第二十六条　每月10日之前,由固定资产管理科与计财部对账,做到账账相符,对出现的差额应及时查明原因进行调账。

第二十七条　固定资产管理科每年对所管理的固定资产进行清查和核对,各部门每半年进行自查,年底由固定资产管理科组织进行固定资产全面清查。做到账账、账卡、账物相符。发现问题及时向台领导反映。要查明原因,分清责任,进行处理。

此《规定》自2002年1月1日起实行。

二〇〇二年一月十八日

关于《关于在推行聘用合同制工作中人员分流的有关规定〈试行〉》的补充规定

台字[2002]10号

为完善我台聘用合同制工作，更好地做好人员分流工作，根据我台现状，现就台字［2002］1号文件《关于在推行聘用合同制工作中人员分流的有关规定（试行）》特作如下补充规定：

一、对于签订无固定期限合同或距退休不足10年的在岗人员，凡男年满52周岁，女满47周岁，且工龄满30年以上的，本人申请，经总台同意后可办理内部离岗休养手续。

二、对于符合第一条办理内部离岗休养手续的人员，其一次性补贴前5年执行附表二（内部离岗休养人员一次性补贴），超过5年的剩余年限执行附表一（内部退岗休养人员一次性补贴）。

三、一次性补贴一律按月核算,距正式办理退休手续不足5年的,以附表二作为月核算基数,距正式办理退休手续超过5年的,超出部分以附表一作为月核算基数。

四、凡到达正式办理退休手续日期，其工龄也不满30年的，男满55周岁，女满50周岁方可办理内部离岗休养手续。

二〇〇二年一月二十二日

北京电台客饭管理规定

台字［2002］11号

根据北京电台2002年经济管理办法和内控制度要求，本着热情、节俭、高效、务实的原则，特制定本规定。

一、总台所有对外招待必须先经台长审批（包括在食堂招待客人），再由台长签字报销。台长可授权办公室主任审批。

二、客饭标准：

1．厅（局）级以上领导同志和应邀来我台考察、访问、讲学、交流的专家学者及港澳台、外国友人，由台领导会同有关部门负责人出面宴请。在台外宴请的，费用标准一般控制在人均100元左右，酒水不超过宴请标准的50%；在食堂宴请的，费用标准一般控制在人均50元左右，酒水不超过宴请标准的50%。

2．处级以上负责同志，由台领导会同有关部门负责人出面宴请。在台外宴请的，费用标准一般控制在人均80元左右，酒水不超过宴请标准的30%；在食堂宴请的，费用标准一般控制在人均40元左右，酒水不超过宴请标准的30%。

3．来我台进行公务活动的客人，由有关部门负责人出面宴请。在台外宴请的，费用标准一般控制在人均60元左右，酒水不超过宴请标准的30%；在食堂宴请的，费用标准一般控制在人均20～30元，酒水不超过宴请标准的30%。接待来台进行公务活动的客人，鼓励安排在食堂接待。

三、台领导接待客人就餐，可直接通知台办公室，由台办公室安排落实。

四、一般性工作餐（盒饭），经办公室主任同意，签客饭审批单后方可办理，费用标准一般控制在人均10～15元左右。

五、电台内部人员没有特殊情况，不得报销餐费。

二〇〇二年一月二十三日

关于认真贯彻各专业台办台方针的通知

总编字［2002］1号

各专业台：

为了使广播更好地发挥党、政府和人民群众的喉舌和纽带作用，更好地发挥各专业台的优势和充分体现北京人民广播电台的整体效益，我台于1994年下发了《关于认真贯彻各专业台办台方针的通知》。随着广播改革的不断深化，在总结我台创办专业化系列台实践经验的基础上，为进一步规范专业台的节目设置，突出专业台节目特色，提高节目质量，增强竞争能力，我们对各专业台办台方针进行了修订，现打印下发，请各专业台认真贯彻执行。

附：各专业台办台方针

二〇〇二年一月二十三日

附件一

北京人民广播电台新闻台办台方针

北京人民广播电台新闻台（以下简称新闻台），对外呼号：北京人民广播电台新闻广播；使用频率：AM828千赫，FM100.6兆赫，有线调频90.4兆赫。

新闻台是北京人民广播电台以新闻和新闻性专题为特色的专业台，也是主体台。

新闻台作为党的重要新闻宣传媒体，坚持党和人民喉舌的根本性质；坚持贯彻新闻工作为社会主义服务、为人民服务的基本方针；坚持以正面宣传为主的原则。

新闻台的主要任务是努力宣传马列主义、毛泽东思想、邓小平理论；宣传“三个代表”的重要思想；准确、及时、深入地宣传党的基本路线和方针政策；报道新闻，传播信息，反映并正确引导社会舆论。同时，为听众提供知识、服务和娱乐，满足人民群众多方面的需求，努力为社会主义物质文明和精神文明建设服务。

新闻台的节目设置以新闻和新闻性专题为主体。

附件二

北京人民广播电台经济台办台方针

北京人民广播电台经济台（以下简称经济台），对外呼号：北京人民广播电台经济广播；使用频率：AM1026千赫，FM107.3兆赫，有线调频91.9兆赫。

经济台是北京人民广播电台专门从事经济宣传的专业台。

经济台以繁荣经济，服务大众，充分发挥党和政府联系群众的桥梁和纽带作用为办台的根本宗旨。

经济台的主要任务是努力宣传党在经济工作中的理论、路线、方针、政策。报道经济新闻，传播经济信息，提供经济知识，引导社会经济生活。努力贯彻以经济建设为中心的党的基本路线，为发展和繁荣社会主义市场经济服务。

经济台的节目设置以经济新闻、经济信息、经济专题节目为主体，辅以生活服务和文化娱乐节目。

附件三

北京人民广播电台教育台办台方针

北京人民广播电台教育台（以下简称教育台），对外呼号：北京人民广播电台教育广播；使用频率：中波603千赫，有线调频89.1兆赫。

教育台是北京人民广播电台专门从事教育宣传的专业台。

教育台以“正确引导舆论、促进教育发展、提高市民的思想道德和科学文化素质”为办台宗旨，以“传播现代知识、关注前沿热点、服务终身教育、体现人文关怀”为办台内涵和依托；满足听众“求知、求学、求职”需求是教育台的基本任务；教育台追求“实用、快捷、鲜活、深入”的办台风格，打造“开机有益、回味无穷”的立台形象；“增加知识含量，营造文化氛围，提高节目品位”是教育台对每个节目的质量要求。

教育台的节目设置以科教新闻、前沿话题、终身教育、求学服务和普及生活知识为主要内容，同时辅以文化娱乐性节目。

附件四

北京人民广播电台交通台办台方针

北京人民广播电台交通台（以下简称交通台），对外呼号：北京人民广播电台交通广播；使用频率：FM103.9兆赫，有线调频FM95.6兆赫。

交通台是北京人民广播电台以机动车驾驶员为主要收听群体、以交通宣传为主要内容的专业电台。

交通台以宣传、疏导、服务、娱乐为办台的根本宗旨和基本手段。以维护首都交通秩序，促进首都交通事业的建设和发展，增强全民的交通法律意识，提高首都交通的社会效益和经济效益为目标。

交通台的主要任务是：认真宣传首都交通方面的方针、政策和法规，报道交通新闻，传播交通信息，疏导交通，提供交通知识和交通服务，满足主要收听群体对广播的需求，促进首都交通事业的发展。

交通台的节目设置以交通新闻、交通信息、交通专题和交通服务节目为主；以文艺娱乐节目为辅。

附件五

北京人民广播电台文艺台办台方针

北京人民广播电台文艺台（以下简称文艺台），对外呼号：北京人民广播电台文艺广播；使用频率：FM87.6兆赫，有线调频93.8兆赫。

文艺台是北京人民广播电台专门从事文艺宣传的专业台。

文艺台是党的重要宣传文艺舆论工具，以江泽民同志的“三个代表”思想为指导，突出宣传先进文化的前进方向，坚持为人民服务、为社会主义服务的方向和“百花齐放、百家争鸣”的方针。弘扬主旋律，提倡多样化是文艺宣传的基本原则。

文艺台的主要任务是宣传党的文艺方针、政策、传播文化信息和知识，提供欣赏和娱乐，活跃群众文化生活，弘扬和发展民族文化艺术。以优秀的作品来满足人民日益增长的文化需求，更好地体现最广大人民的根本利益。

文艺台的节目设置为文学、戏曲、曲艺、综艺、音乐、影视、广播剧等各类文艺节目。

附件六

北京人民广播电台音乐台办台方针

北京人民广播电台音乐台（以下简称音乐台），对外呼号：北京人民广播电台音乐广播；使用频率：调频97.4兆赫，有线调频94.6兆赫。

音乐台是北京人民广播电台以音乐服

务于社会的专业电台。

音乐台作为党的宣传工具，坚持为人民服务、为社会主义服务的方向，坚持“百花齐放、百家争鸣”的方针。

音乐台的品牌核心是：有社会责任感的、以青年听众为主要对象的、引导时尚的现代化音乐电台。树立品牌形象是音乐台一切工作的出发点与目标。

音乐台坚持以节目立台为宗旨，提倡高雅艺术，弘扬民族文化，反映时代风貌，力求丰富多样；注重欣赏性、娱乐性、服务性；加强信息服务，体现人文关怀；强调严肃音乐通俗化，通俗音乐艺术化，环球音乐旋律化，综合节目音乐化，使节目为大众所喜爱。

附件七

北京人民广播电台体育台办台方针

北京人民广播电台体育台（以下简称体育台），对外呼号：北京人民广播电台体育广播；使用频率：AM927 千赫，有线调频 92.7 兆赫。

体育台是北京人民广播电台以体育爱好者为主要听众群、以体育宣传为主要内容的专业电台。

体育台以“体育立台，竞技健身并举”为办台的根本宗旨，以宣传、参与、服务、娱乐为基本手段，以弘扬奥林匹克精神和爱国主义、促进中国体育运动和全民健身运动发展为最高目标和行动指南。

体育台的主要任务是：以快捷的反应追踪竞技体育和北京筹办 2008 奥运会的脚步，报道体育新闻，传播北京筹办奥运的信息，普及竞技、健身、健康知识，提供相应的咨讯服务，促进体育事业的发展。

体育台的节目设置以体育新闻、体育专题、赛事直播、健身健康专题为主，以知识类娱乐类节目为辅。

关于加强宣传管理严格按专业台办台方针设置节目的规定

总编字［2002］2 号

为了更好地发挥各专业台的优势，充分体现我台宣传的整体效益，确保节目的播出效果和质量，使我台宣传改革沿着健康的方向不断深入发展，现就节目设置中一些具体问题作如下规定，望各专业台遵照执行。

一、各专业台的节目必须按照总台确认的办台方针设置（包括与社会企事业、机关单位合办的节目、购买的节目）。各专业台调整节目或增设新的节目（栏目），需提前报总编室，经编务会讨论同意后方能实施。不经编务会讨论同意，任何专业台不得开办新节目（栏目）。

二、各专业台所有节目（栏目），必须制定明确的节目方针，经编务会研究同意后，严格按节目方针办节目。各专业台所有节目方针需报总编室备案，并由总编室检查、监督执行。

三、各专业台除按本专业宣传范围设置节目外，为了丰富广播内容，活跃节目，调节气氛，根据各自的特点和需要，可适当安排文艺类节目，但必须经编务会批准。

四、关于几个具体节目设置的规定：

1. 除新闻台以外，其他任何专业台不得设置综合新闻节目。

2. 经济台、教育台、体育台和新闻台可适当安排健康节目（栏目），每天不得超过总台规定的时间。

3. 除音乐台之外，其他专业台不得开办歌曲排行榜节目。

4. 各专业台开办幸运抢答节目要按照专业台办台方针设置抢答内容，抢答内容要健康，要有益于听众增长知识、开阔眼界、活跃生活。幸运抢答节目每个专业台只允许设立一个，时间不得超过60分钟。

5. 体育节目以体育台为主体。新闻台可播报体育新闻。其他台不得办体育节目。交通台可以转播全国足球甲A比赛实况。

6. 旅游节目以经济台、交通台为主，教育台、音乐台不可办，其他台只限定在现有规模。

7. 金融节目、房地产及装饰装修节目、商业节目只限在经济台举办。

8. 法制节目可由教育台、新闻台、经济台、交通台举办，但要突出本台特色。

9. 征婚节目由经济台举办。

10. 性教育节目由教育台和体育台举办。

11. 交通节目由交通台主办，音乐台的《你好，TAXI》要办成音乐节目，不要办成社教节目。

五、以上规定望各专业台认真贯彻执行，并定期进行检查，发现问题要认真对待，严肃处理。凡不经总台批准擅自开设节目的，一经发现立即责令停办，并追究当事人责任。凡播出的内容有悖于节目方针的，视情节轻重，给予通报批评、经济处罚、直至行政处分的处理。总台每季度全面检查一次。

六、本规定于1995年1月1日起颁布执行，2001年12月31日修订，在执行中遇有不明确的问题，报总编室由编务会统一研究答复。

二〇〇二年一月二十三日

关于采编播部门安全播音的规定

总编字［2002］3号

安全播音历来是确保广播电台准确、及时地完成党的宣传任务的一项重要工作。采、编、播、录是安全播音的重要环节。1989年我台曾制定了有关规定，自1990年经济台开播以来，我台节目播出形式有了较大的变化，原有规定中的一些条款已不适应现在的需要，为此，总编室对原有规定进行了修改，望各有关部门遵照执行。

一、采 编

1. 记者采写稿件，要深入现场采访，认真调查研究，尽可能掌握第一手材料。稿件完成后注意履行必要的送审手续。

2. 记者、编辑、通讯员的来稿，特别是时效性较强的重要动态性新闻稿，对于稿件中涉及的新闻事实以及时间、地点、人名、数字，一定要核实清楚才能发稿。

3. 根据文件、简报或其他材料编辑的稿件，必须重新核对事实，并征得有关部门同意，才能发稿。

4. 无论是记者还是通讯员，在新闻事实发生之前，不得事先发稿。如遇特殊情况，事先写好的稿件，不经重新核对，亦不能发稿。预告性消息记者也要对事实负责。

5. 记者采编的稿件，字迹要清楚、工整、无错别字，标点符号要准确，多音字要注明准确读音。对于字迹潦草或多处修改难以辨认的稿件，节目编辑有权退回重新抄写。

6. 记者采制录音报道或口头报道，音响必须真实、准确，不得弄虚作假。

7. 编辑应善于根据党的方针、政策和上级宣传精神，分清稿件的轻重缓急，严格把关，及时处理，不得延误有较高新闻价值的稿件。

8. 编辑所编稿件(节目)必须是成品，文字通顺，观点正确。遇有稿件中涉及的新闻事实，可否报道或宣传口径把握不准时，应及时请示报告，不得敷衍，不得擅自做主发稿。

9. 编辑发给播音员(节目主持人)的稿件(节目)，应按规定留出足够的备稿时间。遇有特殊情况，编辑和播音员(节目主持人)应密切配合，保证安全播出。

10. 需要事先录音的节目，录好后，必须审听，未经审听的节目，不能直接发送传音机房播出。

11. 录播节目录制完毕，核对播出日期、时间无误后才能发送到传音机房。发完后要与传音员核对。

12. 重播节目，责任编辑必须重新审听，方可发送传音机房。

二、播音、主持

13. 播音员、节目主持人应按规定的班次坚守岗位，尽职尽责，不得擅离职守。

14. 播音员、节目主持人要树立高度的主人翁责任感，对播出的每一篇稿件负责，把好最后一道关。播音或主持节目时，要精力集中，感情充沛，努力避免差错，在实践中不断增强广播宣传的“窗口”意识和为广大听众服务的意识。

15. 播音员、节目主持人对稿件有疑点或发现差错，要及时向责任编辑提出，责任编辑应认真解释或处理。

16. 直播节目在开机前 15 分钟，节目主持人应到岗试机，并做好其他各项准备工作。

三、制 作

17. 凡需录音员制作的节目，记者(或编辑)原则上应写出完整的文字稿，并经主管部门领导签发后才能制作。

18. 节目制作过程中，撰稿者必须自始至终负责到底。节目制作完毕，必要时还应送主管领导审听。文艺节目合成后必须审听。

19. 制作节目要注意广播特点，正确运用音响素材。凡音响效果不佳、影响听众收听的，不宜勉强制作带音响的节目。

20. 制作和发送节目的录音员，必须按照新闻节目录制播出应急方案的规定，提前做好各项应急准备工作。新闻节目制作传送岗必须严格遵守上岗时限，不得中途脱岗。

四、处　罚

按总编字［2002］6号《关于加强宣传管理避免播出差错的处罚办法》执行。

本规定1993年8月1日起执行；2001年12月31日修订。

二〇〇二年一月二十三日

关于热线直播节目管理的规定

总编字［2002］4号

根据广电总局《关于加强群众参与广播电视直播节目的管理意见》的要求，结合我台实际，特制定我台关于热线直播节目的管理规定。

1. 全体采编播人员要充分认识广播是党和政府的喉舌，是国家的要害部门，必须牢固树立政治意识、大局意识和责任意识，在工作中一丝不苟，确保广播节目不出政治性差错。

2. 热线直播节目要提前报送选题，经有关领导审批签字后方可播出。所报选题如有改变，须重新经主管领导审批签字，才能播出。

3. 热线直播节目的主持人必须由我台的合同制职工担任，客座主持人不得单独主持热线直播节目。

4. 严格执行保健品类直播访谈节目不许开热线等有关规定。

5. 导播工作是重要的宣传工作环节，各台必须加强对导播的管理和教育，导播必须由本专业台的编播人员担任。

6. 导播必须严格按《导播工作程序》操作。(附导播工作程序)

7. 热线直播节目话题确定后，主持人事先要深入采访，与所邀嘉宾面对面商讨在直播中要讲的内容，未经商讨，嘉宾不得进直播室直播。

8. 热线直播节目的主持人在主持节目时要严格把好政治关，如嘉宾和参与热线的谈话出现导向问题，主持人必须及时纠正、表明观点、批驳错误。对问题严重者立即中断谈话人的参与节目资格。

9. 热线直播节目要使用延时器，在直播室设两部热线电话，一律安装“来电显示电话”,并加装“恶意呼叫追踪”功能。

10. 各台机房必须设立一部紧急工作电话，简称“红机”（该电话机一律采用红色），便于各级领导指挥使用。值班、导播人员严禁使用“红机”。特殊情况，通话时间不得超过3分钟。

11. 敏感时期热线直播节目可开可不开的一律不开，必须开热线的要采取反打电话或递条子的方式，确保安全播出。敏感时期起止时间根据上级精神由台编务会确定，总编室通知。

12. 凡违反上述规定，根据总台《关于加强宣传管理，避免播出差错的处罚办法》进行处罚。

本规定于1999年10月19日开始执行；2001年12月31日修订。

附件：导播工作程序

二〇〇二年一月二十三日

附件：

导播工作程序

导播是电台众多工作环节中的非常重要的工作岗位，它不仅是电台联系听众的窗口，也是广播直播节目的重要把关人，在保证电台安全播音方面负有重大责任，为此，导播人员必须是本专业台的编播人员，在工作时必须严格执行如下导播工作程序：

1. 机房的电话一律使用“来电显示电话”，电话铃响后，导播拿起电话说：“您好，这里是某某台某某热线直播节目。”

2. 确认对方是参与节目者后说：“欢迎您的参与，请问您准备谈（问或提）什么问题？”

3. 认为对方谈得不错，可以说：“您贵姓？”记下姓氏和电话机上显示的号码并告诉对方：“我们需要核实一下您的电话号码。”如对方说的电话与显示的号码一致，可以直接接到机房。如参与者使用的是公用电话或是所说电话与显示的不一致，一律不准接进机房；如果是外地打来的电话，也不要接进机房，导播应在电话中表示：“感谢您的积极参与。”并记下他的意见后将纸条送进直播室；如果是谈话类节目，应告诉对方：“过一会儿我们给您打电话，以节省您的等候时间和电话费用。”然后挂机。

4. 根据节目进展情况，再用热线电话播叫听众电话，核实、确认是刚才打来电话的人后，再接进直播室。

关于审定稿件的规定

总编字［2002］5号

广播电台是党和政府的喉舌，必须坚持“政治家办报”的原则，正确把握舆论导向，严格审稿制度。但是由于近年来广播事业发展较快，新同志大量增加，特别是建立专业台之后，大量节目由录播改为直播，也有从外面购买的节目，在新的工作环境和条件之下，有的部门在执行审稿制度时不够严格，致使在宣传上发生了一些不该发生的事情。为确保广播宣传准确及时地贯彻执行党的各项方针政策，更好地为广大听众服务，特制定本规定。

一、各专业台、节目部必须严格执行

审稿制度，记者、编辑采编的稿件，如需送上级领导部门审阅的，必须按规定送审。本台内部执行部主任、专业台台长、总编辑三级审稿制度。各专业台播出的稿件（节目）必须坚持首先由部主任或节目牵头人审阅签字，然后送主管台长审阅签发后才能播出，如部主任、主管台长审稿量过大，可指定有副高以上职称的同志审稿。各专业台拿不准的报主管总编辑审定。

二、审定稿件，是具有主任编辑、主任记者以上新闻专业技术职务人员的重要岗位职责之一，有关人员都应服从安排，遵守宣传纪律，严肃认真地履行自己的岗位职责。审定稿件的范围包括单篇稿件、整套节目和带班。由于各部门担负的节目和条件各异，不担任行政职务的主任编辑、主任记者是否参加审定稿件工作由部门台长（主任）酌定。

三、录播节目（含外购节目）、直播节目在播出前，一律按规定的权限履行审稿制度：即记者、编辑采编的稿件（节目）或外购的节目，首先由部主任或节目牵头人审阅（审听），然后由专业台台长（或带班台长）审定签发。直播节目如无稿件，必须写出详细主持提纲送审。重要稿件（包括评论、重大题材报道、敏感问题报道、重要的批评报道）和宣传口径把握不准的稿件须送主管总编辑审定。

四、未经审定的稿件一律不得播发，如发生此类事情，视情节轻重分别给予当事人扣发本月的效益工资、通报批评、行政记过直至调离本岗位的处分。

五、各级领导在审定稿件时要严肃认真，恪尽职守，严格把握宣传精神。对因审稿不认真，甚至不审就签字播出而造成事故者要追究审稿人责任，同时追究上一级主管领导责任，分别给予扣发当月效益工资、通报批评、行政记过直至调离本岗的处分。

六、凡在本台各频率播出的节目都要有稿笺，电脑里审稿，要有签发人。各专业台的各个节目都要健全和完善播出节目登记制度，每个节目每天播出的内容都要逐条进行登记，各专业台可根据自己的实际情况设计格式。年底将各节目栏目登记软盘交信息资料中心存档。

本规定于1993年8月1日起执行；2001年12月31日修订。

二〇〇二年一月二十三日

关于加强宣传管理避免播出差错的处罚办法

总编字［2002］6号

为进一步加强宣传管理，最大限度地避免播出差错，确保全台所有节目安全优质播出，根据近年来我台在宣传中出现差错的实际情况，现就差错的分类定性及奖惩办法规定如下：

一、差错的分类与定性

1. 一般差错

由于责任者工作马虎，或技术环节上出现问题，在社会上造成的影响不大的差错，视为一般差错。

出现下列情况，可定为一般差错：

（1）一般的人名、地名、单位名称、时间、数字差错。

（2）节目的内容局部不准确或因用语不当造成的一般事实性差错。

（3）节目中出现读错字、读错字音或出现影响所要表达内容语病等情况。

（4）录播节目因填错日期、填错播出时间而造成播出险情的。

2. 严重差错

由于责任者工作中的疏忽或过失，直接造成的重要播出差错，且在社会上造成不良和负面影响较大，或给节目播出造成重要险情的差错，视为严重差错。

出现下列情况，可定为严重差错：

（1）重要人物（省部级以上领导干部）的名字、职务差错，重大活动、事件的时间、地点差错，国家和北京市发布的重要统计数字差错。

（2）节目内容中的重要内容失实。

（3）生活服务、社会教育、知识介绍、文化娱乐类节目出现的有悖于伦理道德、科学规律，带有导向性错误宣传内容的问题。

（4）空播、错播节目或未按重播重审规定播出节目而出现的重要差错。

（5）违背职业道德和宣传纪律，未经审查私插乱播节目并造成恶劣影响的。

3. 重大差错

因责任者在工作中的严重失职或违反宣传纪律而造成的违背中央宣传精神、宣传口径的播出错误，在社会上造成重大影响的，视为重大差错。

出现下列情况，可定为重大差错：

（1）否定马列主义、毛泽东思想、邓小平理论的指导地位，造成恶劣的社会影响；

（2）违背党的路线、方针、政策，出现严重的政治性错误；

（3）泄露国家秘密，危害国家安全，损害国家利益；

（4）违反民族、宗教政策，危害民族团结，影响社会稳定；

（5）宣扬凶杀、暴力、色情、迷信和伪科学，引起思想导向错误；

（6）传播谣言，编发假新闻，干扰工作大局；

（7）上级领导和宣传管理部门认定的其他严重错误。

二、责任界定

（1）记者对采制节目中的事实及稿件中涉及的人名、地名、单位名称、数字等事实性差错负全责；

（2）责任编辑对在节目编辑环节中出现的差错负全责；

（3）编辑、播音员对播音中出现的差错负同等责任；

（4）当班总编（或台长、部主任）对节目中出现的差错负把关责任；

（5）如对出现的差错有异议报总编室由编务会裁定。

三、对各类差错的处罚

1. 一般差错责任人每人每次扣发效益工资不低于20元；

2. 严重差错责任人（包括审稿人、

部门主任、专业台台长），每人每次扣发效益工资不低于200元，主要责任人须做书面检查，全台通报批评；

3．重大差错责任人（包括审稿人、部门主任、专业台台长和总台主管领导），每人每次扣发效益工资不低于1000元。视情节轻重，责任大小，分别给予通报批评、警告、行政记过、降职使用（包括专业技术职务）、撤职（或解除合同）等处理。一年内出现两次重大差错的专业台、部门、台长、主任要受到诫勉处理。出现三次重大差错的专业台，总台要撤换该专业台台长。

上述宣传中的各类差错，除一般差错外，各部门要及时提出处理意见并报总编室，重大差错由编务会或台务会作出处理决定，总编室和人事部具体落实。

为切实加强管理，总台和各宣传部门要加大监听力度，及时了解和掌握播出情况。全体编播人员，要十分重视安全优质播出工作，避免出现各类差错。各级领导要把此项工作作为一项重要的、经常性的工作来抓，确保党的各项宣传任务的顺利完成。

各宣传部门可参照此规定，结合本部门实际制订具体执行办法。

本规定从1998年10月1日起开始执行。根据《中央宣传部、新闻出版署关于建立违纪违规报刊警告制度的意见》于2000年5月30日修订；根据北京市委宣传部、北京市新闻出版局制订的《北京市关于对新闻单位违纪违规处理的意见》于2001年12月31日再次修订，在执行中遇到的问题由总编室负责解释。

二○○二年一月二十三日

关于节目监听工作的管理办法

总编字［2002］7号

为适应广播改革不断深化的需要，加强宣传管理，促进我台舆论引导水平和节目质量的提高，经台务会研究决定，在总编室设置专职监听人员，加大对全台节目的监听力度。具体要求及管理办法如下：

一、监听工作的任务

监听本台七个专业台的节目；每周三出一期《监听报告》；不定期撰写监听分析报告或建议。

二、监听节目的重点

热线直播节目；新闻及新闻性专题节目；综艺类节目；保健品及部分服务类节目，视情况扩展到其他节目。

三、监听节目的标准

1．所播出的节目是否符合办台方针及节目方针；

2. 所播出的节目是否有导向问题或严重差错；

3. 所播出的节目在贯彻执行党的有关宣传方针、政策及把握宣传口径等方面的情况如何；

4. 有无业务性差错，如人名、地名、单位名、数字、日期差错或事实差错；

5. 有无技术性差错，如录音质量、剪接如何，是否空播、误播、超时等；

6. 对节目质量作出简明扼要的评价。

四、监听工作的原则

精讲成绩，细挑毛病，善提建议，重点分析。重点是挑毛病。

五、严格报告制度

1. 监听人员对所监听的节目要及时填写监听记录，包括专业台、播出时间、栏目名称、主持人、节目内容、差错情况等，发现重要差错要及时报总编室。

2. 每周编前会上宣读《监听报告》，出现差错的专业台要认真进行查处，并将重要差错的处理及改进情况及时写出“监听回复”交总编室。

本规定于 1995 年 8 月 1 日起执行，2001 年 12 月 31 日修订。

二〇〇二年一月二十三日

关于创办《内部参考》的几点意见

总编字［2002］8 号

为了更好地发挥新闻媒体的社会监督作用，及时反映来自基层的真实情况，为上级领导研究部署工作提供决策参考依据，经编务会研究，本台决定创办《内部参考》。

一、《内部参考》刊发的内容

《内部参考》属机密性内部刊物。刊登内容主要包括以下几方面：

1. 可能影响首都稳定的突出问题；

2. 群众反映比较强烈的问题；

3. 不同阶层不同职业的人们一段时间以来的不同心态；

4. 群众对市委市政府各方面的批评意见；

5. 各界人士对国内外重大事件具有代表性的看法；

6. 对解决本市难点问题具有参考价值的建议。

二、《内部参考》稿件的要求

1. 以报道问题为主，反映深层次的动向性问题，特别是要反映来自基层的真实情况，以便领导及时了解社情民意。

2. 报道方式既可以是文字稿也可以配有录音磁带（配有录音磁带须是录制完

成的完整报道）。

3. 文字稿最好限制在千字左右，录音报道最好不超过10分钟。

4.《内部参考》实行三级审稿制度，各专业台送交的稿件须经专业台台长审定。

三、创办《内部参考》的组织落实

1. 总编室负责《内部参考》的组织、编辑、校对、出刊工作；

2. 编辑、记者提供内参稿件纳入各专业台制定的工作指标。

3. 被采用的内参稿件每条稿费标准为100元至200元，重大稿件酌情增加；

4. 每季度在《宣传业务》上公布投稿名单，并在编前会上进行讲评。

本意见于1998年4月22日开始执行；2001年12月31日修订。

二〇〇二年一月二十三日

关于举办论文评选活动的办法

总编字［2002］9号

近年来随着宣传改革的不断深入，各专业台、各业务部门普遍开展了业务研讨活动，我台编辑、记者、播音员、节目主持人及其他业务人员每年在《北京广播电视》、《宣传业务》、《新闻与写作》等刊物上发表的论文、经验总结及体会文章等近100篇。为进一步鼓励业务人员钻研业务，在全台范围内创造更加浓厚的业务研讨氛围，从而促进广播节目质量的提高，台务会决定，自1996年起，每年举办一次论文评选活动。具体评选办法如下：

一、参评范围

凡在评选年度内刊登在本台《宣传业务》及《北京广播电视》、《中国广播电视学刊》、《中国广播》等学术研究刊物上的论文、经验总结、体会文章、调查报告均可参加评选。

二、设奖及奖励

每年评定获奖作品15篇，其中一等奖3篇，二等奖5篇，三等奖7篇。一等奖奖励700元，二等奖奖励500元，三等奖奖励300元。获奖作品均颁发获奖证书。

三、评选办法

评选工作由自我推荐、总编室初选、评委会评定三步完成。每年1月份开始自我推荐（刊登在《宣传业务》上的稿件均视做推荐稿件），在此基础上由总编室初选50篇推荐给评委会，3月份完成评选工作。

四、评委组成

为便于了解情况，促进各专业台各部门业务研讨工作的开展，评委会由专业台台长、新闻中心、国际部、总编室主任和总台有关领导组成。评选的具体工作由总编室负责。

本办法于1996年12月26日起执行；2001年12月31日修订。

二〇〇二年一月二十三日

关于外事外宣管理工作的若干规定

总编字［2002］10号

为进一步规范我台因公出国，赴港澳台执行公务的手续办理，明确同外国驻华使馆交往和接待境外人员来访应注意的事项，以及对外交往和宣传中应注意的问题，根据上级有关文件精神，结合本台实际，规定如下：

一、组织领导与管理

1. 全台外事外宣工作实行统一领导和归口管理。

2. 外事外宣领导小组为全台外事外宣工作的领导机构。领导小组由总编辑、总编室主任、人事部主任、国际部主任四人组成。总编辑兼任组长，总编室主任主管外事工作，人事部主任负责政审工作，国际部主任负责日常外宣工作。

3. 总编室作为全台外事外宣工作的归口管理机构，设外事兼职管理干部，在外事外宣领导小组的领导下，外事干部负责承办全台与国外及港澳台地区广播机构之间的业务往来事宜；负责国外及港澳台地区有关人员来台访问、记者采访的接待工作；承办全台公派出访人员手续办理等有关事宜。

二、出访团组的确定、出访人员的审批及相关事项

1. 严格控制出国（境）团组和人员，做到“少、小、精”，讲求实效。严格禁止持因私护照执行公务。

2. 各部、室、专业台人员出国访问，须事先写报告。报告内容包括出访任务、出访时间、人员组成及经费来源等。出访报告经本部门领导集体讨论同意，经主管台领导签署意见，于出国前两个月报总编室。待总编辑同意、报台长审批并签署意见后，连同境外邀请函一起交总编室办理具体事宜。

3. 参加外单位组团出访的，须事先报总编室。经台领导同意后，由总编室报集团办公室审批同意后才能告之组团单位，否则不予办理有关手续。

4. 没有市外办或上级主管部门下达的正式出访任务批件，人事部不予办理出

国人员的政审手续。

5. 出国人员接到正式出访任务批件后，应根据合理路线预订机、车票，凭任务批件到财务部门办理申请出国所需外汇。待护照下来后凭护照到中国银行北京分行领取外汇。

6. 出国人员出访前，由总编室外事干部组织学习有关文件，进行出访前保密教育。

7. 出访任务结束后，必须按期返回，不得私自滞留国外，亦不得绕道返回（坚决杜绝先斩后奏），违规者不予报销绕道费用，并予以处理。回国后要在10日内将出访总结报告和护照交总编室外事管理干部。

8. 因公护照丢失、被盗等情况，遗失护照人员要立即向所在单位和公安机关报告；在国外遗失护照，应向我驻外使、领馆报告，回国后在10天内将护照丢失的详细情况以书面形式报总编室，并附公安、驻外使、领馆及外国公安部门出示的证明材料、临时旅行证和遗失护照人的书面检查等。

三、同外国驻华使馆交往应注意的事项

1. 外国驻华使馆是其本国政府派驻我国的官方代表机构，任何部门与个人同其交往，应视为重要的涉外活动，必须持十分慎重的态度。

2. 我台各部门邀请外国驻华使馆人员参加本部门举办的各种活动，各部门需要派员前往外国驻华使馆洽谈业务，均应事先报告总编室，待主管台领导同意后报集团办公室审定。

3. 外国驻华使馆为本国重要节日和纪念日举行招待会、庆祝会等，如邀请我台人员参加，须经主管台领导同意才能出席。

4. 外国使馆以“文化中心”、“文化委员会”、“图书馆”、“资料中心”、“联谊会”、“协会”一类名义邀请我台部门或个人参加活动，均应婉言谢绝，不得参加。以上述名义捐赠的款物也不得接受，并应及时将情况报总编室。

5. 外国驻华使馆为庆祝本国重大节日，配合本国领导人来访或其他活动，要求通过我台发表讲话、播发文章、播放音乐等，一般应婉拒。如遇特殊情况，由总编室报集团办公室研究决定。

6. 外国驻华使馆举行记者招待会，如邀请我台记者参加，出席与否由总编室报集团办公室决定。

四、接待境外人员来访应注意的事项

1. 接待境外人员来访是做好对外宣传工作的一部分。既要多做工作，提供方便，积极引导，使其正确了解我台、宣传我台，又要加强管理，防止可能产生的消极作用，做到“内外有别”。

2. 境外记者来台采访，须出示外交部新闻司核发的常驻北京“外国记者证”，临时来华采访的境外记者如采访我台须告之直接与市外办联系。无论是常驻北京的境外记者，还是临时来华采访的境外记者，在来台采访前均须事先以书面形式告我来台采访记者的姓名、国别、需要采访的内容及时间，经总编室报主管台领导同意后才能答复可否来台采访。

3. 临时来华的旅游者及以旅游身份来华的记者要求来台采访的，一律婉言谢绝，不予接待。

4. 接待境外记者采访应按事先商定

的内容进行，临时提出的采访项目一般不予安排。接待境外人员来台工作须事先到保卫部办理有关手续，接待境外团组来台采访、参观须事先报保卫部共同做好安全保卫工作。

5. 境外摄影、摄像记者一般不得进入直播机房拍摄。

6. 与境外合作，不经上级批准，一律不得签订合作协议或合同。必要时可签订合作意向书。

五、严格宣传纪律应注意的问题

1. 不得邀请境外人士作为嘉宾或主持人直播节目。

2. 不得擅自邀请海外主持人主持录播节目。如特殊需要，须事先按规定逐级上报批准，未经批准的海外主持人不得以任何形式在节目中出现。

3. 不得直接采用或转播境外广播节目，包括境外广播机构寄送或交流的节目。如要采用，须经审查批准，才能播出。

4. 严禁向境外租让广播频率时段，禁止境外各种节目制作公司和音像制品生产商，有偿或无偿使用我台频率播出其制作的节目和音像制品。

本规定于 1995 年 9 月起执行；2001 年 12 月 31 日修订。

二〇〇二年一月二十三日

关于购置技术设备的规定

（试行）

台工字［2002］1 号

根据电台经费开支内控机制的有关规定，结合我台实际情况，为进一步规范我台技术设备审批程序，本着严格民主监督，强化计划管理，提高设备的使用效率，进一步降低成本的原则，特制定本规定。

一、管理机构

1. 全台各部门购置技术设备由台技术设备购置审核小组统一归口办理，顾问小组提出参考意见。

2. 台技术设备购置审核小组由总工程师、副总工程师、总工办兼技术中心主任和总工办、计财部、台审计等有关人员组成。总工程师任组长；副总工程师、总工办兼技术中心主任任副组长。

3. 顾问小组由播出维修科、录音维修科、音乐台、文艺台、网络系统科和固定资产管理科等有关人员组成。

4. 总工办负责技术设备购置有关手续的承办工作。

二、运行步骤

1. 购置技术设备的部门需要写出申请报告，部门领导签字后交到总工办，由总工办统一填写《技术设备申请表》(见附表)。

2. 审核小组根据需要购置技术设备的情况向厂商寻求报价。

3. 审核小组和顾问小组定期开会对厂商提供设备的技术指标和报价进行审核(特殊情况专项办理)。审核小组在征求顾问小组成员意见后对所申请的项目、设备规格、性能、数量以及价格等情况签署意见，及时将设备购置意见回馈申请购置部门并得其认可。

4. 上述手续办妥后，按照我台《2002年经济管理办法》所规定的权限经有关领导审批签字或报台务会通过。

5. 总工办按有关规定与供货单位签订购置合同或提请政府采购。

6. 设备经办人员拿批件和合同办理财务相关手续。

7. 货到验收合格后，按有关规定履行入库和固定资产登记手续。

8. 总工办将所有厂商的报价和合同留档备查。

9. 本规定由总工办负责解释，自公布之日起执行。

二〇〇二年二月五日

关于手机费报销范围及标准的规定

台字［2002］15号

为方便联系工作，提高办事效率，本着既要适当控制、降低支出成本，又要便于工作的原则，特制定我台手机费报销范围及标准：

总台级领导每月报销400元（特殊情况手机费超标部分需报销的，由台长签字）。

正副处级干部及专职司机等原已批准的标准不变，新增：

主动让贤及落聘的处级干部：根据总台规定，在享受原待遇期间手机报销标准不变。

试岗副台长：每月报销300元

专职党支部书记：享受所在部门副职报销标准

台长助理：每月报销200元

正科级：每月报销150元

手机费可一月一报，也可累积报销，但总额度不得超出规定标准，如没有达标，也不能将不足部分发给个人。手机费的报销标准随职务、岗位的变动而变动。

二〇〇二年二月二十六日

关于播音员主持人持证上岗的管理规定

台字［2002］16号

第一章　总　则

第一条　为坚持正确的舆论导向，推广和使用普通话，提高我台节目质量，规范对我台播音员、主持人的岗位管理，根据国家广播电影电视总局第10号令《播音员主持人持证上岗规定》，结合我台实际情况，特制定本规定。

第二条　本规定适用于我台签订聘用合同的普通话播音主持专职人员，在我台担任客座、临时播音、主持的人员亦按本规定执行。

第三条　担任本台播音主持的人员必须具有《播音员主持人上岗证书》且经过技术培训并考核合格。

第四条　本台播音主持管理委员会负责全台播音员主持人的持证上岗管理工作，日常工作由人事部与总编室负责实施。人事部负责播音员主持人的普通话等级测试及上岗资格的培训、申报、考试和颁证换证的组织工作以及播音主持岗位管理工作；总编室负责播音员、主持人的日常管理及上岗情况、岗上监督、在岗期间的业务培训交流等工作。

第二章　资格的取得

第五条　基本条件

（一）政治条件

1．具有一定的马克思主义理论水平和政策水平，并能用以指导业务实践。

2．坚持党的新闻工作原则，在思想上、政治上同党中央保持高度一致。

3．有强烈的事业心和责任感，工作勤奋。

4．遵纪守法，有良好的职业道德，作风正派，能联系群众。

（二）知识能力条件

1．熟悉国家有关广播宣传及管理的政策、法规、规定，并能用以指导业务实践。

2．熟悉并掌握新闻专业基本理论，具有较强的新闻采编业务能力。

3．具有较为准确的理解判断能力和业务实施能力。

4．具有大学本科以上学历（个别情况可放宽到大专）。

（三）语言文字条件

1．嗓音良好，具备较好的语言表达能力。

2．普通话水平达到国家《普通话水平测试实施办法》规定的标准。

第六条　资格取得程序

（一）申请人提出书面申请并提交如下书面材料。

1．本人业务工作报告。

2．用人部门对申请人政治考查、知识能力、考核评价的推荐意见。

3．学历证书原件及复印件。

4．普通话等级证书及其他相关证明。

（二）本台播音主持管理委员会对申请人进行资格审查。

（三）资格审查合格者推荐参加全国播音员、主持人资格考试。

（四）上级机关对申请人进行政治考查和知识能力考核。

合格者颁发国家广电总局统一印制的《播音员主持人上岗证书》。

第七条　播音员主持人资格考试由上级机关举行。台播音主持管理委员会负责具体组织实施，每年定期举行一次。

第三章　资格管理

第八条　台播音主持管理委员会加强对全台播音员主持人的选拔与培养，定期开展业务培训与交流，对已取得《播音员主持人上岗证书》的人员应按要求参加岗位培训。

第九条　《播音员主持人上岗证书》有效期限为三年。期满前三个月可向台播音主持管理委员会申请办理核发换证手续。

第十条　证书遗失者应在三十日内向台播音主持管理委员会提出补证申请。

第十一条　申请换证时应提交以下材料：

（一）三年来播音、主持业务工作报告（不少于3000字）。

（二）各用人部门对申请人三年业务工作的考评鉴定。

（三）岗位培训合格证书。

（四）其他证明本人业务能力的有关材料。

第十二条　逾期未办理核发换证手续的，不得继续从事广播播音主持工作。

第十三条　有下列情况之一的，由台播音主持管理委员会给予批评、警告等处分或由颁证机关收回其资格证书。

（一）违反国家有关的法律、法规或本台的有关管理规定的。

（二）播音、主持发生失误，造成不良社会影响的。

（三）年度业务考核不合格的。

（四）利用播音主持资格牟取私利，有损本台声誉，造成恶劣影响的。

（五）触犯国家法律，被追究刑事责任的。

第十四条　播音主持上岗人员成绩优异者，给予精神或物质奖励，并记入业务档案，作为晋级的重要参考。

第四章　岗位及人员管理

第十五条　对未按规定要求使用未获得《播音员主持人上岗证书》的人员担任本台播音员主持人的，将视情节轻重或造成影响的大小对其直接责任人（包括节目监制、节目牵头人、节目负责人、部主任或专业台领导）处以下之一的处罚：

（一）通报批评，罚款200元。

（二）通报批评，罚款1000元，该节目不得参加本年度各类节目的评奖。

（三）通报批评，罚款2000元，推迟一年高一级职称评审时间、该节目不得参加本年度各类节目的评奖。

（四）通报批评，罚款5000元，推迟两年高一级职称的评审时间，行政降级或解除聘用合同，该节目不得参加本年度各类节目的评奖。

第十六条　因特殊时期或特殊需要，一时无法聘到持有《播音员主持人上岗证书》的人员并将影响本台节目的正常播出时，有关节目的负责人可与本部门领导及本部门播音主持管理委员会委员协商，选择持有普通话水平测试标准证书人员临时上岗播音或主持节目，并报台播音主持管理委员会审查备案，但此类人员须在一年内考取《播音员主持人上岗证书》，违反者按第十五条处理。

第十七条　对因工作急需，聘用未持有普通话水平测试标准证书者担任本台临时播音或主持的，用人部门应提前将人选的有关材料连同30分钟模拟播音主持录音盒带交总编室，由本台国家级测试员对其进行普通话水平测试，初试达到标准的，再交台播音主持管理委员会审定，合格者方可临时上岗播音或主持节目，但此类人员需在当年内取得普通话水平测试标准证书，并在规定时间内考取《播音员主持人上岗证书》，否则不允许继续播音或主持节目，违反者按第十五条处理。

第十八条　本台新聘人员或在校生来台实习的播音员主持人，试用或实习期间（最长一年），可暂不要求具有《播音员主持人上岗证书》，但必须持有该岗位规定的普通话水平测试标准证书。凡未持有该证书的实习人员，不得在本台播音主持岗位实习。

第十九条　为本台提供节目的各节目制作公司所录用的播音员主持人也应纳入本台播音主持管理委员会的管理认证，执行本台关于播音员主持人持证上岗的管理规定。细则同上。

第二十条　各部门通过交流、合作或其他方式使用其他省市电台或境外的节目，应提前将样带提交台播音主持管理委员会认定后播出。（各部门委员具体负责）

第五章　附　则

第二十一条　本台外国语言播音员主持人参照本规定执行。

第二十二条　台播音主持管理委员会加强对播音员、主持人的考核管理，严格按规定检查、监督各用人部门对播音员、主持人的使用管理情况和持证上岗情况。

第二十三条　本规定由台播音主持管理委员会负责解释。

第二十四条　本规定于2002年2月28日修订，自2002年3月1日起开始实行。

关于调整播音主持管理委员会的通知

台字［2002］17号

为了适应广播改革发展的需要，更好地贯彻落实国家广播电影电视总局关于《播音员主持人持证上岗规定》，促进我台播音、主持的业务建设，加强我台对播音员、主持人的管理，经研究，根据实际需要，调整播音主持管理委员会组成人员，明确机构的性质及其职责。现通知如下：

一、机构性质

播音主持管理委员会是我台对播音主持业务进行研究和对播音员主持人进行管

理的业务管理组织。属于非正式建制。

二、机构组成

主　任：汪　良

副主任：亢亚志、郑金诗、杜　敏、王萍萍、佟凤清

委　员：后晓军、冉　迪、边　建、陈炳岩、孙　巍、孙萱北、王　健、季　燕

三、机构任务

1. 协助台领导把好进人关，保证播音主持人员的标准水平。今后所有进台担任播音、主持工作的人员，一律要经过播音主持管理委员会进行资格审查认定。

2. 组织全台播音员、主持人进行业务交流。

3. 对全台播音员、主持人进行业务培训。

4. 组织协调普通话水平测试。

5. 组织协调播音员、主持人上岗证书培训考试与认证管理。

6. 组织协调各级播音主持作品奖和播音主持论文奖参选作品的筛选与推荐。

7. 随着形势的发展，为播音、主持专业技术岗位的确认或评定提供参考意见。

8. 根据专业台需要，协助专业台对播音员、主持人进行管理与培训。

四、工作方式

1. 各专业台、各部门选用播音员、主持人时，各专业台的播音主持管理委员会委员要参与意见。

2. 播音主持管理委员会对申报人员逐一核查（审听），经讨论后，采取无记名投票方式对所申报的播音员、主持人资格进行认定。

3. 日常工作的实施与管理由总编室、人事部负责，具体安排与要求，参见本台2002年台字16号《关于播音员主持人持证上岗的管理规定》。

北京人民广播电台
2002年2月27日

关于在社会评比中获奖人员的台内奖励管理办法

近些年来，随着广播改革的不断深入，全台各部门及广大职工积极努力工作，在各自的工作岗位上取得了优异成绩。一些部门和个人在社会上不同层次的评比中获奖或被授予一些荣誉称号，这对扩大我台社会影响力起到了积极作用。为

鼓励全台职工敬业爱岗，勤奋钻研业务，促进我台事业发展，特制定台内奖励管理办法。

第一条　全台各部门社会评比中获奖的人员，在接到评比结果后要及时将有关材料及证书复印件送人事部，由人事部按档案管理规定归集入档。

第二条　为了体现对重大奖项给予重奖的精神，台内奖励原则上只限于国家级、省部级的有关重大奖项。

第三条　由于目前社会各类评比范围不同、层次不同、称谓不同，因此台内奖励分为行政性、技术性、采编性和广告行业四部分，分别给予一次性奖励。

第四条　行政性社会评比奖励

行政性社会评比奖励多为政府部门或群众性组织进行的授予称号式的精神奖励。

1. 获全国劳动模范称号或享受全国劳动模范待遇的奖励 3 万元。

2. 获省、部级劳动模范称号或享受省、部级劳动模范待遇的奖励15000元。

第五条　新闻业务评比奖励

新闻业务评比分为对人和对作品奖两种。

（一）对人的奖励

1. 获得范长江新闻奖、韬奋新闻奖的奖励15000元，提名奖8000元。

2. 获得全国优秀新闻工作者称号的奖励 1 万元。

3. 获得全国百佳新闻工作者称号的奖励8000元。

（二）对作品的评比奖励

1. 获中宣部“五个一工程”奖的（本台改编并制作的），奖励15000元。

2. 获中国新闻奖一等奖的奖励 15000 元，二等奖奖励 8000 元，三等奖奖励3000元；获中国广播奖、中国国际新闻奖一等奖的奖励8000元，二等奖奖励5000元，三等奖奖励2000元。

第六条　技术性评比奖励

1. 获中华人民共和国发明奖、中华人民共和国科学进步奖一等奖的奖励15000元，二等奖奖励10000元。

2. 获全国广播电视技术维护先进个人称号的奖励8000元。

第七条　广告行业评比奖励

中国广告协会、中国广告协会广播委员会组织的评比中，本台编辑制作的广告作品获一等奖奖励6000元，二等奖奖励4000元。

第八条　个人获奖的奖金发给本人，个人所得税自理。

第九条　台内奖励属一次性奖励，除国家规定之外在本台内不与其他待遇挂钩。但属专业技术方面的奖励，在职称评定过程中，可优先向上一级评审委员会推荐，特别突出的可破格推荐。

第十条　台内奖励资格认定依据其发奖公章:新闻业务方面由总编室负责,报编务会确认,台务会审定;其他奖励由人事部与相关职能部室确认,报台务会审定。

第十一条　台务会审定需要台内奖励的，由主管部门制单，人事部审批，台长加批后，由计财部发放。

第十二条　同一件作品多层次获奖的，以最高奖项奖励，不重复计算。

第十三条　本办法由人事部解释。

第十四条　本办法自 2002 年 2 月 28 日修订，3 月 1 日起执行。其他奖励办法与本办法发生矛盾时，以本办法为准。

北京人民广播电台

2003 年 3 月 1 日

（摘自《北京人民广播电台宣传管理规章制度汇编》总编室 2002 年 1 月）

关于印发“北京人民广播电台印章使用规定”的通知

台字[2002]21号

为使电台工作制度化、规范化，维护“北京人民广播电台印章”的权威性，特制定本规定：

一、“北京人民广播电台印章”由办公室负责妥善保管，存柜加锁；

二、各部门在用印时要慎重，每次用印前要严格履行审批手续，填写“公章审批单”(可上内网下载:内网首页——“部门信息”下“职能部门”——办公室——公章审批单)。

三、凡向上级机关报送的请示、报告等文件需要加盖台章，须经台领导签字后方可正式行文，盖章上报。

四、凡涉及到经费的协议书、意向书、合同书等，需经部门领导认可，台领导签字后方可加盖台章。

五、加盖的印章都要端正地盖在成文日期的上方，并做到上不压正文，下压成文日期。

六、不得擅自将印章带出台外;如工作需要,印章由办公室指定专人携带外出。

二〇〇二年三月六日

北京人民广播电台内部补充医疗保险管理办法

京广播台字［2002］3号

为提高我台在职职工及退休人员的医疗保障水平，减轻个人负担，保证医疗保险制度的平稳过渡，根据《北京市基本医疗保险规定》和我台实际情况，特制定本办法。

第一条　我台补充医疗保险费按上一年职工工资总额的4%提取，列入成本，该补充医疗保险费由总台集中管理和使用，定期报表，年底决算。

第二条　补充医疗保险费单独列账，

人事部、计财部分别设专人管理，专款专用。该保险费以自然年度为周期，当年节余部分，结转下一年度使用。

第三条　补充医疗保险主要用于支付在职职工和退休人员在定点医疗机构和定点药店发生的下列费用：

（一）基本医疗保险统筹基金支付之余由个人支付的部分费用。

（二）大额医疗费用互助资金支付之余应由个人支付的部分费用。

第四条　补充医疗保险费的支付

（一）全台在职职工及退休人员全部参加新华人寿保险公司的社会基本医疗补充保险所支付的保险费。

（1）我台在职职工及退休人员投保的险种为“大额门诊＋基本住院＋大额住院＋超高额住院”，起付线以下部分不再投保。

（2）赔付比例为个人自付部分的90％。

（3）保险公司赔付项目按《北京市基本医疗保险用药报销目录》、《北京市基本医疗保险诊疗项目报销目录》、《北京市基本医疗保险医疗设施目录》及其他基本医疗保险管理规定执行。

（二）退休干部实行医疗补助的费用。该费用由退休干部支付基本医疗起付线以下个人账户不足部分，及基本医疗、大额互助资金和保险公司支付之后个人最后自付部分及自费药部分，由退休干部包干使用，超支不再补贴，节余归己。

（1）1993 年工资改革前退休的人员每人每月补助 200 元。

（2）1993 年工资改革之后退休的人员每人每月补助 150 元。

（三）对患有恶性肿瘤放射性治疗和化学治疗、肾透析、肾移植后服抗排异药的发生医疗费用及精神病住院费用在社保中心和保险公司支付之余，最后剩余的个人自付部分（不含自费药）单位再按60％予以报销所支付的费用。

（四）对在职职工实行医疗补助所支付的费用：

（1）工龄 10 年以下的每人每月补助30 元；

（2）工龄 11 年至 20 年的每人每月补助 40 元；

（3）工龄 21 年至 30 年的每人每月补助 50 元；

（4）工龄 31 年以上的每人每月补助60 元。

该费用由职工个人支付基本医疗起付线以下个人账户不足部分及基本医疗、大额互助资金和保险公司支付之后个人最后自付的部分及自费药部分。

（5）对持有医疗蓝本的职工，社保中心、保险公司报销和赔付之后剩余个人自付费部分回台后按 100％报销。

（6）在职局级干部按有关规定执行。

第五条　在职职工和退休人员的医疗费补助按月随工资发放。

第六条　对患有恶性肿瘤、肾透析、肾移植、精神病的特殊职工，由我台补充医疗保险费用支付的部分，先由个人支付，待医疗周期结束后，由社保中心和保险公司赔付完毕，剩余的个人自付部分回台后填写审批表，并附有关材料，人事部签署意见，台长审核签字后到计财部报销，人事部、财务部同时将支付费用填入《企业补充医疗保险基金收支情况季报表》。

第七条　对特困职工及特困退休人员，在严格认定的基础上给予临时性适当照顾。

第八条　加强补充医疗保险的管理，各有关部门各负其责，密切配合。

（一）人事部负责我台补充医疗保险政策的制定、执行和监督，负责补充医疗保险费的筹集、季报表的汇总及基金运作，负责对特困职工和特困退休人员的认定。

（二）计财部负责对补充医疗保险费的收缴、拨付，负责补充医疗保险费的保值、增值。

（三）审计部门负责每年对我台补充医疗保险费的提取、收缴和支付等情况进行审计，确保基金正常运转。

第九条　本办法由台人事部负责解释。

第十条　本办法自我台参加本市基本医疗保险之日起施行。

二〇〇二年五月二十四日

北京人民广播电台接待工作暂行规定

京广播台字［2002］4号

为了进一步规范接待工作，充分体现北京人民广播电台的管理水准和思想政治水平，本着大方、热情、礼貌、友好的原则，特制订如下规定：

一、接待范围和接待任务分工

接待范围

按照“对口、对等”的原则，北京电台接待工作分为台级接待和部门接待。

1. 台级接待：中央、省、市有关领导，外省市电台台级领导，外省市来台了解北京电台综合情况，本市有关单位领导因全台性事务来台，境外客人来访。

2. 部门接待：外省市电台部门负责人来台交流部门管理状况，了解专业广播情况，本市有关单位工作人员因部门事务来台。

接待任务分工

1. 台级接待：由办公室负责拟订接待计划，报台领导批准后实施。台级接待的接站送站、安排住宿、在京期间用车、陪餐、票务、办理相关证件等由办公室统一安排解决。需要介绍情况和陪同活动的，由办公室请示台领导后做出安排。

2. 部门接待：由办公室协助接送、安排住宿，对口部门负责介绍情况、陪同和陪餐等。

二、接待标准

迎送、陪同、陪餐安排

1. 台级接待：基本上本着对口、对等的原则，台长、总编来台由我台台长、总编接待；副台长、副总编一级由我台副台长、副总编接待。客人需要了解有关情况，办公室提出人员安排的初步意见，经台领导批准后负责安排落实。特殊情况由台长、总编指定人员迎送、陪同、陪餐。

2. 部门接待：部门领导由对口部门

领导接待，并由对口部门根据情况自行决定陪同、陪餐。

3. 用车：台级接待用车，一律由办公室负责。部门接待用车，原则上由对口部门负责。对口部门解决不了，由办公室协助解决。

三、接待费用

1. 台级接待费用，由总台统一支出。

2. 部门接待费用，严格执行《北京电台客饭管理规定》，职能部室的接待费用由总台统一支出，各专业广播的接待费用由各专业广播承担。

四、接待要求

1. 所有涉及接待工作的人员，要认真加强政治理论学习，在思想上与党中央的路线、方针、政策保持高度一致。

2. 所有涉及接待工作的人员，要不断提高自己的业务素质，尽可能熟悉北京市和广电事业的改革与发展现状，熟知北京电台的历史、改革举措、专业广播频率使用情况、优秀栏目、知名主持人等情况。

3. 要不断提高个人文化修养，注意学习北京市相关的人文地理知识、文物古迹知识，了解北京城市建设的新发展、新变化。

4. 要加强自身文明修养，做到语言文明、举止大方、着装得体。

5. 本规定自 2002 年 6 月 1 日起试行。

二〇〇二年五月二十七日

关于确定节目质量要素的意见

（试行）

京广播宣字［2002］1 号

节目质量要素是节目必备的条件和对节目的基本要求。一档节目只有各项质量要素都合格，该节目才能称得上是达到基本要求的达标节目。此次总台决定对全台节目进行全面质量考评，中心任务是考核每个节目的质量要素是否符合要求。为了统一标准和各专业台在确定节目质量要素时有所遵循，特提出关于确定节目质量要素的意见。

一、通用节目质量要素

通用节目质量要素，适用于全台所有节目，也是考评组考评节目的重要依据和标准。主要包括以下各方面内容：

1. 坚持团结、稳定、鼓劲、正面宣传为主的方针，牢牢把握正确的宣传舆论导向。

2. 牢固树立政治意识、大局意识和

责任意识，认真贯彻执行党的各项理论、路线、方针和政策。

3. 新闻报道必须遵守真实的基本原则。

4. 开办新节目（栏目）须经编务会审核批准。未经编务会审批，任何部门和个人不得乱开新节目（栏目）。

5. 任何节目所播内容都必须符合该节目的节目方针，不允许随心所欲、乱播乱放。

6. 播音员、节目主持人必须经过资格认定、持证上岗，主持节目时要报姓名。播音员、主持人在播音或主持节目过程中要避免出现读错字音、断错句子、磕巴的现象。主持人需用普通话主持节目，不得用港台腔，杜绝脏话和不符合大众审美的语言出现在广播中。

7. 节目主持人及嘉宾在节目中的谈话和所发表的观点，必须和党、政府的政策相一致、相吻合，不得以发表个人观点为由，发表与党和政府主张相对立的错误言论。

8. 嘉宾的选择要考虑代表性、典型性和权威性。嘉宾参与的节目，对嘉宾的主要思想和观点必须清楚，在节目播出之前，要告之嘉宾节目意图、导向及有关宣传要求。不得片面追求名人效应，更不允许邀请上级已明确规定不允许邀请的人当嘉宾。

9. 严格遵守宣传纪律，准确把握宣传口径。各类专题节目（包括音乐、文艺），每期节目要有完整策划和明确的主题。

10. 严格遵守我台安全播音规定，节目播出声音要清晰、连贯，不得出现声音失真、劣播或空播等现象。

11. 严格遵守我台规定的审稿及节目重播重审制度。

12. 节目播出要准时、完整，严格按时间表运行，不允许提前或推迟开始，也不允许提前或推迟结束。

13. 语言性节目插播或补充音乐、放节目（栏目）曲及播自身广告，不得超过节目时间的20%，主持人报名字不得过于频繁。

二、分类节目质量要素

按照通行的分类方法，节目大致可分四类，即：新闻性节目、社教性节目、文艺性节目和服务性节目。根据我台节目实际和工作上的方便，还可以分为主持人直播节目、娱乐性综艺节目、文摘节目、评论性节目。下面分别提出上述八类节目质量要素要求：

1. 新闻性节目

（1）每组新闻所发条数的要求。

（2）每组新闻所发自采稿件（指本台记者或本台记者与通讯员合采的）的要求。

（3）每组新闻带音响报道和口播报道的数量要求。

（4）每组新闻播出24小时以内新闻的数量要求。

（5）每组新闻所播出评论的数量要求。

（6）对带音响报道节目质量和音响质量的要求。

（7）对热线新闻追踪报道所占比例及编后话数量的要求。

（8）新闻报道类节目，对消息的来源要有明确的交代。

2. 社教性节目

（1）每档节目每天播出栏目数量的要求。

（2）每档节目编辑和自采稿件（指本

台记者或本台记者与通讯员合采的）所占比例的要求。

（3）每档节目带音响报道的数量及质量要求。

（4）对选题的要求，如选题的重要性、时宜性，是否社会关注、群众关心等。

（5）对语言的要求，如播出节目是否使用普通话，是否符合广播语言的要求等。

（6）对整组节目编排的要求，如整组节目主题是否突出，搭配是否得当，过渡是否自然流畅等。

3．文艺性节目

（1）编辑工作应认真贯彻思想精深、艺术精湛、制作精良的指导思想。

（2）节目应寓教于乐，尽可能增强节目的可听性、欣赏性和时代感。

（3）专题文艺节目应讲究编辑艺术，如要有明确的主题，内容要充实，搭配要得当等。

（4）欣赏性文艺节目应有适当的背景和相关的知识介绍。

（5）赏析性文艺节目应有必要的采访或权威的相关知识介绍。

（6）每档节目应有明确的栏目数量要求。

（7）剪辑节目强调节目的连贯性和完整性，不得播出无头无尾的节目。

（8）音乐节目播出的歌、曲名称、大意应该清楚，不得播出格调低俗节目，严禁播出禁播歌、曲。

4．服务性节目

（1）服务性节目的编辑工作应贯彻科学性、大众性和实用性的原则。

（2）每档节目播出的栏目数量应有明确的要求。

（3）每档节目带音响的报道数量及质量应有明确要求。

（4）服务性节目发布的信息应是真实的或是权威部门认可的，未经核实和权威部门认可的信息不得播出。

（5）对节目播出语言要有明确的要求，如是否采用普通话播出，是否符合广播语言的要求等。

5．主持人直播节目

（1）节目是谈话体的，主持人对所谈话题的结论要有明确的认识，要清楚。主持人必须使用普通话主持节目。

（2）整组节目主持人的语言比例要得当，要体现主持人驾驭节目话题的能力。

（3）主持人主持节目要体现与听众或与嘉宾的交流。

（4）主持人在话筒前要注意自己的形象，要体现大气、正派、有修养和首都台的风范。

（5）主持人的语言要精练、准确、规范，不得使用粗俗语言，避免有损形象的语病。

（6）主持人主持节目时配有音乐，搭配要适当，不得配乐声过大。

6．娱乐性综艺节目

（1）主持人不得胡编乱造，随意调侃，要坚持思想性、艺术性、娱乐性和可听性高度统一的编辑原则。

（2）坚持高品位、高格调，反对媚俗，坚决制止播出色情、凶杀、暴力、愚昧、迷信及其他格调低下的内容。

（3）每档节目要有播出栏目数量的要求。

（4）对编排艺术的要求，如节目重点是否突出，内容搭配是否合理，整体串联是否连贯等。

7．文摘节目

（1）每组文摘稿件要有数量上的要求。

（2）每组文摘既要体现内容丰富多彩，又要重点突出，表现明确的编辑思想。

（3）文摘所选稿件要报道最新信息，反映最新理论观点、最新方针政策、最新思想理念。

8．评论性节目

（1）立论要明确，观点要鲜明，论据要充分，说理要透彻，文风要朴实。

（2）该长则长，该短则短，提倡短小精悍，不拘一格。

（3）充分发挥音响的优势，提倡搞录音评论。

三、几点说明

1．收费保健品节目、二类广告节目不在考评之列。

2．电大、电中及外语教学节目不在考评之列。

3．英语新闻节目不在考评之列。

4．专业台提出不参加考评的节目，经编务会同意后，不列入考评之列。

5．各专业台在确定节目质量要素时，可不列通用要素，只按分类节目质量要素要求确定节目质量要素即可。

6．同一个节目如有若干栏目，应根据栏目所播内容，属于哪一类节目，就按哪一类节目要求确定节目质量要素。

7．节目名称、方针、质量要素一经编务会批准，不宜频繁变动。确须改变的，需报编务会审批，自批准之日起生效。

本意见于 2001 年 11 月 15 日颁布执行；2002 年 6 月 27 日修订，7 月 1 日起执行。

二〇〇二年六月二十七日

关于开展节目质量考评的实施办法

（试行）

京广播宣字［2002］2 号

为进一步贯彻“严守宣传纪律，把握正确导向，深化专业办台，提高节目质量”的工作方针，推动全台宣传改革健康深入发展，促进宣传报道水平全面提高，在总结我台多年宣传管理实践和学习兄弟台经验的基础上，特制定本办法。

一、从 2002 年 1 月 1 日起，总台对全台节目进行全面质量考评。

二、总台成立考评委员会：主任汪良，副主任马仕存、白福义、张礼栓；下设考评委员会办公室：主任亢亚志，副主任王福全、朱晓明；总编室成立节目质量考评科，具体负责对节目质量的考评工作。

三、考评办法：考评科每月对每一个节目（栏目）抽出三次进行逐一审听，根据每个节目的质量要素达标情况进行打分，评定出应得分数。取三次考评分数之和的平均值作为每个节目当月质量结果。

四、节目质量要素由各专业台参照总

台《关于确定节目质量要素的意见》进行确定，每年调整节目时，除提供节目表、节目方针外，同时提供每个节目的节目质量要素。

五、考评质量结果分为三档：达标节目、基本达标节目和不达标节目。各档节目质量的标准是：每个节目的最高得分为100分。得分80（含80）分以上的节目为达标节目；得分60（含60）分以上的节目为基本达标节目；得分低于60分的为不达标节目。

六、考评科根据考评质量结果，每月分别写出七个专业台的考评报告，制作出节目质量考评排序表，提供节目质量考评明细表，一并报考评委员会审核。经考评委员会同意后印发各专业台。

七、各专业台不达标节目每月不得超过10%，如超过10%，总台扣发业务副台长当月效益工资5%；如不达标节目超过15%，扣发当月效益工资10%；如当年累计三个月不达标节目均超过10%，总台除扣发台长、业务副台长当月20%效益工资外，还要通报批评。

八、各专业台调整节目（栏目），包括广告小专题，报编务会的报告要有专业台台长的签字，经主管总编辑签署意见后，再报编务会批准。未经批准就开设节目（栏目），视情节轻重处罚业务副台长200～1000元。当次节目被视为不达标。

九、未经资格认定的播音员、主持人主持节目，处罚专业台业务副台长200～1000元，当次节目被视为不达标。如因此造成损失和影响，将按本台《关于播音员主持人持证上岗的管理规定》处罚。

十、涉及经济处罚，经节目质量考评委员会讨论确认，主任签字后，由人事部执行。

十一、考评科在考评节目过程中，如发现节目有重大导向错误，该节目本月被视为不达标节目。节目如有导向错误或其他严重问题，要及时报总编室查处。年度节目质量考评结果作为总台评选名牌节目的重要依据。

本办法于2001年11月15日颁布执行；2002年6月27日修订，7月1日起执行。

二〇〇二年六月二十七日

关于节目质量考评的扣分细则

（试行）

京广播宣字［2002］3号

根据总编字〈2001〉38号《关于确定节目质量要素的意见》（试行）和总编字〈2001〉39号《关于开展节目质量考评的实施办法》（试行）文件精神和要求，考评节目打分总的原则是：严格以通用节目质量要素、分类节目质量要素和节目方针为准绳，对播出节目的各项指标进行考评。考评打分采取扣分办法，节目满分为

100分。考评按下列标准扣分（一至十一条指通用节目质量要素）：

一、出现下面问题之一的节目，本月考评为0分：

1. 违反第一条，发生严重舆论导向问题。

2. 违反第二条，严重违背党的理论、路线、方针和政策。

3. 违反第三条，播出假新闻。

4. 违反第六、七、八条，严重违反宣传纪律，造成恶劣影响。

二、违反下面其中一条，至少扣41分：

1. 违反第四条，未经批准开办新节目（栏目）。

2. 违反第五条，节目内容严重违背节目方针要求。

3. 违反第六条，主持人未经资格认定而上岗。

4. 违反第七条，节目中发表与党和政府的方针、政策不一致的错误言论。

5. 违反第八条，邀请上级不允许邀请的人当嘉宾。

6. 违反第十条，出现3分钟以上空播等现象。

7. 违反第十一条，因未严格遵守审稿和节目重播重审制度，而造成严重播出差错。

三、有下面情况之一的，至少扣21分：

1. 违反第二条，出现一般性方针、政策性差错。

2. 违反第九条，未能准确把握宣传口径而造成差错。

3. 违反第十条，节目出现声音不清晰、不连贯，导致声音失真、劣播。

四、违反第六条，主持人不报名字，扣5分：

五、违反第六条，因读错字音、音调，读白字，断错或读错句子，不影响语意，一次扣3分，影响语意，一次扣5分。

六、违反第六条，磕巴，一次扣0.5分。

七、违反第十二条，节目播出不准时（特殊情况除外），提前或推迟2分钟以内开始，扣5分；2分钟（含2分钟）以上，扣10分。

八、违反第十二条，节目播出不完整，有头无尾或有尾无头，扣10分；无头尾扣21分。

九、违反第十三条，补充音乐等超过节目时间的20%，扣5分。

十、违反第三条，出现人名（省部级以上领导和知名人士）、地名等事实差错，扣41分，一般人名等事实差错扣10分，节目中对一个人的称谓混乱扣10分。

十一、违反第五条，节目内容偏离节目方针，至少扣20分。

十二、违反分类节目质量要素，根据问题的大小和重要程度，每一项扣5—21分。

十三、违反新闻性节目质量要素(8)，新闻来源不明，扣5分。

十四、违反文艺性节目质量要素(8)，出现差错，视情节按第一、二、三的有关条款处理。

十五、违反主持人直播节目质量要素(4)，有损形象的语病，扣5分。

十六、违反主持人直播节目质量要素(6)，配乐声音过大，扣3分。

本细则于2002年1月9日颁布执行；2002年6月27日修订，7月1日起执行。

二〇〇二年六月二十七日

关于对《节目质量考评报告》中指出的问题给予回复的规定

京广播宣字［2002］4号

自今年开展节目质量考评工作以来，每月的《节目质量考评报告》都指出若干问题，各专业台对这些问题都十分重视，及时处理。为便于了解全台情况，便于各专业台之间沟通和交流，经考评委员会研究决定，对“报告”中指出的有些问题，各专业台要及时给予回复。具体要求如下：

一、对涉及舆论导向、宣传口径、重大播出差错、格调低俗等重要问题的，需要回复。

二、需要回复的问题要说明经核实，是否属实。如有异议，可说明理由进行复议；如属实：

1. 说明问题发生的原因。

2. 说明对问题是如何处理的。

3. 对此类问题的整改措施。

三、考评办公室及时将各专业台的回复汇总，并编辑《考评问题回复通报》，随下月考评报告一起下发。

四、各专业台的回复及复议时间为每月20日之前。需要回复的问题，请看节目质量考评报告中的说明。

二〇〇二年六月二十七日

北京人民广播电台领导班子作风建设整改措施

京广播党字［2002］4号

在党风廉政建设宣传教育月活动期间，电台广大群众、党员和各级干部给台领导班子的工作和作风建设提出了很多很好的意见和建议。电台党委在认真分析和研究这些意见、建议的基础上，召开了领导班子专题民主生活会，会上制定了北京电台领导班子作风建设整改措施，现公布如下，欢迎广大干部、群众监督实施。

一、加强党风廉政建设

1. 电台领导班子的每个成员都要自觉贯彻执行《廉政准则》和电台《处级以上干部廉洁自律36个不准》。

2. 电台党委要认真贯彻执行任人唯贤的干部路线。

3. 加强民主作风，多方听取意见，全面了解情况，以利于班子的科学决策。

4. 自觉树立正确的价值观、权力观、利益观，不利用工作权力之便谋取个人私利。

二、严格执行“三重一大”的有关规定

1. 各专业台宣传方针和有关规定的制定、变更须经总台编务会讨论决定。

2. 电台重大政策的制定、实施、变更，有关机构的增设、撤销、合并，大额资金的使用（资本金运作、基建投入、设备购置等）须经党委会等有关会议研究决定，必要时交职工代表大会讨论，一旦形成决议应共同维护执行。

三、增大党务、台务公开的力度

1. 领导班子党风廉政建设、廉洁自律的情况每年（或半年）公布一次。

2. 总台、专业台财务收支情况逐月公布。

3. 党费收支情况每季度公布一次。

4. 电台重大政策、重大经费运作、重大行政支出每季度公布一次。

5. 工会会费收支、工会福利、活动经费收支情况每季度公布一次。

6. 总台设置的意见箱，群众的意见、建议、举报等情况每季度公布一次。

7. 制定电台台务公开的有关规定。

四、密切干群关系，关心群众生活

1. 认真落实领导对群众接待日制度，每月第一周周五上午为台长接待日，第三周周五上午为总编辑接待日。

2. 每年上半年和下半年台领导班子各召开一次“记者招待会”式的电视电话会议，请干部、群众提问题，领导回答。

3. 为便于对各部门的了解与沟通，总台领导除了解自己分管部门的情况外，还要加大与其他部门沟通的力度，副总编辑可视情况每两年调整一次分管的部门。

4. 关心群众生活，台每年为职工办2～3件比较有影响的实事。

二〇〇二年六月二十八日

关于印发《北京人民广播电台关于贯彻落实党风廉政责任制实施细则》的通知

京广播党字［2002］6号

各专业台、各部室：

《北京人民广播电台关于贯彻党风廉政建设责任制实施细则》已经电台党委研究同意，现印发给你们，望认真贯彻执行。

二〇〇二年七月五日

北京人民广播电台关于贯彻落实党风廉政建设责任制实施细则

第一章　总　则

第一条　为明确北京人民广播电台各级领导班子和领导干部在党风廉政建设中的责任，保证中央及市委、市政府关于党风廉政建设决策和部署的顺利实施，根据中共中央、国务院《关于实行党风廉政建设责任制的规定》、中共北京市委、北京市人民政府《关于贯彻落实党风廉政建设责任制的实施办法》及北京广播影视集团《关于贯彻落实党风廉政建设责任制实施细则》，结合我台实际，制定本实施细则。

第二条　实行党风廉政建设责任制，必须坚持以邓小平理论和党的基本路线为指导；坚持从严治党、从严治政，标本兼治、综合治理，立足教育，着眼防范；坚持集体领导与个人分工负责相结合；坚持谁主管，谁负责；一级抓一级，层层抓落实。

第三条　实行党风廉政建设责任制，必须坚持党委统一领导，党政齐抓共管，纪委组织协调，部门各负其责，依靠群众支持和参与的领导体制和工作机制。要把党风廉政建设作为党的建设的重要内容，纳入我台各级领导班子、领导干部任期目标管理，与我台广播宣传事业的改革与发展、精神文明建设和其他业务工作一起部署，一起落实，一起检查，一起考核。

第四条　本实施细则所称党风廉政建设责任制，是指电台党委、部门领导班子、领导干部在党风廉政建设中应当承担责任的制度。党风廉政建设的责任主体为电台党委及其成员，党委书记为电台党风廉政建设第一责任人；部门正职为本部门党风廉政建设第一责任人。

第二章 责任范围和责任内容

第五条 电台党委对电台的党风廉政建设负全面领导责任。

党委书记对电台的党风廉政建设负总责，对领导班子及其成员的党风廉政建设负直接领导责任；副书记及委员根据分工，对分管部门及其正职领导干部的党风廉政建设负直接领导责任。

第六条 部门领导班子的正职对本部门的党风廉政建设负总责；对本级领导班子的党风廉政建设负直接领导责任。

第七条 电台党委、部门领导班子在党风廉政建设中承担以下领导责任：

（一）认真贯彻落实上级关于党风廉政建设的部署和要求，分析研究党风廉政建设状况，制定党风廉政建设工作计划，并组织实施。

（二）开展党性党风党纪和廉政教育，组织党员、干部学习邓小平理论和党风廉政法规，增强党员、干部廉洁从政和遵纪守法的意识。

（三）根据党和国家党风廉政建设的政策法规制度，针对本单位党风廉政建设和反腐败斗争的情况，制定和完善党风廉政规章制度，并督促落实。

（四）建立健全党风廉政建设管理机制、监督机制，坚持标本兼治，综合治理，从源头上预防和治理腐败。

（五）履行监督职责，对本单位的党风廉政建设情况、领导班子和领导干部廉洁从政情况进行监督、检查和考核。

（六）严格按照规定选拔任用干部，防止和纠正用人上的不正之风。

（七）依法领导、组织并支持执纪执法部门履行职责。

第八条 各级党政正职领导干部在党风廉政建设中承担以下领导责任：

（一）根据上级党委及上级领导机关关于党风廉政建设工作的部署、要求和本单位、本部门党风廉政建设工作的需要，每年至少召开一次领导班子党风廉政建设工作专题会议，进行具体研究和安排。

（二）组织党风廉政建设工作的检查、考核，督促党风廉政建设各项任务和规章制度的落实。

（三）加强组织协调，及时排除工作中的阻力和干扰，支持执法执纪部门依法履行职责。认真处理人民群众来信来访。

（四）坚持民主集中制，严格按照有关规定和程序选拔任用干部，防止和纠正用人上的不正之风。

（五）切实搞好教育，管好班子，带好队伍；组织召开本级领导班子民主生活会，参加下一级领导班子的民主生活会；检查执行党风廉政建设责任制情况和领导班子成员廉洁从政情况，执行谈话制度，开展批评和自我批评，针对存在的问题督促整改。

（六）严格遵守各项党风廉政法规制度，带头廉洁自律；教育并管好自己的家庭成员和身边的工作人员，防止发生违法违纪和不廉洁的行为。

第九条 各级党政副职领导干部在党风廉政建设中承担以下领导责任：

（一）协助党政正职贯彻落实党风廉政建设责任制；具体负责责任范围内的党风廉政建设和反腐败工作。

（二）督促、指导分管部门制定党风廉政建设工作计划，采取切实有效措施，保证有关党风廉政建设的部署和要求在分管部门得到落实。

（三）及时解决分管部门工作中出现的倾向性问题，纠正分管部门发生的不正之风，支持查处违法违纪案件，并及时向主要领导汇报。

（四）组织责任范围内党风廉政建设工作的检查考核，参加分管部门领导班子民主生活会，加强对分管部门领导干部的教育、管理和监督，解决党风廉政建设中存在的问题。

（五）严格遵守党风廉政法规制度，带头廉洁自律；教育并管好自己的家庭成员和身边工作人员，防止违法违纪和不廉洁行为的发生。

第三章　责任考核

第十条　建立和完善党风廉政建设责任制考核制度。

（一）集团党委负责领导、组织对集团所属各单位党政领导班子和领导干部履行党风廉政建设责任制情况的考核工作。

电台党委负责领导、组织对电台各部门领导班子和领导干部党风廉政建设责任制执行情况的考核工作。考核工作每年开展一次，与职工年度考核和正、副处级领导干部民主评议工作同步进行。必要时也可以组织专门考核。

（二）党风廉政建设责任制执行情况的具体考核工作由电台组织和人事部门共同负责。考核的结果要作为领导干部业绩评定、奖励惩处、选拔任用的重要依据；对成绩突出的，应给予表彰、奖励；考核中发现的问题，应限期改正，并上报结果。

第十一条　建立和完善党风廉政建设责任制情况报告制度。

（一）电台党委每年应在考核工作结束后一个月内向集团党委、集团纪委就贯彻落实党风廉政建设责任制的情况写出专题报告。

（二）各级党政领导干部应在专题民主生活会上和年终述职报告中，如实报告个人执行党风廉政建设责任制情况和勤政、廉政情况。

第四章　责任追究

第十二条　对不履行或者不正确履行党风廉政建设责任制的，应追究责任。责任追究，包括批评教育、组织处理和纪律处分。实行责任追究，应严格按照干部管理权限及有关程序的规定由组织人事部门负责办理。

第十三条　领导干部违反本实施细则，有下列情形之一的，给予组织处理或者党纪处分：

（一）对直接管辖范围内发生的明令禁止的不正之风不制止、不查处，或者对上级领导机关交办的党风廉政建设责任范围内的事项拒不办理，或者对严重违法违纪问题隐瞒不报、压制不查的，给予负直接领导责任的主管人员警告、严重警告处分；情节严重的给予撤销党内职务处分。

（二）直接管辖范围内发生重大案件，致使国家、集体资财和人民群众生命财产遭受重大损失或者造成恶劣影响的，责令负直接领导责任的主管人员辞职或者对其免职。

由于管理混乱，致使国家、集体财物被大量贪污，造成重大损失的，对负有主要领导责任者，给予撤销党内职务、留党察看处分；负有重要领导责任者，给予警告、严重警告或者撤销党内职务处分。造成巨大损失的，加重处分。

（三）违反《党政领导干部选拔任用工作暂行条例》的规定选拔任用干部，造成恶劣影响的，给予负直接领导责任的主管人员警告、严重警告处分，情节严重的，给予撤销党内职务处分；提拔任用明显有违法违纪行为的人的，给予严重警告、撤销党内职务或者留党察看处分；情节严重的，给予开除党籍处分。

（四）授意、指使、强令下属人员违反财政、金融、税务、审计、统计法规，弄虚作假的，给予负直接领导责任的主管人员警告、严重警告处分；情节较重的，给予撤销党内职务处分；情节严重的，给予留党察看或者开除党籍处分。

（五）授意、指使、纵容下属人员阻挠、干扰、对抗监督检查或者案件查处，或者对办案人、检举控告人、证明人打击报复的，给予负直接领导责任的主管人员严重警告或者撤销党内职务处分；情节严重的，给予留党察看或者开除党籍处分。

（六）对配偶、子女严重违法违纪知情不管的，责令其辞职或者对其免职；包庇、纵容的，给予撤销党内职务处分；情节严重的，给予留党察看或者开除党籍处分。

具有上述情形之一，需要追究政纪责任的，比照所给予的党纪处分给予相应的行政处分；涉嫌犯罪的，移交司法机关追究刑事责任。

第十四条　实施责任追究，要实事求是，分清集体责任与人个责任，主要领导责任和重要领导责任。

（一）主要领导责任者，是指在其职责范围内，对直接主管的工作不负责任，不履行或者不正确履行职责，对造成的损失负直接领导责任的人员。

（二）重要领导责任者，是指在其职责范围内，对应管的工作或者参与决定的工作，不履行或者不正确履行职责，对造成的损失负次要领导责任的人员。

第五章　附　则

第十五条　各部门应根据本实施细则，制订本部门贯彻落实党风廉政建设责任制实施办法。

第十六条　本实施细则由电台党委办公室负责解释。

第十七条　本实施细则自发布之日起实施。

关于印发《北京人民广播电台贯彻落实廉政建设责任制配套措施》的通知

京广播党字［2002］7号

各专业台、各部室：

北京人民广播电台贯彻落实党风廉政建设责任制配套措施已经电台党委研究同意，现印发给你们，望认真贯彻执行。

二〇〇二年七月五日

北京人民广播电台党风廉政建设责任制检查制度

为贯彻落实党风廉政建设责任制，推进我台党风廉政建设和反腐败工作，使电台对各级领导班子和领导干部的检查工作制度化、规范化，依据《北京人民广播电台关于贯彻落实党风廉政建设责任制实施细则》的有关规定，制定本制度。

一、检查的组织

1. 检查工作在电台党风廉政建设领导小组直接领导下，由领导小组下设的办公室组织实施，有关部门密切配合。

2. 检查由电台领导带队，每年组织两次，上半年、下半年各安排一次。根据工作需要，也可适时组织专项检查。

3. 每次检查结束后，检查组在10天内写出专题报告，报电台党委和集团有关部门。

4. 对检查中发现的问题，电台纪委根据需要进行跟踪检查，并督促落实。

二、检查的内容

1. 领导班子和领导干部履行党风廉政建设责任制职责的情况。

2. 领导干部执行党的政治纪律、组织纪律、经济纪律、群众纪律、宣传纪律的情况。

3. 落实党风廉政建设责任制考核制度、情况报告制度、民主评议制度的情况。

4. 按照党风廉政建设责任制的规定，实行责任追究的情况。

三、检查的方法

1. 列席参加被检查部门有关的重要会议，了解掌握情况。

2. 听取被检查部门党政主要领导的情况汇报，找领导班子成员了解情况。

3. 根据工作需要，召开有关人员参加座谈会或者找有关人员谈话。

4. 调阅相关文件资料。

5. 向被检查部门反馈检查情况，针对存在的突出问题提出整改建议。

6. 针对责任制检查中发现的问题及提出的整改措施，电台党风廉政建设责任制领导小组办公室要加强督办。

四、检查的纪律

1. 检查工作应本着实事求是的原则，反映问题必须客观、准确。

2. 检查组不承办案件，不处理具体问题。

3. 参加检查的人员要严格要求自己，做好表率。

北京人民广播电台党风廉政建设责任制情况报告制度

为贯彻落实党风廉政建设责任制，推进我台党风廉政建设和反腐败工作，全面了解和掌握电台各级领导班子和领导干部执行党风廉政建设责任制的情况，依据《北京人民广播电台关于贯彻落实党风廉政建设责任制实施细则》的有关规定，制定本制度。

一、情况报告的组织

1. 情况报告工作在电台党风廉政建设领导小组的直接领导下，由领导小组下设的办公室负责组织，有关部门配合。

2. 各部门领导要高度重视党风廉政建设责任制情况报告工作，采取有力措施，保证此项制度的落实。

二、情况报告的内容

1. 领导班子和领导干部履行党风廉政建设责任制职责情况。

2. 领导干部执行党的政治纪律、组织纪律、经济纪律、群众纪律情况。

3. 党风廉政建设和反腐败工作任务分工的完成情况。

4. 按照党风廉政建设责任制的规定，实行责任追究的情况。

5. 其他需要报告的情况。

三、情况报告的方法

1. 电台所属各部门及本部门党支部每年12月底前，应共同向电台党委和纪委写出本年度贯彻落实党风廉政建设责任制专题情况报告。

2. 领导干部在廉洁自律专题民主生活会上和年终述职报告中，报告个人执行党风廉政建设责任制的情况。

3. 各部门领导班子和领导干部在执行责任制中发生的重大问题，应及时向主管台领导、电台党委和电台纪委报告。

北京人民广播电台党风廉政建设责任制民主评议制度

为认真执行党风廉政建设责任制，建立健全党风廉政建设监督机制，推动电台党风廉政建设工作的深入开展，根据《北京人民广播电台关于贯彻落实党风廉政建设责任制实施细则》的有关规定，制定本制度。

一、评议的范围

电台所属各部门正、副处级领导干部。

二、评议的内容

1. 履行《北京人民广播电台关于贯彻落实党风廉政建设责任制实施细则》的情况。

2. 完成电台党委下达的有关党风廉政建设和反腐败工作任务的情况。

3. 其他需要评议的情况。

三、评议的方法

评议工作每年开展一次，与电台职工年度考核和正、副处级领导干部任职考核工作结合在一起进行。领导干部宣读本人年度述职报告，然后进行群众评议，开展批评与自我批评，针对群众的评议情况，制定出本人整改措施。

四、评议工作的基本要求

1. 精心组织，合理安排，注重实效。既要防止走过场，又要避免过于繁琐。

2. 认真做好思想工作，特别是要教育被评议人员提高思想认识，正确对待群众评议意见。

3. 相信群众，依靠群众，充分发扬民主，广泛听取群众意见。

4. 组织人事部门要认真做好组织协调工作。

北京人民广播电台党风廉政建设责任制考核制度

为认真执行党风廉政建设责任制，建立健全党风廉政建设管理机制，推动电台党风廉政建设工作的深入开展，根据《北京人民广播电台关于贯彻落实党风廉政建设责任制实施细则》的有关规定，制定本制度。

一、考核的范围

电台所属各部门领导班子和正、副处级领导干部。

二、考核的内容

1. 履行《北京人民广播电台关于贯彻落实党风廉政建设责任制实施细则》的情况。

2. 完成电台党委下达的党风廉政建设和反腐败工作任务情况。

3. 落实党风廉政建设责任制的考核、民主评议、情况报告制度情况。

4. 按照党风廉政建设责任制有关规定，实行责任追究的情况。

5. 其他需要考核的情况。

三、考核的方法、程序

考核工作与电台职工年度考核和正、副处级领导干部民主评议工作（任职考核）同步进行。年度考核的基本方法和程序是：

1. 被考核对象应认真进行自查和总结，把贯彻落实党风廉政建设责任制的工作情况作为一项重要内容，写进本人年度工作总结和本人年度述职报告及《年度考核登记表》中。

2. 《年度考核登记表》中填写评鉴意见（包括执行党风廉政建设责任制的情况），部门正职领导干部的评鉴意见由台级分管领导填写；部门副职领导干部的评鉴意见由本部门正职领导干部填写。

3. 电台组织部门通过召开座谈会、个别谈话、听取汇报等形式，了解被考核对象贯彻落实党风廉政建设责任制的情况。

4. 被考核对象根据电台组织部门反馈的意见，认真对照检查，开展批评与自我批评，制定整改措施。

四、考核工作的基本要求

1. 精心组织、合理安排。既要严格要求，防止走过场，又要注意实效，把考核工作同其他工作有机结合起来。

2. 各部门领导班子和领导干部要提高认识，端正态度，积极配合，严禁弄虚作假。

3. 考核中要严格标准，坚持原则，实事求是。

北京人民广播电台
照片资料收集管理办法

京广播台字［2002］5号

照片资料是我台发展历史的真实记录，具有珍贵的史料价值。拍摄、收集和保存照片资料是电台资料工作的重要组成部分。搞好这项工作的意义不仅在于妥善收存照片，更主要的是为了今后更好地利用其进行对内教育、对外宣传以及台史研究。为此，特制定本台照片资料收集管理办法。

第一章　组织机构

第一条　北京人民广播电台照片的拍摄、收集和管理由信息资料中心负责，信息处理科具体实施。

第二条　各专业台和各职能部室设专人（兼职）负责本部门照片（底片）资料的收集、整理、审查工作。

第三条　各专业台和各职能部室应将照片资料收集人员的姓名、电话报信息资料中心。如有变动，须及时通知更改。

第二章　照片资料的收集范围

第四条　历史照片：本办法实施前电台各专业台和各职能部室保存的所有与电台有关的人物、会议、活动、建筑、物品、文字或图表等有历史意义的照片（底片）及其相关文字说明。

第五条　新照片：本办法实施后各专业台和各职能部室拍摄的所有与电台有关的人物、会议、活动、建筑、物品、文字或图表等有保存价值的照片（底片）及其文字说明。

第六条　照片的说明文字包括拍摄时间、地点、作者、事件内容等。

第三章　照片资料的交存制度

第七条　各专业台和各职能部室所收集的照片（底片），应做到不遗漏、不混乱、文字说明清楚。

第八条　所收集到的照片（底片）应及时交到电台信息资料中心信息处理科。

第九条　信息资料中心由专人负责照片（底片）的查收、登记、甄选、存入微机、图片数据管理、照片（底片）的退还等。

第四章　照片资料的拍摄

第十条　信息资料中心设专人利用数码相机为各专业台和各职能部室提供摄影服务，以便全面留存照片资料并方便照片资料的微机存贮。

第十一条　各专业台和各职能部室在举行各种活动时，应及时通知信息资料中心，并告知活动计划和具体安排，以便提前做好拍摄准备。

第五章　照片资料的使用

第十二条　信息资料中心全面负责所存照片资料的检索、打印、数据提供等服务。

第十三条　信息资料中心所存照片（底片）原件一般不予外借。

第六章　奖励与处罚

第十四条　信息资料中心每年应对全台的照片资料收集管理情况进行总结，对各专业台和各职能部室交来的照片（底片）从全面、准确、质量等方面进行评比，再根据其日常的活动信息提供情况，将工作成绩显著的部门和个人上报总台领导，予以表扬和奖励；对于违反本办法，造成重大活动照片资料的缺失、损坏等，视后果的严重性，予以批评和处罚。

第七章　附则

第十五条　本办法由信息资料中心负责解释。

第十六条　本办法自2002年7月1日起实行。

二〇〇二年七月十日

北京电台党支部工作考核验收办法及评定标准

（试行）

京广播党字［2002］9号

党支部，是党的最基层组织，是党的全部工作和战斗力的基础。抓好党支部建设，对电台完成党的宣传任务、促进自身建设和事业发展，具有十分重要的意义。为了促进党支部建设工作，现结合电台情况，制定党支部工作考核验收办法及评定标准。

一、考核的目的和原则

考核目的：通过考核，提高全台人员对党支部工作重要意义的认识，使各级领导，尤其是党支部书记，对党支部工作予以高度的重视。上下结合，齐心协力抓好党支部工作，增强党支部的战斗力和凝聚力，促进电台的全面建设和事业发展。

考核原则：考核验收工作坚持以下几项基本原则：

1. 以量化为主。考核内容项目依据台党委对党支部建设的安排与要求，尽量做到量化，让大家“看得见，易操作”。

2. 注重全面性。考核内容涉及党支部工作的各个方面，既有党支部书记本身的工作，又有党支部具体工作，还要把党支部工作与其他工作有机地结合起来。

3. 实事求是。统一标准，统一衡量，公平公正地考核验收，客观真实地反映党支部工作的实际情况。

4. 充分发扬民主。有些项目的考核，需通过民意测验的方法进行，尽量走群众路线，让职工广泛参与。

二、考核的内容项目和评定标准

根据党支部工作的范围和重点，拟从以下十七个方面进行考核验收，每项均以打分的方法予以评定，最后综合相加，总分达 90 分（含）以上为优秀党支部，60 至 90 分为合格党支部，60 分（不含）以下为需要加强和改进的党支部。具体考核内容项目和给、扣分标准如下：

1. 党支部按时制定上报年度工作计划和党员目标管理责任制，5 分。每推迟一个月上报扣 0.5 分。

2. 党支部每月至少组织一次学习或其他活动（“三会一课”算活动内容），全年共 10 分。少组织一次扣 0.8 分。

3. 党支部上半年、下半年各召开一次民主生活会（民主生活会算支部活动内容），5 分。少召开一次扣 2.5 分。

4. 党支部按标准、时间收交党费（每月 10 日前交党办），全年共 5 分。不按标准、时间收交，每延误一个月扣 0.5 分。

5. 党支部按时上报年度工作总结，5 分。不按时上报扣 2 分，不报总结的全部扣除。

6. 党支部依总台规定，按时给党员过党龄生日（生日人数多的，可按月或按季集中组织进行），全年共 5 分。不按时过的扣 2 分；全年一次也不过的全部扣除。没有党龄生日的不扣除。

7. 重视新党员培养、发展工作，有计划、有分工，发展对象按时参加总台或上级组织的培训，确保质量，5 分。不重视新党员培养、发展工作，无计划、无分工、不按时参加培训，每缺一项扣 1.5 分。部门职工全是党员、无发展任务的不扣分。

8. 党支部坚持电台规定的:“四必谈”（职工利益受到影响、职工受到批评处分、职工有了思想情绪、职工之间有了矛盾必谈）、“五必访”（职工生病住院、职工家庭发生意外、职工婚丧生育、职工家庭发生纠纷、职工长期出差在外必访）制度，5 分。坚持不好的扣 2 分。

9. 党支部积极配合本部门行政领导开展工作，如积极动员党员带头完成行政领导布置的工作任务等，5 分。配合不好的扣 2～3 分（以征求部门行政领导意见确定。行政领导兼任党支部书记的，以征求部门其他同志的意见确定）。

10. 党支部每次学习、活动均有记录，5 分。每少记一次扣 0.3 分。

11. 党支部树有先进典型（典型不仅限于本支部的党员或群众），5 分。不树典型的扣 3 分。

12. 党支部重视探索、创新、总结工作方法和工作经验，其方法、经验在集团以上范围内推广、交流的 9 分，在总台范围内推广、交流的 6 分。虽未在总台以上范围推广、交流，但能及时、认真总结工作经验，并积极报送党办的（可结合工作总结进行）3 分。

13. 党支部分工明确，班子团结，部门风气正，没有突出的问题，7 分。风气不正、有明显的问题扣 3～4 分（以向主管台领导征求意见和向群众调查的方法确定）。

14. 本支部（部门）工作成绩明显，如宣传、管理等工作顺利进行，没有重大差错，经营创收按计划完成任务。专业台15分，技术中心、804发射台、国际部12分，其余10分。宣传、管理等工作出现一次重大差错（事故）扣3分，经营创收年度完不成任务扣3分。

15. 党支部书记按时参加台及上级单位组织的有关会议和培训，5分。未经请假批准，每缺席一次扣0.5分。

16. 党支部书记的工作能力、工作方法、工作作风、工作效果，本支部党员群众满意，10分。（以民意测验的方法确定，合格率达100%为满分，每降低一个百分点扣0.1分）。

17. 本支部（部门）当年出现违法违纪者扣10分。

三、考核的方法和奖惩

1. 成立党支部工作考核验收评定组。由主管此项工作的党委副书记任组长。另由党办主任、台纪检副书记、编采部门2人、技术部门1人、职能管理部门1人，共7人组成。

2. 考核评定组成员统一分工，按规定项目和评定标准，逐项检查评定。

3. 考核验收时间定于翌年第一季度进行。

4. 考核后发考核结果通报。对评定为优秀的党支部及其书记给予适当奖励。

二〇〇二年八月二日

北京人民广播电台
关于台务公开的有关规定

（试行）

京广播党字［2002］10号

电台职工参加电台的民主决策、民主管理、民主监督，是北京电台实行台务公开制度的重要措施，是实践“三个代表”重要思想的具体体现，是促进电台党风廉政建设的有力手段。为了贯彻落实《中共中央办公厅国务院办公厅关于在国有企业、集体企业及其控股企业深入实行厂务公开制度的通知》精神，现结合我台实际情况，制定北京人民广播电台关于台务公开的有关规定。

一、台务公开的主要内容

1. 领导班子党风廉政建设

（1）总台领导班子成员的个人收入申报要公开（每半年公布一次）；按规定报告个人重大事项的情况要公开（每年公布一次）。

（2）领导班子的整改措施及执行结果要公开。

（3）领导班子成员执行《廉政准则》和电台《处级以上干部廉洁自律36个不准》的情况要公开（每年集中公布一次）。

（4）领导班子成员（包括处以上干部）出国、出境情况及费用要公开（每年综合公布一次）。

2．重大决策与经营管理

（1）电台中长期发展规划要公开。

（2）电台有关改革、行政、经营、投资等方面的重大决策要公开。

（3）大额资金（10万元以上）的使用、工程建设项目的招投标、大宗物资采购供应要公开。

（4）重大技术改造方案要公开。

（5）总台、专业台、三产的年度经营指标及完成情况要公开（每年公布一次）。

3．干部人事管理

（1）副处以上干部的选拔、任用情况要公开。

（2）职工聘用合同的签订、续聘、解聘要公开。

（3）部门定岗定编、人员聘用、下岗分流情况要公开。

（4）职工收入、奖励分配方案要公开。

（5）专业技术职务评聘要公开。

（6）福利、医疗社保、退休等政策要公开。

4．财务管理

（1）总台年度财务预决算要公开（每年公布一次）。

（2）年度《经济管理办法》要公开（每年公布一次）。

（3）项目核算（20万元以上）的预算及决算要公开。

（4）专业台、各部门的年度支出情况要公开（每年公布一次）。

（5）电台业务招待费要公开（半年公布一次）。

5．职工利益

（1）聘用合同制的制定、修订及执行情况要公开（每年公布一次）。

（2）涉及职工切身利益的奖惩办法要公开。

（3）职工福利基金使用方案和执行情况要公开。

（4）职工分房的政策、方案要公开。

（5）工会会费收支、职工福利、活动经费的支出要公开（每半年公布一次）。

二、台务公开的实现形式

1．召开北京人民广播电台职工代表大会。要按照有关规定，认真落实职代会的各项职权。通过台务公开，进一步完善北京电台职代会民主评议台领导成员的制度；电台重大决策、重大改革方案提交职代会讨论通过的制度；台领导班子廉洁自律情况向职代会报告制度，切实落实好电台职工群众的知情权、审议权、通过权和监督权。

2．台务公开的日常形式包括：宣传栏、台内网、党务台务公开情况通报、电视电话会议等，同时还要通过意见箱、接待日、座谈会等形式了解职工的反映和意见。

一年或半年公布一次的项目一般在宣传栏目中公布；一个季度公布一次的项目在台内网和“党务台务公开情况通报”上公布；临时需要公布的项目视情况召开座谈会或电视电话会议。

三、台务公开的组织领导与要求

1．台务公开工作在电台党委的领导下进行。有关台务公开的具体事宜由电台纪委、党办、办公室、总编室、人事部、计财部、技术中心、工会组织实施。

2. 建立北京人民广播电台台务公开监督小组。

组长：汤玲

副组长：刘祥汉

组员：柴修杰、娄源斌、杨丽华(804)、王秋、后晓军。

电台各部门是开展、落实台务公开制度有关规定的主体。各部门要充分认识实行台务公开的重要意义，切实把这项工作摆在重要位置，在党委的直接领导下，有组织、有步骤地推动我台台务公开工作深入健康的发展。希望电台广大干部职工热情关心台务公开工作，积极参与台务公开活动，认真发挥民主监督作用，使我台的台务公开工作在内容上、程序上、形式上逐步规范化、制度化，进一步促进我台改革和各项事业的发展。

二〇〇二年八月二日

关于调整手机通讯费标准的通知

台属各部门：

近年来由于宣传工作的特殊性，我台干部经常需要外出采访、直播、开会或出差，手机越来越成为联系工作的主要移动通讯工具。现在，许多干部的手机月通话费都超过报销标准。为确保宣传工作，经请示台领导，同意调整提高手机费报销标准。具体调整如下：

通讯费报销标准：

总台级领导：每月 700 元；正处级 600 元；专业台副台长 500 元；职能部室副主任 400 元；正科级 150 元；职能部室副科级 100 元（以上含享受相应级别待遇的干部）。

为免去全台干部自己每月交费后再报销的不便，CDMA 手机费由台里先以支票的方式统一付费，然后对超出报销标准的部分从个人收入中扣除。未更新CDMA手机仍使用原手机的则沿用原来的报销办法，全年不超过报销标准即可。

本次调整从 2002 年 8 月 1 日起执行。

二〇〇二年八月五日

北京电台公务用车标准及实施办法

京广播台字［2002］9号

台属各部门：

为确保宣传管理工作，近年来我台公务用车逐年增加，公务交通支出也随之逐年增加，正在成为每年必不可少的一项大宗支出。过去由于台内在工作用车方面没有统一的标准，现职处级干部更新车辆时根据本部门财力量力而行，从桑塔纳、捷达到桑塔纳2000、帕萨特、本田，档次参差不齐。

为进一步规范公务用车标准，限制高标准购车，台党委经研究，明确规定我台干部公务用车标准如下：

副台级干部工作用车原则掌握在本田、帕萨特车型为主，标准为25万元；

专业台台长由于宣传一线工作需要，工作用车标准为22万元；

职能部室正处级干部工作用车标准为20万元；

全台副处级干部用车标准为18万元。

从今年起更新的工作用车执行以上标准。如超标准购车，超出部分应由用车人负担（含超出部分的车价、购置附加税、保险费用及汽车内饰）。从本标准实施之月起，凡超标准购车的干部可一次性付清超标费用，也可每月从个人收入中扣除。超标数额计算办法，例如专业台台长的标准：新车支出总额－22万－车价10%的购置附加税－1560元养路费－约8500元保险费＝个人应付款。

二〇〇二年十月八日

关于驾私车办理公务处级干部的补贴规定

近年来，为保障宣传工作的需要，我台根据本单位经济状况，为处级以上干部配备了公务用车，并规定了不同级别的配车标准。但也有个别处级干部任职后未配公车，长期使用私车办理公务，由个人承担了办理公务的交通费用（含车辆保险费、养路费、修理费等）。

为体现公平、公正的原则，经台务会研究通过，决定给予这些处级干部以一定的车辆补贴。具体办法如下：

不同级别的处以上干部，以应配车标准加上购置附加税除以五年折旧，再除以12个月，就是每月应补贴的数额。例如：副处级应配车标准是18万元加上购置附加税1.8万除以5再除以12，所得3300元就是每月应补贴的车辆费用，此外，每月补贴1000元用于汽油及修理费共计4300元。但这个费用不发到个人，以票据报销方式领取。

这项补贴的计算从干部正式任命之月起至解聘之月止。任职期间如电台进行车改，以车改方案的规定为准执行。

本规定由办公室、人事部和计财部联合制定，不尽事宜由以上三部门负责解释。

二〇〇二年十月二十三日

关于对外统一联络的有关规定

京广播宣字［2002］5号

随着广播改革的不断深入，我台各项事业都有了飞跃的发展。为了减少与外界联系的环节，有效合理地利用各种资源，做到资源共享，节约开支，经研究，就有关对外统一联络的相关事宜规定如下：

一、关于天气预报

凡属开办节目(栏目)需与气象台联系气象信息，不论是公共气象信息，还是个性需要的专业气象信息，均须将意图报总编室，由总编室和广告部统一协调对外洽谈。

二、关于刊登彩页专版

凡属自我宣传需要，拟在外部媒体刊登彩页专版，均需事先报总编室备案，并经台领导批准方可实施。

三、关于订阅内部参考资料

鉴于内部参考资料类别、形式繁多，且分属于不同级别，仅供参考，不能用于节目播出，因此要严格控制。如果确属需要，须事先报总编室，经台领导批准后，由信息资料中心联系订阅，并留存信息资料中心共享。

以上规定自2002年10月24日开始执行。

二〇〇二年十月二十四日

微波炉使用安全管理规定

为了贯彻落实《机关、团体、企业、事业单位消防安全管理规定》，加强用电安全管理，确保用电安全，根据我台实际情况，制定此规定。

一、凡确因工作需要使用微波炉的部门，需提出申请报告，部门领导签字，报总台领导审批，由办公室保卫部登记核查确定能否使用，并进行备案，经批准同意后方可使用。不得擅自使用微波炉，如发现有擅自使用微波炉且未在保卫部备案，将对使用单位给予通报批评及没收处理。

二、使用微波炉要设有专人负责，按照使用说明正确操作、使用微波炉，加热食物时使用人不得离开微波炉。

三、重点部位不得使用微波炉。如传音区、直播间、录音区、节目制作机房、微波机房、资料室、库房、计算机室及发射台机房等重点部位。

四、微波炉周围不得有可燃物，微波炉上不得遮盖防尘布和放置物品，加热食物时要使用专用器具，不得使用金属用具、金箔纸等包装加热食物。

五、微波炉使用时要用单独的电源插座，不得与其他电器设备混用同一个插座，用毕，必须关断电源插座或将微波炉电源插头拔下。

六、使用微波炉要确定固定的位置，经保卫部备案后，不得擅自移动，如需变更位置，须到保卫部重新备案。

七、微波炉要定期清洁，定期检查，确保微波炉的安全使用。

由于微波炉是功率较大的用电器，因此使用时要严格执行此规定，加强管理，确保用电安全。

二〇〇二年十一月十五日

关于MD采访录音机的使用和管理规定

（试行）

京广播台字［2002］10号

MD采访机（含话筒，下同）是记者外出采访的重要工具。为了加强管理保证采访工作的需要，减少技术设备经费的开支，使MD采访机更有效的发挥作用，对MD采访机的使用和管理制定如下规定：

1. 各专业台和有关业务部门MD采访机配置数量按照如下比例：新闻广播85%、交通广播80%、经济广播、教育广播、体育广播、国际部为70%；音乐广播、文艺广播60%；总编室、研究所为50%；其他需要MD采访机的部门根据实际情况确定。

2. 在领用MD采访机时，使用人员必须携带有专业台台长签字的申请报告到固定资产管理科办理领用手续。

3.MD采访机由领用人员个人负责保管使用。

4. 持机人员因工作变动（调离电台、台内流动、退休等），应及时到固定资产管理科办理变更手续，不准私下进行交接。

5.MD采访机的使用期限一般为三年（不含话筒）。三年内采访机出现丢失、损坏由使用者个人负责，不予配发新的MD采访机；如达到三年使用期时，可以以旧换新，旧MD采访机按报废审批手续到固定资产管理科办理报废；如达到三年使用期，不申请新的MD采访机，在达到四年使用期后，可以申请新的MD采访机，旧MD采访机归个人所有，但是必须到固定资产管理科办理报废手续。

二〇〇二年十一月二十五日

五、宣传工作

2002年我台遵照中宣部的要求和市委宣传部的部署，把迎接"十六大"，宣传"十六大"，贯彻"十六大"和深入宣传"三个代表"重要思想，作为宣传工作的主线贯穿全年。除"十六大"的具体宣传报道外，还重点抓了本市第九次党代会、本市及全国"两会"的报道；并加大精神文明宣传力度，树立文明北京形象；突出本市重点工程报道，为建设新北京提供舆论支持。总的看，2002年我台宣传导向正确、特色鲜明、引导有力，促进了改革，推动了发展，维护了稳定，营造了良好的舆论氛围，为首都的建设和发展发挥了应有的作用。

"十六大"的宣传是我台2002年宣传工作的头等大事

党的"十六大"是我们党在新世纪召开的第一次代表大会，意义非同寻常。因此，我台把宣传好"十六大"作为头等大事来抓。早在年初，就开始周密部署，精心安排；第二季度初，成立了"'十六大'宣传工作领导小组"，对迎接"十六大"的具体宣传工作进行了认真的研究；举办了三期"北京电台迎'十六大'宣传培训班"，对全台300多名采编播人员进行了培训；各专业广播分别制定了详细的宣传报道计划，并推出了16个挂牌节目。对党的会议的宣传动作这么早，专题开这么多，投入人力物力这么大，在我台的历史上还是第一次。

据不完全统计，到11月17日全台播发有关"十六大"的消息、录音新闻、录音报道、口头报道、录音特写、专题报道、录音访谈、现场直播等共1164篇(集、期、套)，突出反映了首都北京改革开放和现代化建设伟大成就、社会稳定和党的建设新鲜经验等。在此同时，文艺和音乐广播播出了大量音乐、文艺专题节目。

【我台党的"十六大"宣传工作总结，见"专辑"】

精心策划、认真组织、深入宣传北京市第九次党代会

在积极筹划迎接"十六大"的宣传工作的同时，北京市第九次党代会于5月召开。为了做好九次党代会的宣传报道，在会议召开前夕，我台多次召集各专业广播和总编室有关人员，对市委宣传部的要求进行认真传达。根据上级指示精神，我台提出的报道思想是：以大会学习、贯彻"三个代表"重要思想为核心，以与会代表深入探讨首都如何率先基本实现现代化为重点展开报道；紧紧围绕"首都率先基本实现现代化"这一重大主题强化宣传力度。结合各专业广播实际，我台制定了会前、会中、会后具体宣传报道计划。在五个专业广播中开辟了专栏：新闻广播的《让党的旗帜高高飘扬——贯彻落实市九次党代会专题报道》；经济广播的《北京市经济发展成就》；体育广播的《润物细无声——介绍北京体育系统的优秀共产党员》；交通广播的《辉煌的成就，光辉的历程》；教育广播的《北京市九次党代会报告名词解释》。在党代会期间全台播发的消息、专题、专访、评论、综述及直播、录播、口播等报道共130多篇。这个战役的报道特点是：

1. 突出重点：市九次党代会最重要的内容有两项，一是贾庆林同志代表八届市委在开幕式上所作的报告，这是今后五年首都率先基本实现现代化的纲领性文件。二是九次党代会之后，中共北京市第九届委员会选出新的领导集体，并举行中外记者招待会。这是市委率领全市党员群众实现宏伟蓝图的领导核心。对于这两项最重要的会议内容，我台充分发挥广播新闻能即时传声的优势，分别进行了一个半

小时和一小时的现场直播，让广大听众与党代会代表同步了解会议进程，亲耳聆听大会精神。

除现场直播外，在开幕式、闭幕式和中外记者招待会正在举行时，都同步发回了记者的口播报道，将重要的会上消息在第一时间发布出去。例如“听报告 耳目一新；看蓝图 催人奋进”；“实践‘三个代表’再创京华辉煌”等。上会7天，仅新闻广播、经济广播、交通广播就播发稿件50多篇。

2. 抓住亮点：为了让全市人民全面了解和深入理解贾庆林同志所作报告，解读蓝图，预定采访十八个区县委书记和市委主要委办局领导，做30个选题，实际完成选题45个。通过他们的解读，使广大听众更详细地了解到一个崭新的北京。5月18日，《北京新闻》播出了大会开幕和贾庆林作报告的录音新闻；在稍后的《新闻大视野》节目中，播发了市委副秘书长、市委研究室主任谭维克同志对报告的解读。5月20日谭维克同志又来到新闻广播《新闻圆桌》节目进行直播访谈，详细解读报告精神，并通过直播电话回答了听众的提问。文艺广播《整点资讯》为“解读报告、描绘蓝图”，选取与百姓生活息息相关的内容加以介绍、报道，以增强此类新闻的生动性、可听性。此外，还在《新闻大视野》、《新闻时间》、《中国财经60分》、《北京报道》、《今日交通》、《科教新闻》、《文化新闻》、《前沿话题》、《876整点咨讯》、《首都经济论坛》等节目中，播发录音专访、专题报道60多篇，报道中闪耀着一个个亮点，为全市人民展现了首都现代化全息景观中的一幅幅近景与特写，使人们由此对美好蓝图的实现增添了信心。

3. 多报基层：在700多名党代会代表中，有相当一批来自企业、学校、街道等一线和政府基层组织的代表，他们对贯彻落实大会精神、引领广大群众为率先基本实现现代化而奋斗起着至关重要的作用。大会期间，仅在新闻广播早新闻时段播出的基层党员和基层党组织代表就达11人之多，全部采用录音报道形式，多数人结合实际谈出了鲜活的想法，使人感奋。

4. 文艺烘托：党代会期间，文艺广播《空中笑林》节目隆重推出“讲文明、树新风——公民道德建设题材相声小品展播季”，同时举办有奖征文活动。《名歌名曲》节目集中播放了一批反映北京变化、歌颂改革开放成就的优秀的音乐作品。《蒙太奇影院》节目播出一批革命历史题材和改革开放题材的优秀影片。《长安大戏院》节目集中播放红色经典戏曲系列节目。《广播剧欣赏》节目播出获“五个一”工程奖的作品《普通人家》、《枫桥民警》、《乡里乡亲住高楼》等。

音乐广播在20多个栏目中播放歌颂党、歌颂祖国的音乐作品，并以下一届“五个一工程”候选歌曲为龙头，广为播放“世纪春雨”、“三个名字”、“北京的士”、“共产党人”、“你可知道”等歌颂祖国日新月异变化的候选歌曲。另外还集中播放北京市在历届“五个一工程”歌曲评奖、北京市“十个一”评奖、中国广播奖、北京广播奖评奖中获奖的歌曲及专题音乐节目。《您喜爱的歌》栏目播出10多位作曲家的最新创作的歌曲专辑。

5. 贯彻大会精神及时：大会闭幕的第二天，《北京新闻》节目中就开设了学习贯彻大会精神的专栏，连续播发系列报道。后续报道即成系列、成规模地播发了“全面推进党的建设，把党的领导提高到新水平”、“以一流的服务 为党旗增辉”、

“加强党的领导 圆满完成神圣使命”、“北京满怀信心地走向未来”、“京郊乡村向都市化迈进”等报道。新闻广播报道了各区县部门以及广大基层党组织如何贯彻落实大会精神，推动本地区本部门发展的消息。经济广播《新闻串串烧》栏目“我们身边的变化”，大力宣传了北京市社会、经济发展给北京市民生活带来的变化。交通广播播出了专题“北京公交五年大变化”、《治乱有方——交通乱点治理系列专题》等一批反映北京交通变化的节目。

6. 深入宣传5·31重要讲话：江总书记5·31重要讲话，进一步丰富了“三个代表”重要思想，创造性的提出了一系列新思想、新观点、新论断。讲话发表后，我台在新闻节目和专题节目中及时作了报道；通过学习5·31重要讲话，还结合贯彻市九次党代会精神，于6月5日在《北京新闻》节目中开辟了大型栏目《学习贯彻市九次党代会精神 建设新北京——北京记者基层行主题报道》，报道涉及到各行各业，宣传中突出了各级党的组织为老百姓办实事这一指导思想。

加大精神文明宣传力度，树文明北京形象

党中央印发的《公民道德建设实施纲要》，是我国思想道德建设的一件大事，也是宣传报道工作的一件大事，是群众性精神文明建设的一件大事。今年以来，我台继续把深入宣传《纲要》放在重要位置上，仅在新闻广播中发的报道就达70篇。宣传体现在四个方面：

1. 突出宣传了《纲要》和我市制定《实施意见》的重要意义：在《北京新闻》中开辟了“爱国守法、明理诚信、团结友善、勤俭自强、敬业奉献”专题广播。

2. 突出宣传了20个字基本道德规范的含义：从4月1日到6月30日，文艺广播为宣传《公民道德建设实施纲要》，在节目中推出了“讲文明、树新风——公民道德建设题材相声、小品展播季”活动，播出了近百段精心挑选的经典相声、小品：马季和唐杰忠的相声《讲礼貌》、姜昆和李文华的相声《互相尊重》、侯耀文和石富宽的相声《见义勇为》、高秀敏和范伟的小品《将心比心》、黄宏和句号的小品《打气》等。此外，在“展播季”进行的同时，还开展了“讲文明、树新风——公民道德建设征文比赛”等一系列活动。

3. 突出宣传了各单位贯彻落实《纲要》和《实施意见》的情况：教育广播与北京市部分街道工委、办事处联合组建了教育广播社区艺术团。3月30日下午教育广播与建国门街道工委、办事处在建国门社区的风车广场联合举办了“公民道德新风赞”文艺演出暨教育广播社区艺术团成立揭幕仪式。来自建国门街道和全市其他街道的部分居民，演出了根据社区居民身边的真人真事自编自导的节目。建国门街道还对本地区社会公德、家庭美德、职业道德的先进人物进行了表彰。教育广播对本次演出进行了现场直播。

4. 春节节目丰富多彩：春节是中华民族的传统节日，为丰富人们节日的文化生活，使人们过一个欢乐祥和的假日，今年春节，我台推出200小时的大型特别节目——《金蛇狂舞辞旧岁 万马奔腾贺新春》。这台节目从除夕夜19:00至正月初七在7个专业广播中播出。听众既可以通过经典音乐、戏曲、诗词朗诵、相声小品和曲艺等节目欢度新春佳节，还能在欣赏广播剧精品和优秀主持人节目中享受难得的轻松与快乐。

圆满完成本市、全国“两会”报道任务

1月24日至31日，市政协九届五次会议和市十一届人大五次会议相继召开。这是本届政协、人大会的最后一次盛会。为把两会报道好，台里成立了由总编辑任组长的两会报道组，并制定了详细的报道计划。早在两会召开之前，总编辑就带领部分报道组成员，主动登门到市人大和政协汇报电台的报道计划，听取他们的意见和要求。1月18日，台里专门召开了两会报道组全体成员会议，要求上会记者要“服从指挥，忠于职守，相互配合，出色完成报道任务”。

这次参加两会报道的住会、跑会记者共有32名，报道力量之强大超过历届会议。对两会的报道，除新闻广播外，经济广播、教育广播、交通广播、体育广播中也作了突出的报道。据不完全统计，全台共发两会的各类报道332篇，其中转播大会实况两次，发录音报道55个，录音专访访问了人大代表50位、政协委员46位，发新闻专题9套。这些报道，从不同的角度、不同的侧面，及时、准确、全方位的报道了代表、委员参政议政的情况。两会期间，由于前方记者团结协作，后方编播录人员密切配合，出色地完成了报道任务，受到了市有关部门领导的表扬。今年的两会报道归纳起来有这样几个特点：

1. 报道迅速：今年我台直播了人大开幕式的全过程和记者招待会，取得了很好的宣传效果。报道迅速，还体现在对会议内容的第一时间报道，记者把采访到的新闻用口头报道的形式传回直播机房，随时播出：只要在10点之前采访到的新闻，在10点的新闻广播中就能播出；特别重要的新闻，还可以随时插播。在两会期间，经常是会议还在进行中，可听众已从广播的新闻中知道了会议进行的情况，充分发挥了广播传递迅速的优势。

2. 形式多样：对两会的报道采取了多种形式，有现场直播、文字消息、录音报道、录音剪辑、现场口头报道、录音专访、录音新闻专题、把代表委员请到电台直播等。所有这些形式，都是根据内容，适合哪种形式就用哪种形式报道。由于报道形式多样，使两会的宣传丰富多彩，盛况得到了充分反映。

3. 播出量大：新闻广播中开辟了“两会之声”专栏，每天从7点到24点的14档新闻节目中，都有两会的报道内容，做到了全天不间断。除此之外，经济广播、教育广播、交通广播、体育广播共发两会各类稿件70多篇。

对“全国两会”的报道，我台也作了精心的安排。在《北京新闻》节目中开辟了“两会之声”、“媒体聚焦”等专栏。新闻广播实况转播了九届人大五次会议开幕和朱镕基总理、唐家璇外长答记者问。“新闻圆桌”节目在两会期间，对二十多位代表、委员就农民增收、绿色食品、公民道德、奥运准备等问题进行了采访。全国两会期间，据不完全统计，全台播出消息、口头报道、录音新闻、专题报道等有53个。

认真搞好第五届中国北京国际科技产业博览会的报道

已连续举办四届的“中国北京高新技术产业国际周”，今年正式更名为“中国北京国际科技产业博览会”。第五届博览会于5月22日至25日举行，这是我国加入世贸组织后迎来的第一次科技盛会。从第一届博览会开始，我台对宣传报道工作就十分重视，今年进一步加大了宣传力度。七个专业广播都制定了对博览会的宣传报道计划，拿出相当的时间关注博览会。今年宣传的一个显著特点是，在展览会上设立了一个球型透明直播室，全台现场直播时间达 14 个小时，使我们的宣传格外引人注目。对科博会的展览会、技术成果交易和经贸洽谈、高层次论坛演讲及一系列专项交流活动等作了报道，据不完全统计，在科博会期间全台发的消息、录音报道、专稿、访谈等有 36 篇。值得一提的是，我台还参与了“北京国际电视周”的宣传，一个透明的球形直播室在电视周上首次亮相，取得了良好效果，为我台的现场直播创出了一条新路。

突出重点工程报道，为建设新北京提供舆论支持

我市申奥成功以后，市委市政府抓住这一难得的机遇，加快了旧城改造和重点工程建设，这是我市加快发展的重大举措。对此，我台在宣传上进行了全力配合，报道中加大了报道分量。这些重点工程归纳起来主要有这样几个方面：道路建设，城铁建设，危改小区建设，绿化美化，高速公路工程，污水治理，二环路改造工程等。对这些工程，各专业广播从不同的角度、侧面，以消息、录音报道、专题、论坛、访谈等形式及时进行了报道。截止到 11 月 10 日，仅《北京新闻》节目发的报道就有 190 篇。

除此之外，我台还配合政府工作对环境整治、节能工作、打击犯罪、教育改革、揭批“法轮功”等方面，给予了有力宣传。

六、专辑

党的"十六大"宣传工作

（一）宣传报道计划

我台从七月份开始，结合宣传贯彻市第九次党代会精神，把迎接"十六大"的宣传工作摆到了头等重要位置。为更好的搞好"十六大"宣传，根据国家广电总局和北京广播影视集团领导的指示精神，我台决定于八月下旬起，分三期举办全体采编播人员参加的"北京电台迎接'十六大'宣传培训班"。在培训班上，进一步学习有关文件，领会有关精神，从思想上、政治上、业务上、组织上为对"十六大"的宣传进一步做好准备。全台上下按照中宣部和市委宣传部的要求积极行动起来，出点子，想办法，策划选题，陆续推出一些重点栏目和报道：

新闻广播为迎接党的"十六大"召开，从7月15日开始，在《北京新闻》和《新闻时间》节目中，推出大型系列报道《世纪跨越1997—2002：北京纪事》。其形式为以点带面，其特色为历史与现实相交融、微观与宏观相结合，其指针为邓小平理论和"三个代表"重要思想在实践中的具体体现。生动形象地向听众展现党的"十五大"到"十六大"期间，全市两个文明建设所取得的巨大成就。

从多侧面、多角度，以基层为主，继续做好大型系列报道《学习贯彻市九次党代会精神　建设新北京——记者基层行主题报道》。

为迎接党的"十六大"胜利召开，反映中国社会在转型期内所产生的深刻变化，推出大型系列广播特写《变迁——20个中国家庭的12年》。它以写实的手法、以家庭为单位记述普通中国人近12年间在大时代背景下走过的心路历程，展现改革开放、社会进步给国人带来的思想和物质上的影响，以独特的广播视角配合"十六大"的宣传高潮。

《变迁》就是希望以社会构成的基本细胞——家庭为切入点，汇集普通中国人生活的种种细微变化，凸显社会演进的轨迹，力求使之宛如一幅用声音绘制的新时代的《清明上河图》，成为一部以平民视角诠释社会演进规律的、以广播方式表述的当代中国人的"家族十年史"。

我台在地方兄弟电台的协助下，在北京、上海、天津、重庆、湖南、河北、吉林、新疆、宁夏、内蒙古及呼和浩特、云南、深圳、厦门、杭州、西安、唐山等省区市物色并确定了20多户典型人家，他们中有伐木工人、少数民族导游员、民间艺人、三峡库区移民、从事生态农业的农民、特区创业者、地质工作者、未返城知青、股民等，其家庭状况、地域特色、个人际遇及其近十年来的变化基本凸现了当今的时代风貌。

经济广播举办第三届"北京经济论坛活动"，开设《2002年经济论坛》专题节目。它以建设新北京，办好新奥运的机遇与发展为主题，全面报道论坛的盛况，为迎接“十六大”营造良好的舆论氛围。除此之外，在《中国财经 60 分》节目中，不定期报道北京经济发展成就。

教育广播为纪念周恩来总理为北京电台外语讲座批示 30 周年，与市委宣传部、市民讲外语组委会、首都文明办、奥组委宣传部共同举办《想起当年学外语》广播征文活动。7 月 18 日，在周总理为北京电台外语讲座批示 30 周年之际，在人民大会堂举行座谈会暨“想起当年学外语”征文颁奖仪式。通过这一活动，来推动市民学外语，为迎接“十六大”添喜气。

党的“十六大”召开后，教育广播拟与中央政策研究室、中宣部、中央党校、中央人民广播电台联合制作推出大型系列节目，对“十六大报告”进行权威、系统的阐发。

交通广播拟从 8 月份开始推出新栏目，名称为《我们走在大路上》。这个专栏报道“十五大”以来全国交通事业的发展以及展望，重点报道北京市的交通发展以及展望。另一项计划是报道北京市相关的交通行业党的建设，突出强调党的建设对交通事业发展的促进作用。

体育广播结合体育宣传的特点，拟在《体育新闻》节目中，增设系列专题报道《国富民强　中国体育硕果累累》。这个专题报道“十五大”以来的中国体育所取得的成就。在早间的《927 体育世界》节目中，从 5 月份开设了系列报道《润物细无声——介绍工作在北京体育战线上的优秀共产党员》。

成就报道专题《新世纪　新机遇》，介绍近年来中国体育工作的改革和发展，关注中国体育迈向 2008 的脚步。

针对赛场看台上的不文明现象，每周推出讨论性专题《拒绝“京骂”从我做起》。

配合中国足球界的反思，推出有一定深度和分量的系列报道《足球如何真正做到“从娃娃抓起”》。

文艺广播制作并播出三部献礼作品《情系 2008》、《红色恋人》、《袁隆平》。《广播剧欣赏》节目，集中播出歌颂党、歌颂祖国改革开放成就的作品。

《小说联播》播出长篇小说《省委书记》。

《闲话京城》、《早安北京》集中宣传首都改革开放以来的伟大成就。

《名歌名曲》集中播放一组歌颂党、歌颂祖国的音乐优秀作品。

《名家名作》集中访谈一批优秀的党员作家和艺术家。

《长安大戏院》播出优秀现代戏作品展播。

《评书联播》精选一部反映现实题材或革命题材的优秀作品。

《空中笑林》播出身边的故事。

音乐广播从 7 月份开始，逐渐增加歌颂中国共产党，歌颂伟大祖国的歌曲、音乐等节目分量，并推出一些歌曲、音乐专题节目，使之烘托“十六大”召开的喜庆气氛。拟举办《最新创作您喜爱的歌》，推出几首适于在“十六大”期间作为主打的创作型歌曲，既配合了“十六大”召开的宣传，又为 2003 年“五个一工程”歌曲报送打好基础。

（二）宣传报道总结

党的“十六大”是我们党在新世纪召开的第一次代表大会，意义非同寻常。所以，春节一过，我台就把迎接“十六大”的宣传作为头等大事来抓。据不完全统计，到11月17日全台播发有关“十六大”的消息、录音新闻、录音报道、口头报道、录音特写、专题报道、录音访谈、现场直播等报道有1164篇（集、期、套），文艺和音乐广播播出了大量音乐、文艺专题节目。这些报道突出反映了首都北京改革开放和现代化建设伟大成就，社会稳定和党的建设新鲜经验等。我台的“十六大”宣传可以概括为：有力度、有深度、有广度、有热度。具体讲有这样几个主要特点：

1. 周密部署，精心安排。早在今年年初，台里就明确提出，要把迎接“十六大”、宣传“十六大”、贯彻“十六大”精神作为今年宣传工作的主线贯穿全年。第二季度初，在全台编前会上，台里进一步提出要求，要求各专业广播从第二季度开始就要把宣传的重点逐渐转移到迎接“十六大”宣传上来。为把“十六大”宣传工作搞好，台里成立了“十六大宣传工作领导小组”，对迎接“十六大”的具体宣传工作进行了认真的研究。在7月25日的编前会上，台领导传达了中宣部关于“十六大”宣传精神，并就我台的宣传工作做了动员，要求各专业广播要进一步细化“十六大”的宣传报道计划。从七月份开始，各专业广播结合宣传江泽民5·31讲话，在节目中加大了改革开放成果、各方面建设成就、精神文明建设等方面的宣传力度，不断使之升温。为更好的完成宣传报道任务，我台在8月27日至9月12日举办了三期“北京电台迎‘十六大’宣传培训班”，对全台300多名采编播人员进行了培训。在此基础上，各专业广播分别制定了详细的宣传报道计划，并推出了《北京人民广播电台迎接“十六大”》专题报道（这个栏目在七个专业广播中播出，用同一个栏目曲）、《金秋时节逛北京》专栏、《中国共产党第十六次全国代表大会专题报道》、《“十六大”代表的心声》专栏等16个挂牌节目。

对党的会议的宣传动作这么早，专题开这么多，投入人力物力这么大，在我台的历史上还是第一次。按照中宣部和市委宣传部的统一部署，到9月初，一切宣传报道工作准备就绪，从9月15日开始，七个专业广播的宣传全面正式启动。

为把迎接“十六大”的报道做充分，从9月23日开始，台里决定把《北京新闻》节目时间延长两分钟，从11月1日起又延长五分钟，从11月8日起再延长五分钟，到“十六大”闭幕。

2. 高举旗帜，唱响“三颂”。在迎接“十六大”的成就报道中，所开专题都以“三个代表”重要思想为指导，以唱响祖国颂、社会主义颂、改革开放颂为主旋律。如《金秋时节逛北京》、《我们走在大路上》、《北京——走向现代化国际大都市》等，从不同的角度，不同的侧面，反映了首都的大变化，人民生活大提高，生产大发展，用事实注解了“三个代表”的英明论断。从播出的选题看，也体现了这一宣传思想，部分播出的节目如下：①跨越新世纪；②京郊农村城市化；③清河污水厂见闻；④高标准规划城市；⑤北京人喜迁新居；⑥广安大街改造；⑦望京高教住宅楼中的笑声；⑧四环路的故事；⑨城市路网加密初见成效；⑩现场直播：五环路部分开通；⑪走向现代化国际大都市——访市建委领导和清华大学专家；⑫北京的天更蓝了；⑬行走在环二环的绿色中；⑭绿化北京防沙治沙；⑮改革开放的中国体育成就辉煌；⑯古老又年轻的明城墙；⑰北京推进全民健身成绩喜人；⑱小区全民健身设施巡礼；⑲南城改造见闻；⑳玉蜓桥美丽的翅膀；㉑现场直播：城市铁路西线开通；㉒玉泉绿色；㉓植物园中的园林；㉔奥体公园新景；㉕北京的畅通工程；㉖高科技管理在出租行业的应用；㉗入世航船终抵彼岸；㉘党建八十年专题；㉙城市公厕改造；㉚德外大街新貌；㉛党建工作回眸；㉜菖蒲河公园再现京城；㉝介绍歌唱祖国；㉞省委书记；㉟展播歌颂党、歌颂祖国歌曲；㊱迎接“十六大”最新创作歌曲；㊲现场直播“十六大”开幕式；㊳现场直播新一届中央政治局常委与中外记者见面。

3. 浓墨重彩，营造氛围。《金秋的收获——首都城市建设巡礼》专栏，以每天一集的容量播出，共播出了51篇。为体现广播特色，要求记者如没有特殊情况一律发录音报道，并规定记者必须保证报道长度。在迎接“十六大”专栏较多的情况下，《北京新闻》节目中迎接“十六大”最主要的栏目之一《世纪跨越1997-2002——北京纪事》，以平民视角，从百姓关心的身边事说起，让北京的建设成就看得见、摸得着，百姓置身其中。为此，要求记者必须现场采录，不能打个电话就发稿，要让百姓开口说话，记者用眼睛来描述；对于重要的选题，组织集束式报道，如9月27、28、29日，我台连续三天组织记者就不同选题分赴京城东西南北现场采访，发回口头报道，由编辑组合后播发。29日早晨播发的北京夜景一组报道，极其生动，记者对北京夜景的描述使听众如临其境，增添了对北京的又一份挚爱。如11月8日，台里派出多路记者，深入到各个行业采访人们收听收看“十六大”开幕式盛况的反映，以现场录音的形式作报道。

为使报道增加深度和力度，对于城市建设项目中的经典之作，如菖蒲河公园、明城墙、城铁西线报道，在《北京新闻》节目中播发录音新闻的前一天，先在早间《新闻大视野》节目中预发具有一定深度和长度的专题报道，为听众详细解读它们的风采和底蕴，这样，当第二天动态报道播发时，听众对报道的内涵会有更深的理解。28日上午，城铁西线举行通车仪式，新闻广播和交通广播联合进行了现场直播，新闻广播当天和第二天的各档新闻节目都以最快的速度给予了报道。新闻广播午间的《新闻追踪》节目、晚间的《新闻2002》节目都以连续几集的力度对上述三项工程给予报道。加上每天正点滚动播出的《新闻时间》节目，对北京建设成就的宣传形成了三点一线不间断的报道态势。9月26日，北京市委书记贾庆林考察南馆公园和民安小区，考察中作出了要重点宣传的指示。采访部闻讯后立即派记者深入采访，27日的《北京新闻》节目播发了录音报道并配发言论。加上其他重点报道和倡议全民清洁北京的短评较为得力，27日的《北京新闻》节目受到市委宣传部领导的表扬和听众的称赞。

4. 发挥特色，形成合力。迎接“十六大”的宣传任务重，时间长，为此，电台“十六大宣传工作领导小组”提出，对迎接“十六大”的宣传全台是一盘棋，统一部署、统一要求、统一指挥，形成合力。不能7个专业广播各唱各的调，但各专业广播还要根据自己的特点报道内容有所侧重，这就是既有统一又有分工。根据这个原则，截止到11月17日：

新闻广播播出各类稿件776篇，推出的主要专题有“北京人民广播电台迎接‘十六大’专题报道”栏目，这个栏目以新闻、特写、专稿、言论等形式报道各行各业以优异成绩迎接“十六大”的召开的情况。大型系列报道《世纪跨越1997—2002——北京纪事》，其形式为以点带面，其特色为历史与现实相交融、微观与宏观相结合，其指针为邓小平理论和“三个代表”重要思想在实践中的具体体现。大型系列广播特写《变迁——20个中国家庭的12年》，它以写实手法、以家庭为单位记述普通中国人近12年间在大时代背景下走过的心路历程，展现改革开放、社会进步给国人带来的思想和物质上的影响；从细微处让人们看到，只要坚持用“三个代表”重要思想指导实践，社会就会充满活力。这个大型系列广播特写播出以后，受到了中宣部新闻阅评员的称赞。《金秋的收获——首都城市建设巡礼》，重点报道首都“十六大”前完工的十类24项重大工程情况。从11月9日特别开设《中国共产党第十六次全国代表大会专题报道》专栏，全方位报道“十六大”盛况，各类报道在100篇以上。从11月16日开始，在《北京新闻》节目开辟了贯彻落实“十六大”精神的专栏：《在“十六大”精神指引下》，每天播出贯彻“十六大”精神的稿件。

经济广播播出各类稿件114篇，《经济论坛》专题节目以建设新北京，办好新奥运的机遇与发展为主题，为迎接“十六大”营造良好的舆论氛围。此外，在《中国财经60分》和《全国旅游广播网》节目中，播出了《庆祝“十六大”胜利召开特别节目》和《红色之旅特别节目》。

教育广播播出各类稿件108集，推出了二十集大型系列理论专题《只要主义真——献给党第十六次代表大会》，此报道以翔实的史料，形象生动地告诉人们，为什么中国共产党成立后短短28年时间一个崭新的中国屹立在世界的东方。继教育广播之后，其他几个专业广播也相继播出了此报道。在《新知网站》节目中开辟专栏《北京速度》，讲述北京的发展变化，一共60集。在《前沿话题》节目中推出系列专题《市民生活与道德文明》，广泛论述了公民道德各个方面。在《时代论坛》中开辟专题访谈《北京——走向现代化的国际大都市》。12月初推出学习“十六大”报告大型系列专题节目《为了新世纪的梦想》，全面阐述报告的精神实质和报告中新思想、新论断的形成过程、现实背景和理论依据。

交通广播播出各类报道101期，推出了《我们走在大路上》专题报道，此项专题报道涉及北京城市规划、北京道路建设、北京车辆发展、北京交通管理、北京铁路建设、北京机场建设、相关各系统党的建设、优秀党组织和优秀党员介绍等内容，共16期。在《今夜星空》中播出优秀党员访问20期。在《1039茶馆》中播出党员车队等访谈25期。在《旅游快车》中播出红色旅游系列节目10期。在《的士空间》中播出出租车司机中的优秀党员10期。在《法制平台》中播出法律界优秀党员介绍10期。

体育广播播出各类报道65期，推出了系列专题报道《国富民强 中国体育硕果累累》，报道了“十五大”以来的中国体育所取得的成就。《润物细无声——介绍工作在北京体育战线上的优秀共产党员》；《新世纪新机遇》，介绍近年来中国体育工作的改革和发展，关注中国体育迈向2008的脚步；系列报道《北京市全民健身活动》。

文艺广播推出《喜迎“十六大”优秀文艺作品展播》专题，制作并播出三部献礼作品《情系2008》、《红色恋人》、《袁隆平》。《广播剧欣赏》节目集中播出歌颂党、歌颂祖国改革开放成就的作品。《小说联播》播出长篇《省委书记》。《闲话京城》、《早安北京》集中宣传首都改革开放以来的伟大成就。《名歌名曲》节目集中播放一组歌颂党、歌颂祖国的音乐优秀作品。《名家名作》集中访谈一批优秀的党员作家和艺术家。《长安大戏院》播出优秀现代戏作品展播。《评书联播》精选一部反映现实题材或革命题材的优秀作品。《空中笑林》播出身边的故事。

音乐广播从7月份开始，逐渐增加歌颂中国共产党、歌颂伟大祖国的歌曲、音乐等节目分量，并推出一些歌曲、音乐专题节目，使之烘托“十六大”召开的喜庆气氛。举办了《最新创作您喜爱的歌》节目，推出几首适于在“十六大”期间作为主打的创作型歌曲。“十六大”前夕迎来了第五届北京国际音乐节，配合“十六大”发的录音报道就达70篇。开展了《红色之旅》采风活动，从延安、枣园、中共一大会址等地发回一批采访报道。

国际部播出中、英文报道281篇，其中在《综合新闻》节目中有关“十六大”的消息及开幕前的成就性报道共150条。《今日北京》专题性节目，把《变迁》及明长城遗址公园、菖蒲河公园、城铁开通等，提供给澳大利亚澳洲广播电台、澳大利亚3CW中文电台、澳大利亚SBS电台、美国纽约中国广播网、新西兰中文电台。英文专题播发了5篇。

另外，台里建立了一个“十六大”专题报道节目库，七个专业广播都要从节目库中调节目，挂出统一的栏目《北京人民广播电台迎接“十六大”专题报道》，这样，一个好的节目可在电台至少播出七次。到11月12日节目库中已有81个报道，在全台播出了567次。

（三）市委宣传部新闻阅评组对大型系列广播特写《变迁》的评价

为做好迎接党的“十六大”宣传报道，北京新闻广播推出了大型系列广播特写《变迁》。节目播出之后，受到了各方面的好评。市委宣传部新闻阅评组的同志在第71期《新闻阅评情况》上给予这个节目很高的评价。现将全文转载如下：

贴近生活、贴近百姓的《变迁》

北京电台新闻广播从10月14日开始，推出了20集大型系列广播特写《变迁——20个中国家庭的12年》，以独特的广播视角，从不同侧面记述了改革开放给人们精神和物质带来的巨大变化，有力地配合了迎接“十六大”的宣传。

这组系列报道打破北京地域界限，在兄弟省市电台的支持合作下，从首都北京到古都西安，从喧闹的大上海到三峡库区，从东北长白山到西南纳西山寨，从沿海经济特区到黄土高原，从内蒙古高原到江南水乡，到处留下了北京电台记者的足迹，他们深入到一个个普通百姓家庭，捕捉时代脉搏，折射社会变革，视角十分宽阔，具有很强的感染力和说服力。

《变迁》由于运用了写实手法，加之题材广泛，因此生活气息浓郁。北京胡同游的三轮车工人之家、上海股民之家、湖南农民钢琴调律师之家以及内蒙古马文哲“四世同堂”周末大聚会，都是中国普通百姓生活的缩影。长白山下扎根林场的“傻牛”郭德佩，在荒漠中播种绿洲的戴老汉，是勤劳朴实中国农民的代表；天津北塘村的“刘老根”，是渔村改革致富的领头人；浙江茶乡梅家坞老徐盖房的故事，安徽农民李云一家悲欢离合的故事，三峡库区移民“山不转水转”的故事，都给人留下了难忘的印象，连接起来真宛如一幅新时代的《清明上河图》。

广播特写是最具有广播特色的报道形式之一，《变迁》突出了广播特色，语言和音乐音响浑然一体，丰富流畅、有声有色。《跳动的旋律》采访的是浏阳河畔农民钢琴调律师之家，节目中三次出现《浏阳河》乐曲声，从而形成主题音乐，但三次不显雷同，分别用合声、独唱和钢琴曲，颇具匠心。《不愿走出记忆的泥人》开始配乐用的是秦腔，一下子将人们的思绪带到了陕西，秦腔之后紧接现代音乐，在听觉上形成了传统与现代的强烈反差，这与开始语“新旧并存与更迭是西安特色”的主题相映生辉，构思颇显巧妙。在《变迁》中，百姓家庭的锅碗瓢盆声、城市的车水马龙声、乡村的鸡鸣狗叫声、草原的马蹄声……使人如临其境。

北京电台在迎接“十六大”的宣传中，推出这样的精品力作值得肯定。

（四）听众反映

10月份听众反映综述

1. 为迎接中国共产党第十六次代表大会的召开，本台新闻广播从7月15日起推出了《世纪跨越1997—2002——北京纪事》。这组报道一经播出，就引起听众的广泛关注，在陆续收到的反馈中，听众集中表达了两方面的感受：一是该报道用简洁和生动的语言及翔实的内容，深刻反映出党的“十五大”以来北京的飞速发展与建设成就。听众反映“虽然每次节目只有几分钟，但内容很精练，并且都用事实说话、佐证”。“该节目中许多内容深刻具体，对比鲜明，给听众留下深刻的印象”。每个专题都有非常感人的故事，每个专题都体现着党对人民衣食住行等切身利益的关心，每个专题都反映出各条战线上的工作人员艰苦奋斗的形象，每个专题都强烈地反映出广大人民群众对改革开放首都建设成果的肯定。二是该节目唱响主旋律，起到了引导、激励和鼓舞人民群众以实际行动满怀信心迎接党的“十六大”胜利召开。“……节目从方方面面用大量的事实反映了北京的飞速发展，歌颂了党的‘十五大’的正确路线，给听众耳目一新的感觉。”同时，听众还表示，认真回顾“十五大”以来北京的建设成果，可以更加深刻地认识“十五大”召开的深远意义，坚定对北京市未来发展的信心。因此听众说《北京纪事》的播出“……也是鼓干劲、增信心、强团结，共迎‘十六大’的进军号角”。

2. 在党的“十六大”即将召开的前夕，新闻广播踏访了16个省区市的20户典型家庭，制作出大型系列广播特写《变迁——20个中国家庭的12年》。该节目10月10日开始陆续播出，不断收到听众的反馈。不论是连续收听还是偶尔收听到这组节目的听众，都对这组节目给予了一致的肯定。认为这组节目的一个特点是策划巧妙，内容贴近百姓。节目选材于20个生活在不同地域、有着不同经历的普通中国百姓家庭，非常具有代表性。而每个家庭的故事都很完整，也具有可听性。“……他们的生活和思想的变化，从某个角度反映出改革开放特别是九十年代以来伟大祖国发展变化的历程。这些鲜活的家庭故事使听众感同身受……”。第二个特点是制作精良，发挥广播特色。听众认为该节目文字简练，解说口语化，现场的录音及背景音乐等清晰、丰富，为节目增了色。其中《廖家轶事》、《孩子、日记、家》、《回家看看》、《跳动的音符》等一些节目“音响丰富，衔接流畅，烘托了气氛，增强了感染力。其中该专题的首播《将三轮车蹬到底》最为突出，使人深刻地感到不同地域的文化、风土人情和地方色彩……”。听众还对节目的制作技术和水平给予充分的肯定。听众在盛赞《变迁》之余也为北京的典型家庭太少而感到遗憾。

此外，各专业广播根据自己的专业特点，全力配合“十六大”的召开相继开办专栏、专题。文艺广播《闲话京城》节目开办的“中国共产党在北京”节目，每天一辑，系统介绍了中国共产党在北京发展壮大的历史，也得到听众的充分肯定。

11月份听众反映综述

1.“十六大”转播清晰准时安全无误。

有听众反映，11月8日“十六大”开幕时他们是听着本台的广播收看电视转播的；还有的听众说是在路上收听本台的转播。他们总体认为本台转播声音清晰，效果不错，没有出现问题。

2. 全面报道“十六大”重点追踪“北京团”。

本台在全面报道“十六大”的基础上重点追踪了北京代表团的讨论发言，使北京的听众感到亲切。听众说“其中，采访李素丽、仉振亮和燕化等单位的代表，特别是他们谈到对未来的看法、对2008年奥运会的表述、对全面建设小康社会的想法，与‘十六大’报告紧密结合，非常鼓舞人心”。

3. 报道形成网络声势大。

听众认为，本台在“十六大”开幕之前和开幕之后的报道，整体上严谨、统一、和谐，特别是本台采写的一些社会新闻，较好地配合了“十六大”的宣传。除新闻广播重点报道，其他专业广播的许多节目也从各自专业特点上给予配合，使“十六大”报道形成网络，声势大。

歌颂“十五大”迎接“十六大”的好节目

——收听《世纪跨越1997到2002——北京纪事》

俞洪生

在举国上下以实际行动迎接党的“十六大”的日子里，北京电台新闻广播于9月15日推出了《世纪跨越1997到2002——北京纪事》专题节目，节目歌颂了党的“十五大”以来北京发生的巨大变化，使听众对今年秋季召开的“十六大”充满信心、备受鼓舞。

到目前为止，我收听“北京纪事”已有十几次，虽然每次节目只有几分钟，但很精炼，并且全都用事实说话、佐证。从北京人生活的变化到北京高科技；从山区水利富民政策的实施到北京向现代化目标迈进；从市政府抓菜篮子米袋子到低收入家庭生活有保障等，有关市民、市政发展变化的方方面面都在节目中集中再现了。通过节目听众重温了这些目睹了千百遍的事实，看到党的“十五大”以后，各项政策更加宽松、政府服务更加到位、市民观念紧随市场给北京市各方面都带来了巨大变化，北京人生活变富了，北京的个子变高了，北京的环境变美了，北京与国际大都市靠的越来越近了。听节目、品自家变化、看周围环境，使听众备受鼓舞，北京人彻底告别了商品短缺，向选择性高档次前进，这都是市政府认真落实“十五大”精神，每年根据北京实情找出几十件实事一件一件落实的成果。通过这些鼓舞人心的报道，我们对北京市的前景更加充满信心。

振奋人心鼓舞士气迎接“十六大”

——赞大型系列报道《世纪跨越·北京纪事》

韩梦麟

新闻广播自9月15日推出了《世纪跨越1997到2002——北京纪事》。节目振奋人心，鼓舞士气，催人奋进。

系列报道以专题形式做到了覆盖面广、内容丰富、对比鲜明、深刻具体，截止到9月底已播出了《危改区居民喜迁新居》、《城市水系为京城添美景》、《新增公交线路方便市民出行》、《走出紫禁城旧貌换新颜》、《让市民吃上放心菜放心肉》、《北京与西部联手绘彩虹》、《构建首都绿色生态屏障》、《构建北京绿色城墙》、《法律援助扶危济困》、《信息建设使本市基础教育飞速发展》、《城市铁路优化北京交通》、《北京技术开发区成绩瞩目》、《难忘“7·13”回首一年间》等专题报道。每个专题都有非常感人的故事，每个专题都体现着党对人民衣食住行等切身利益的关心，每个专题都反映出各条战线上的干部及工作人员艰苦奋斗的形象，每个专题都强烈的反映出广大人民群众对改革开放首都建设成果的热烈拥护。

危改回迁小区里大爷大妈们那满意、爽朗、幸福的笑声中，充满了对党的感激之情。四环路全线通车、北京城市铁路试运行、北京的路越走越宽广、水系通了、公园多了、人气顺了、干劲足了。

笔者认为这个系列报道唱响了主旋律，起到了引导、激励作用，鼓舞广大人民群众以实际行动奋进，满怀信心地迎接党的“十六大”胜利召开。

由变迁说变化
——评新闻广播《变迁——20个中国家庭的12年》

李泉山

为迎接党的“十六大”胜利召开，北京新闻广播推出大型系列广播特写《变迁——20个中国家庭的12年》。该节目记述了普通中国人从上个世纪90年代以来走过的心路历程，展现了改革开放给国人带来的思想和物质上的影响。细细思考，该节目有以下几个特点：

1. 视角开阔。《变迁》从北京到古都西安，从古都西安到离中朝边境几十公里的长白山脚下……。报道的视角从北京扩展到全国各个省市。这是北京新闻广播第一次如此大规模的跳出报道北京的圈子，显出了北京新闻广播视角的开阔和大气。从策划到主持，从采访到制作，《变迁》都是非常成功的。

2. 以小见大。该节目采访的大都是一些小人物。他们代表着普普通通的人民大众。从记者苏京平的报道《将三轮车蹬到底》，到记者尔康的《不愿走出记忆的泥人》，再到记者李哲勇的《老树和小树》，普普通通的人，普普通通的事。但时代在变，他们的生活也在变，变得越来越好；时代在变，他们的思想和观念也在变，变得与时代同步、合拍。他们的《变迁》，印证着他们热爱生活，热爱祖国，追求崇高的思想。这样的广播特写让人相信、让人有兴趣收听。

3. 合作力度大，意义深远。这次大型系列广播特写《变迁——20个中国家庭的12年》与多家外省市电台进行合作，其力度之大，前所未有。这也是北京新闻广播继《城市联接》之后与其他外省市电台加强合作的又一重要体现。信息共享，横向联系，会对北京电台的发展起着重要的作用。这也会对其他系列广播带来启发。比如:外省市的先进的交通管理经验等等,我们的专业广播能否拿来进行报道,给我们带来启发？总之,真心希望北京新闻广播在立足首都的基础上,辐射全国乃至世界新闻报道的力度大些、再大些。

振奋人心鼓舞士气迎接“十六大”
——“十六大”前夕喜听北京新闻广播

郝宝璋

北京电台新闻广播全力抓好当前宣传

战线上头等大事，为迎接“十六大”营造良好氛围。全台新闻节目紧紧围绕“十六大”高唱共产党好、社会主义好、改革开放好的主旋律，用最生动、最充分的事实说明在党的正确领导下，改革开放以来取得了世人瞩目的辉煌成就。新闻节目有声势、有力度、有特色，充满了生机和活力，出现了从未有过的崭新面貌。

有声势：在《北京新闻》及《新闻2002》、《新闻大视野》、《新闻追踪》、《时代杂志》等一批重点栏目及整点的《新闻时间》中编播了大量的展示伟大成就的系列报道或专题报道，《世纪跨越1997－2002——北京纪事》以全新的纪实的手法全面报道首都五年来各项事业的发展和进步。《今秋的收获，首都城市建设巡礼》突出报道首都城市建设的新景观、新面貌、新成就。《做文明市民·建文明城市专题报道》又展示出首都人民贯彻落实公民道德实施纲要，在精神文明建设方面取得的新成就，听了令人振奋。10月26日早在《北京新闻》中编发的评论文章《增强公德意识，做好文明市民》在肯定成绩的同时，指出了当前的一些不文明行为亟待改正。9月20日启动的“中国藏文化汽车万里行”活动为新闻节目增添色彩，每天新闻节目中都能听到特派记者苏京平发来的新消息。这次有七国外宾参加的万里行活动是对历史最好的见证：藏族是中华民族不可分割的一部分这一无可争辩的事实。《新闻2002》、《新闻大视野》等播报各省市乃至全国经济建设、城市建设伟大成就的同时，抓住百姓最关心的焦点问题，在《时事对白》等节目中反映，这些节目有特色、有深度而且贴近现实，多为独家新闻。

有力度：广播记者、编辑深入一线采访，抓第一手材料。以宣传方工事迹为例：中央电视台20日晚《新闻联播》中播出，中央电台21日早《新闻和报纸摘要》中播出，北京电视台在21日晚《北京新闻》中播出，而北京新闻广播是从20日早《北京新闻》节目连续安排了三天播出，21日还摘播了《北京日报》短评《实践三个代表的表率》，23日、24日又报道了全国各界学习方工召开座谈会的消息。这一典型的宣传不仅走在其他媒体前面，且全面有深度。大型系列广播特写《变迁》展示了中国大地上20个普通家庭发生的巨大变化，从策划采编制作到统筹监制可以讲是我听广播几十年来空前的杰作，这项向“十六大”的献礼工程充分证明电台改革的力度和开拓创新精神。

有特色：把话筒伸向了基层、伸向了最普通的人家，北京新闻广播开辟的“十六大代表的心声”专栏宣传来自北京市基层的“十六大”代表，这些实践“三个代表”的典型人物，事迹生动很有感染力。大型系列广播特写《变迁》通过对最普通百姓家的采访，展现出改革开放以来社会进步和思想物质生活带来的巨大变化，用广播这种特殊的手段表现是其他媒体无法比拟的。这些广播特写真实生动，有血有肉，故事情节浓，现场感强，音响的语言效果以及思想性与艺术性融合都比较好，每听完一集总有一种不愿意结束的感觉。

听迎接“十六大”的新闻节目总的感受是主题鲜明，思想性强，全面贯彻“三个代表”的重要思想，内容精彩内涵深刻，节目形式有创新，有极大的说服力和感染力。

在这种有声有势有力度有特色的形势下，为首都乃至全国营造好迎接“十六大”良好的舆论氛围。希望北京台乘胜前进，及时总结经验。在“十六大”召开之际及召开后宣传贯彻大会精神，要继续发扬成绩，顽强拼搏，把新闻节目的整体水平更上一层楼。

《变迁》是一组精品节目
——听大型系列广播特写《变迁》

俞洪生

听完了20个中国家庭的12年的《变迁》，留下了许多美好的回味，《变迁》是一组精心策划制作的精品节目。

首先是它的完整性。节目头尾制作得很得体，解说注重口语化，注重音色美与和谐，文字简练精美，结尾清楚，采写者、被访者及时间地点连制作录制都交代得非常清楚。第二是音响效果，像《将三轮车蹬到底》、《不愿走出记忆的泥人》、《老徐盖房》、《北塘村的刘老根儿》、《回家看看》、《郭氏父子的绿色接力》、《美丽的草原我的家》等人物语言音响及背景音响清晰，达到了一定水平，烘托气氛突出主题，为节目增辉并具有地方特点，充分展示了不同地区家庭的生活状况。《将三轮车蹬到底》中的魏二哥，《四世同堂的凡人生活》中4个民族组成的马老一家，《移民从这方到那方》中的帅仁坤，岳家三代出8位教师的感人故事等，都从不同侧面不同角度反映了我国改革开放以后，近12年来各地方各民族人民群众思想观念生活水平的新变化，故事给听众以流畅自然的感觉，节目中的串联清新自然不留痕迹，有说服力有感染力。

在党的“十六大”召开前夕，北京台推出这档精品节目，用事实歌颂“十四大”、“十五大”的丰功伟绩，非常是时候，节目不仅反映了北京市的巨大变化，而且反映了全中国的变化。20个家庭，十几个地区，很有代表性，很有说服力，听后令听众久久难忘。节目融和了宣传与艺术，摈弃了干巴巴的说教，入情入理，让听众爱听喜欢听，我评价它为精品节目。

《变迁》的启示

程继忠

北京电台新闻广播为迎接“十六大”而推出的大型系列广播特写《变迁》，从播出第一集开始就以其巨大的感染力紧紧抓住了广大听众的心。每一集都有很强的吸引力，可说好评如潮。全部播完后，听众还觉得意犹未尽，没有听够，纷纷要求重播。这部优秀广播作品的出现和巨大成功不是偶然的。它的经验值得总结，它给人留下的许多启示值得研究。作为北京电台的一个老听众，我愿把我的一些感受和体会归纳起来和大家一起探讨。

第一，在特定时期，围绕特定事件的“重头戏”节目，必须集中优势兵力打歼灭战。不搞则已，搞则必精。“变迁”就是一个好的例证。在这次节目的制作中，新闻广播的领导亲自挂帅，专业人员的精心策划，精兵强将的披挂上阵，后期制作的一丝不苟，每一环节上编录播人员的巨大投入……这些决定性的因素听众在每一集的收听过程中都能鲜明的体会到并留下深刻的印象。这是这套节目成功的关键。

第二，定位准确。《变迁》选定20个家庭12年来的变化来反映时代的变迁，是一个非常正确的决策。节目介绍的家庭都是普普通通的家庭，变化全是实实在在的变化。采访、谈话的内容全都是发生在普通老百姓身边的故事，记者不过做了个如实的记录。听来不仅真实可信，而且生动亲切，真正做到了贴近群众、贴近生活。在普通与平凡的事例中表达丰富的内涵，体现出一定的深度，这是最有说服力的真功夫。做这样的节目是对媒体及其从业人员水平和素质的一种测试，一种考验。新闻广播这次的表现可谓不俗。

第三，高水平的现场采访。这套节目全是记者深入到采访对象的家中的实地访谈，采访水平之高给人以非常突出的印象。采访完全是拉家常式的、聊天式的，极为普通、随便的交谈，记者没有一句俗套的提问，没有任何生硬的“启发”，甚至很少插话。可是谈话极为自然而生动。被访的对象也没有面对记者和话筒难免会有的腼腆或怯场的情形。个个全都是兴致勃勃，侃侃而谈，好像有说不完的话。记者不仅把一件件、一桩桩感人的故事记录了下来，而且把现场的极有感染力的情绪和气氛也如实地记录了下来。无论是对过去艰难岁月的回忆，对创业的坎坷和艰辛的感慨，还是对成功的喜悦，或是对未来的展望和自信，在节目中都原汁原味地传达给了听众。这套节目在播放时对听众产生的感染力和引起的共鸣之强是不多见的。当然，这种效果的根本原因是我们这个时代变迁的深刻性，是反映这种变迁的这些家庭 12 年来的巨大变化的深刻性。但是如果没有记者高水平的采访，这种效果可能就会打一个折扣。所以，这次成功的采访可以说是为类似节目的制作树立了一个样板。

第四，录音质量高。北京电台在类似的现场采访中，录音质量经常是不稳定的，时好时差。有特好的，也有极差的。这次的节目可以说每一集的录音质量都好。听众不懂技术问题，但感觉这不是技术设备的问题，而是人员操作这些设备的业务水平问题。既然平时就有做得好的，这次又是普遍做得好，那么以后在其他节目的制作中也应该都能做好。

第五，后期制作的成功。这套节目的另一个特点是在后期制作上下了功夫，无论在编辑、音响效果及整体合成等方面都达到了精雕细刻的程度。一个广播节目像电影和电视剧那样如此注重后期制作，给了听众一种新鲜感。看来这种后期的功夫起到了提高节目品位的作用，效果很好。这个成功的经验也是值得总结和今后借鉴的。

有条不紊的宣传特色

柴福麟

做事情有条理、有次序称之为“有条不紊”，而北京台在迎接和报道党的“十六大”的工作中便突出了有条不紊的宣传特色。

具有层次感的报道网络。在迎接中国共产党第十六次全国代表大会的报道中，北京台通过《北京新闻》、《新闻大视野》、《时代杂志》、《新闻追踪》节目形成宣传合力，这里既有对中国共产党党史的回首，又有对不同历史时期中国共产党人的歌颂。不仅有理论的阐释，更有人物事件的典型报道。在报道的表现形式上也是百花齐放，使新闻人的视点与听众的视点紧密结合。具有鲜活性、可听性和良好的层次感。

宣传的兼顾工作做得好。在 8 日“十六大”的报道工作上，北京台能兼顾大会开幕与日常广播的工作，整体上严谨、统一、和谐。特别是能及时采播社会新闻，采访李素丽及其“热线”的社会效果好、精彩，具有可听性，反映了出席党代会代表的责任和群众的期盼。

北京台充分发挥了地域优势，播出了不少独家报道内容，其中《北京新闻》、《新闻时间》反馈听众对党代会的心声的报道快捷。特办的《中国共产党第 16 次全国代表大会专题报道》记录会议进程，宣传大会思想，展示代表风采，内容快捷，详略得当，突出重点，听后一目了然。北京台驻大会记者发出的报道迅速，介绍北京代表团讨论大会议程的情况，突出了侧记的特点，不拖泥带水。记者深入党政机关、学校、社区、窗口行业，报道首都人民对“十六大”的关注与支持的内容，具有时效性、代表性。

有条不紊的宣传特色说明北京台对“十六大”的宣传工作安排得具体，将宣传目的、手段、措施相结合，追求宣传效果，使人很满意。

当然，北京台的宣传工作也存在薄弱环节，比如深入基层的采访内容过于追求表态式、期望式，缺乏新意，有失特点，应当结合现实问题进行探索。倘若能同步推出“新闻词汇释意”、“探索小康社会的内涵”、“如何缩小生活差距”、“弱势群体怎么达到小康标准”等等，可能会更有新意，效果会更好。

高度的敬业心，强烈的责任感
——北京电台“十六大”报道收听印象

万汇舟

“十六大”已胜利闭幕，北京电台在这段日子里为“十六大”、为广大听众奉上的一个个精彩节目和深入、多层面的报道，使我又一次深刻地体会到，在我们党和国家的每一重大历史时刻，北京电台总是会用她那七彩的电波，做出快捷到位的反应，不愧是党的喉舌、人民的电台，表现出了高度的敬业心、强烈的责任感，这又一次证明，北京电台是一个政治上可靠，业务上过硬的坚强集体。

北京电台各专业广播在“十六大”开幕前和进行中开办了许多“十六大”特别节目，如新闻广播《北京新闻》节目的“实践三个代表—迎接‘十六大’”特别节目，系列专题报道《世纪跨越 1997－2002——北京纪事》；文艺广播《闲话京城》节目的“中国共产党在北京的历史”，《长安大戏院》节目的“喜迎十六大优秀文艺作品点播”；音乐广播《每周一歌》节目“庆祝‘十六大’召开”特别节目；体育广播的“活跃在体育战线的共产党员们”栏目及“中国体育开放成就”系列节目等，不胜枚举。各专业广播的各个节目结合各自的内容和特点，用不同的形式和内容从不同的角度推出的“‘十六大’特别节目”，不仅营造出了祥和喜庆的气氛，还使听众多侧面全方位地了解了中国共产党的光辉历程和伟大的功绩。这些特别节目并非是简单地冠以“迎接”或“庆祝”之名，而是精心编排制作，投入了相当大的人力物力和心血。这当中，最具代表性的当属新闻广播推出的大型系列广播特写《变迁——20 个中国家庭的 12 年》。北京电台开广播节目之先河，与其他地方台联手制作精品节目，电台记者的足迹遍及全国各地，用生活在不同地域的 20 个普通百姓家庭改革开放过程中近 12 年来的变化，印证了没有中国共产党就没有改革开放的好政策，就没有这些普通家庭今天安居乐业的幸福生活的事实，小中见大，生活气息浓郁，有血有肉有声有色，回味绵长。音乐广播组织的“重走红军路——红色之旅采风团”，到江西、延安等革命老区的采风活动，为宣传“十六大”，理解“十六大”，贯彻“十六大”做出了积极的探索、努力和贡献。此外，新闻广播还肩负着“十六大”的采访报道工作，《新闻追踪》也编播了许多这方面的节目。如 11 月 8 日“十六大”开幕当天，该节目播出的范晓茜对廉租房住户的采访等内容，都是紧紧围绕歌颂党、喜迎“十六大”这个主题，其重视程度可见一斑。

回眸收听“十六大”召开前和会议期

间这段日子北京电台的节目，作为当前宣传工作中的重中之重，北京电台做了大量的工作和报道，鉴于节目众多美不胜收，有许多精彩的节目我没有收听到，听过的节目有的也未能细细品味咀嚼。这些遗憾有的可能会在重播中弥补，有的可能已无法补救，殊为可惜。但我有理由欣慰：只要收听北京电台的节目，就不愁听不到精彩的广播内容。

（五）“十六大”采访随感

朱凌翔

1月8日到14日，我有幸作为北京电台的唯一一名指派记者参加了中国共产党新世纪的第一次历史性盛会——第十六次全国代表大会的采访，短短的8个日日夜夜，无论从思想境界上还是业务能力上都得到了极大的提高和锻炼。

在我们党的历史上，全国性的代表大会允许广大中外记者公开采访报道，这还是第一次，这充分体现了中国的政治体制正在逐步走向民主透明。参加报道的中外记者创纪录地达到了1300多人，媒体竞争也非常激烈。作为地方性媒体，我们主要的关注点是参加“十六大”的北京团。新闻比拼的是智力和体力，但背后也是经济实力的较量。此次采访，总台领导、各相关部门和新闻台领导都给予了大力支持。由于是跑会，我们在离京西宾馆600米左右的地方预先租下了一家宾馆的两个房间作为临时编辑部，安排了两名记者在这里负责整理剪辑音响素材，带去了两台笔记本，有一台更换了一块价值3万多元的声卡，可以作为移动的音频工作站，另一台主要用于文字整理和上网，此外，还有打印机、传真机等必要设备。每天完成制作并审稿后，就将剪辑好的录音新闻直接用电话耦合器通过电话线传回编辑部，这样，顺利的话，当天下午六点就可以安排播出了，省去了路途奔波，节约了宝贵的时间。

我曾经有过两次采访北京市人代会的经历。但采访党的全国代表大会还是第一次，心里多少有些忐忑不安。不过既然上了会，也就没什么可客气的，抓新闻就必须争分夺秒。那几天，我每天一早开车到北京团代表驻地，过完安检就直奔代表们的房间。头一天我就按照北京团工作人员提供的代表名单敲开了四、五个代表的房间，虽然大都是初次见面，但他们大都很热情地接受了我的采访，比如北京京剧院党委副书记、院长王玉珍，几乎不用准备就和我侃侃而谈了近半个小时，谈了对江泽民同志所做的“十六大”报告的理解和京剧的发展创新；77岁的天坛医院名誉院长王忠诚院士，非常配合我的工作，几乎有问必答；而其他一些政府部门领导看得出也都是在会前做了精心准备，说话的逻辑性和语言的准确性都很高，这为我们的后期剪辑节省了大量时间。我想，如今开放的新闻环境和人们的心态，已经使很多人尤其是一些知名人物特别是政府官员对接受媒体采访习以为常并具备了充分经验，这是现代社会公众人物的一种必备素质，这也反映了社会的进步。相反，我在采访一些境外媒体记者时，他们倒是经常搪塞谢绝，看来他们虽然很会挖新闻，但自身的心态也未必比我们更开放。

当然，我们也有一些细微环节需要改进。在人民大会堂采访时，我发现那里已经按照国际惯例为新闻记者采访提供音频信号输出，可是由于缺乏经验，我没有带相应的连线插头，只好还是对着音箱录，而港台和外国记者的背包里则各种口径和型号的插头应有尽有，看来他们的前期准备更加细致。

大会的后几天，媒体记者不允许进入代表驻地，我先是在传达室打电话约几位代表出来接受采访，又通过北京团的工作人员千方百计进入了京西宾馆，采访了一个代表之后，为了怕出去后进不来，中午在走廊沙发上坐了三四个小时，才等到要采访的其他代表回来，再一个一个去敲门。那天一共采访了五个代表，一个科委主任、两个区委书记，可谓收获颇丰。

闭幕的当天，为了追求现场效果，我在人民大会堂的台阶上等了一个多小时，终于采访到了两个北京团代表，其中第二个团市委书记关成华被中外记者围堵了近半个小时，已经被工作人员接到一辆专车上，我还是不死心，又追过去，敲敲车窗，告诉他我是北京的记者，请他务必接受采访，大概他也被我的诚意感动了，所以打开车窗和我聊了起来，这时汽车已经启动，我是举着话筒追出去近100米才录上的。这么大的场面，这么艰难的采访，在我的职业生涯中还是头一回，不过，和上千位同行比，我觉得自己并不落下风。

值得一提的是，参加会议报道采访前，我刚刚参加了一个短期英语培训班，没想到自己口语真的有提高，敢张嘴和外国记者交流了，效果还不错，看来这也是我们记者下一步必备的基本技能。另外，我还看到很多港台媒体都在话筒上装饰一个印有台标的小吉祥物，既漂亮又醒目，试想，如此的重大场合，如此之多的摄像机镜头，对于一家媒体是多么好的免费宣传机会，我想，我们北京电台也需要一个总体的对外形象。

总的感觉，我们还是没有辜负台领导的期望，比较圆满地完成了采访任务，并为今后参加类似的重大采访积累了经验、锻炼了队伍。未来岁月，面对强手如林的媒体竞争，我们要更多地利用重大采访展示自己、宣传自己、壮大自己，否则就会变得目光短浅、意识落后、能力不足，媒体自身日益萎缩。我们要走出去和国外同行多交流、多竞争，而不能仅仅满足于北京电台在北京和国内同行之间的知名度，因为我们自身要发展，我们要吸引国际性的大公司来投广告，自己也要努力在国际上具备一定的知名度甚至影响力。

作为记者，我想今后“采”新闻的机会将越来越少，而“抓”新闻甚至“抢”新闻的场合会越来越多，新闻竞争也是人才竞争，我们要努力提高自己，也希望总台和各专业广播领导更多地给我们学习、交流和实践的机会。

七、节目设置

新闻广播（中波828千赫、调频100.6兆赫）节目时间表

（2002年1月7日起执行）

<table>
<tr><th>时间</th><th>星期一至星期五</th><th>星期六</th><th>星期日</th></tr>
<tr><td>5：30</td><td colspan="3">你早，北京</td></tr>
<tr><td>6：00</td><td colspan="3">今日京郊</td></tr>
<tr><td>6：20</td><td colspan="3">气象服务与广告</td></tr>
<tr><td>6：30</td><td colspan="3">转播中央人民广播电台《新闻和报纸摘要》</td></tr>
<tr><td>7：00</td><td colspan="3">北京新闻（早）</td></tr>
<tr><td>7：25</td><td colspan="3">新闻大视野</td></tr>
<tr><td>7：50</td><td colspan="3">体育大世界</td></tr>
<tr><td>8：00</td><td colspan="3">北京新闻（重播）</td></tr>
<tr><td>8：30</td><td colspan="3">时代杂志</td></tr>
<tr><td>9：00</td><td>新闻时间</td><td>新闻时间</td><td>新闻时间</td></tr>
<tr><td>9：30</td><td>成名金曲</td><td>成名金曲</td><td>成名金曲</td></tr>
<tr><td>10：00</td><td colspan="3">祝您健康</td></tr>
<tr><td>11：00</td><td>新闻时间</td><td colspan="2" rowspan="2">世纪文化潮</td></tr>
<tr><td>11：30</td><td>法制天地</td></tr>
<tr><td>12：00</td><td>新闻时间</td><td>新闻时间</td><td>新闻时间</td></tr>
<tr><td>12：20</td><td colspan="3">新闻追踪</td></tr>
<tr><td>12：45</td><td colspan="3">消费午报</td></tr>
<tr><td>13：00</td><td>新闻时间</td><td>议政论坛</td><td>前沿话题</td></tr>
<tr><td>13：30</td><td colspan="3">作家观察</td></tr>
<tr><td>14：00</td><td colspan="3">走进直播间</td></tr>
<tr><td>15：00</td><td>新闻时间</td><td>广播之友</td><td>七台精彩节目联播</td></tr>
<tr><td>15：30</td><td colspan="3">健康有约</td></tr>
<tr><td>16：00</td><td>新闻时间</td><td>新闻时间</td><td>新闻时间</td></tr>
<tr><td>16：30</td><td colspan="3">健康有约</td></tr>
<tr><td>17：00</td><td>新闻时间</td><td>新闻时间</td><td>新闻时间</td></tr>
<tr><td>17：30</td><td colspan="3">房产天地</td></tr>
<tr><td>18：00</td><td colspan="3">新闻，2002</td></tr>
<tr><td>19：00</td><td colspan="3">转播中央电视台《新闻联播》</td></tr>
<tr><td>19：30</td><td colspan="3">北京报道</td></tr>
<tr><td>20：00</td><td colspan="3">轻松30分</td></tr>
<tr><td>20：30</td><td colspan="3">时代杂志（重播）</td></tr>
<tr><td>21：00</td><td>新闻时间</td><td colspan="2" rowspan="2">娱乐无极限</td></tr>
<tr><td>21：30</td><td>新闻追踪（重播）</td></tr>
<tr><td>22：00</td><td>新闻时间</td><td colspan="2" rowspan="2">人生热线</td></tr>
<tr><td>22：30</td><td>新闻圆桌</td></tr>
<tr><td>23：00</td><td>新闻时间</td><td>新闻时间</td><td>新闻时间</td></tr>
<tr><td>23：20</td><td colspan="3">感受北京（英语）</td></tr>
<tr><td>24：10</td><td colspan="3">播音结束</td></tr>
</table>

经济广播（中波1026千赫、调频107.3兆赫）节目时间表

（2001年12月17日起执行）

<table>
<tr><th>播出时间</th><th>星期一至星期五</th><th>星期六</th><th>星期天</th></tr>
<tr><td>5：30</td><td colspan="3">开始曲　节目预告　快乐早晨　清晨话养生　天气预报</td></tr>
<tr><td>6：30</td><td colspan="3">转播中央人民广播电台《新闻和报纸摘要》</td></tr>
<tr><td>7：00</td><td colspan="3">北京新闻　天气预报</td></tr>
<tr><td>7：20</td><td colspan="3">消费者热线（65159043）</td></tr>
<tr><td>7：40</td><td colspan="3">国际汇市报道（早间版）</td></tr>
<tr><td>8：00</td><td colspan="3">健康与生活</td></tr>
<tr><td>9：00</td><td>整点资讯</td><td colspan="2" rowspan="3">假日健康广场</td></tr>
<tr><td>9：10</td><td>动感时刻</td></tr>
<tr><td>9：30</td><td>证券早报</td></tr>
<tr><td>10：00</td><td>整点资讯　天气预报</td><td rowspan="2">快乐大转盘</td><td rowspan="2">就业大市场</td></tr>
<tr><td>10：10</td><td>快乐大转盘</td></tr>
<tr><td>11：00</td><td>整点资讯　股市热线</td><td rowspan="2">全国旅游广播网</td><td rowspan="2">名人访谈</td></tr>
<tr><td>11：30</td><td>新闻串串烧</td></tr>
<tr><td>12：00</td><td>天气预报　个股点播台</td><td rowspan="2">首都经济论坛</td><td>新闻冲浪
消费者热线特别节目</td></tr>
<tr><td>12：40</td><td>非常约会</td><td></td></tr>
<tr><td>13：00</td><td>整点资讯</td><td colspan="2" rowspan="2">假日健康广场</td></tr>
<tr><td>13：10</td><td>缤纷卡世界　热线直销　中西大药房</td></tr>
<tr><td>14：00</td><td>整点资讯　股市热线</td><td rowspan="2">相约在假日</td><td rowspan="2">广播之友</td></tr>
<tr><td>14：20</td><td>茶余饭后</td></tr>
<tr><td>14：50</td><td>百姓物品交换站</td><td>古今收藏</td><td>七台精彩节目联播</td></tr>
<tr><td>15：00</td><td colspan="3">整点资讯　健康与生活</td></tr>
<tr><td>16：00</td><td colspan="2">整点资讯　股市大家谈</td><td>理财百分百</td></tr>
<tr><td>17：00</td><td colspan="3">我爱我家</td></tr>
<tr><td>17：30</td><td>全国旅游广播网</td><td>动物家园</td><td>消防·财税</td></tr>
<tr><td>18：00</td><td>中国财经60分</td><td>个股点播台</td><td>股友家园</td></tr>
<tr><td>19：00</td><td colspan="3">转播CCTV新闻联播</td></tr>
<tr><td>19：30</td><td colspan="3">天气与收听提示</td></tr>
<tr><td>19：45</td><td colspan="3">重播消费者热线节目</td></tr>
<tr><td>20：00</td><td>重播新闻串串烧节目</td><td rowspan="2">重播首都经济论坛</td><td rowspan="2">空中鹊桥</td></tr>
<tr><td>20：30</td><td>都市财经俱乐部</td></tr>
<tr><td>21：00</td><td colspan="3">整点资讯　康乐点播</td></tr>
<tr><td>22：00</td><td colspan="3">整点资讯　国际汇市报道（晚间版）</td></tr>
<tr><td>22：30</td><td colspan="3">广播书场</td></tr>
<tr><td>23：00</td><td colspan="2">天气预报　幸福夜话</td><td>情缘小栈</td></tr>
<tr><td>24：00</td><td colspan="3">播音结束</td></tr>
</table>

经济广播（中波 1026 千赫、调频 107.3 兆赫）节目时间表

（2002 年 3 月 4 日起执行）

播出时间	星期一至星期五	星期六	星期日	播出时间
05：30	开始曲　节目预告　快乐早晨　清晨话养生　天气预报			05：30
06：30	转播中央人民广播电台《新闻和报纸摘要》			06：30
07：00	北京新闻　天气预报			07：00
07：20	消费者热线（65159043）			07：20
07：40	国际汇市报道（早间版）			07：40
08：00	健康与生活			08：00
09：00	整点资讯			
09：10	动感时刻	假日健康广场		09：10
09：30	证券早报			09：30
10：00	整点资讯　天气预报	快乐大转盘	就业大市场	10：00
10：10	快乐大转盘			10：10
11：00	整点资讯	全国旅游广播网	名人访谈	11：00
11：10	新闻串串烧			11：10
11：40	大智慧实战（股市热线）			11：40
12：00	天气预报　娱乐竞拍	首都经济论坛	新闻冲浪	12：00
12：40	非常约会		消费者热线特别节目	12：40
13：00	整点资讯	假日健康广场		13：00
13：10	缤纷卡世界　热线直销　中西大药房			13：10
14：00	整点资讯　股市热线	相约在假日	广播之友	14：00
14：20	茶余饭后	古今收藏	七台精彩节目联播	14：20
14：50	百姓物品交换站			14：50
15：00	整点资讯　健康与生活			15：00
16：00	整点资讯　股市大家谈		理财百分百	16：00
17：00	整点资讯　我爱我家			17：00
17：30	全国旅游广播网	动物家园	消防·财税	17：30
18：00	中国财经 60 分	个股点播台	股友家园	18：00
19：00	转播 CCTV 新闻联播			19：00
19：30	天气与收听提示			19：30
19：45	重播消费者热线节目			19：45
20：00	重播新闻串串烧节目	重播首都经济论坛	空中鹊桥	20：00
20：30	都市财经俱乐部			20：30
21：00	整点资讯　康乐点播			21：00
22：00	整点资讯　国际汇市报道（晚间版）			22：00
22：30	广播书场			22：30
23：00	天气预报　幸福夜话	情缘小栈		23：00
24：00	播音结束			24：00

经济广播（中波 1026 千赫、调频 107.3 兆赫）节目时间表

（2002 年 5 月 1 日起执行）

<table>
<tr><th>播出时间</th><th>星期一至星期五</th><th>星期六</th><th>星期日</th></tr>
<tr><td>5：30</td><td colspan="3">开始曲　节目预告　快乐早晨　清晨话养生　天气预报</td></tr>
<tr><td>6：30</td><td colspan="3">转播中央人民广播电台《新闻和报纸摘要》</td></tr>
<tr><td>7：00</td><td colspan="3">北京新闻　天气预报</td></tr>
<tr><td>7：20</td><td colspan="3">消费者热线（65159043）</td></tr>
<tr><td>7：40</td><td colspan="3">国际汇市报道（早间版）</td></tr>
<tr><td>8：00</td><td colspan="3">健康与生活</td></tr>
<tr><td>9：00</td><td>整点资讯</td><td colspan="2" rowspan="3">假日健康广场</td></tr>
<tr><td>9：10</td><td>动感时刻</td></tr>
<tr><td>9：30</td><td>证券早报</td></tr>
<tr><td>10：00</td><td>整点资讯　天气预报</td><td rowspan="2">快乐大转盘</td><td rowspan="2">就业大市场</td></tr>
<tr><td>10：10</td><td>快乐大转盘</td></tr>
<tr><td>11：00</td><td>整点资讯　新闻串串烧</td><td rowspan="4">全国旅游广播网
首都经济论坛</td><td rowspan="2">名人访谈
新闻冲浪</td></tr>
<tr><td>11：30</td><td>大智慧实战（股市热线）</td></tr>
<tr><td>12：00</td><td>天气预报　娱乐竞拍</td><td rowspan="2">消费者热线
特别节目</td></tr>
<tr><td>12：40</td><td>非常约会</td></tr>
<tr><td>13：00</td><td>整点资讯</td><td colspan="2" rowspan="2">假日健康广场</td></tr>
<tr><td>13：10</td><td>缤纷卡世界　热线直销　中西大药房</td></tr>
<tr><td>14：00</td><td>整点资讯　股市热线</td><td rowspan="2">相约在假日</td><td rowspan="2">广播之友</td></tr>
<tr><td>14：20</td><td>茶余饭后</td></tr>
<tr><td>14：50</td><td>百姓物品交换站</td><td>古今收藏</td><td>七台精彩节目联播</td></tr>
<tr><td>15：00</td><td colspan="3">整点资讯　健康与生活</td></tr>
<tr><td>16：00</td><td colspan="2">整点资讯　股市大家谈</td><td>理财百分百</td></tr>
<tr><td>17：00</td><td colspan="3">整点资讯　我爱我家</td></tr>
<tr><td>17：30</td><td>全国旅游广播网</td><td>动物家园</td><td>周末话消防</td></tr>
<tr><td>18：00</td><td>中国财经 60 分</td><td>个股点播台</td><td>股友家园</td></tr>
<tr><td>19：00</td><td colspan="3">广播书场</td></tr>
<tr><td>19：30</td><td colspan="3">天气与收听提示</td></tr>
<tr><td>19：45</td><td colspan="3">重播消费者热线节目</td></tr>
<tr><td>20：00</td><td>重播新闻串串烧节目</td><td rowspan="2">重播首都经济论坛</td><td rowspan="2">空中鹊桥</td></tr>
<tr><td>20：30</td><td>我爱我家</td></tr>
<tr><td>21：00</td><td colspan="3">整点资讯　康乐点播</td></tr>
<tr><td></td><td colspan="3">整点资讯　国际汇市报道（晚间版）</td></tr>
<tr><td>22：30</td><td colspan="3">今夜心桥</td></tr>
<tr><td>23：00</td><td>天气预报　幸福夜话</td><td colspan="2" rowspan="2">情缘小栈</td></tr>
<tr><td>24：00</td><td>零点健康之声</td></tr>
<tr><td>1：00</td><td colspan="3">播音结束</td></tr>
</table>

教育广播（中波603千赫、有线调频89.1兆赫）节目时间表

（2002年1月22日起执行）

<table>
<tr><th>时　间</th><th colspan="2">星期一至星期五</th><th colspan="2">星期六至星期日</th></tr>
<tr><td>5：30</td><td>台标乐</td><td colspan="3">英语节目［重播］</td></tr>
<tr><td>5：55</td><td colspan="4">英语·2008</td></tr>
<tr><td>6：00</td><td colspan="4">预告节目</td></tr>
<tr><td>6：05</td><td colspan="4">陪您晨练</td></tr>
<tr><td>6：30</td><td colspan="4">曙光时刻</td></tr>
<tr><td>6：59</td><td colspan="4">天气预报</td></tr>
<tr><td>7：00</td><td colspan="4">北京新闻</td></tr>
<tr><td>7：20</td><td colspan="4">科教新闻</td></tr>
<tr><td>7：30</td><td colspan="3">前沿话题</td><td>时代论坛</td></tr>
<tr><td>7：55</td><td colspan="4">古韵童声</td></tr>
<tr><td>8：00</td><td>求知求学求职快讯</td><td colspan="2">新知网站</td><td>移动通讯站</td></tr>
<tr><td>8：20</td><td colspan="2">可口辣椒</td><td colspan="2" rowspan="5">开心假日直播站</td></tr>
<tr><td>8：25</td><td colspan="2">英语·2008</td></tr>
<tr><td>8：30</td><td colspan="2">书海新航线</td></tr>
<tr><td>9：00</td><td colspan="2">求知求学求职快讯　阳光茶园
“保健茶园”、“家住社区”、“生活提示”、“为您读报”</td></tr>
<tr><td>11：30</td><td colspan="2">午餐时间</td></tr>
<tr><td>12：00</td><td>求知求学求职快讯</td><td colspan="3">求学新干线</td></tr>
<tr><td>13：00</td><td>求知求学求职快讯</td><td colspan="3">书海新航线［重播］</td></tr>
<tr><td>13：30</td><td colspan="4">预告节目</td></tr>
<tr><td>13：35</td><td colspan="3">新知网站［重播］</td><td>移动通讯［重播］</td></tr>
<tr><td>13：50</td><td colspan="4">可口辣椒［重播］</td></tr>
<tr><td>13：55</td><td colspan="4">古韵童声［重播］</td></tr>
<tr><td>14：00</td><td>求知求学求职快讯</td><td>金色筒子河</td><td colspan="2">金色筒子河</td></tr>
<tr><td>15：00</td><td>求知求学求职快讯</td><td>（每周四停机检修）</td><td colspan="2">午后直播站</td></tr>
<tr><td>16：00</td><td>求知求学求职快讯</td><td colspan="3">求学新干线［重播］</td></tr>
<tr><td>17：00</td><td colspan="4">预告节目</td></tr>
<tr><td>17：05</td><td>求知求学求职快讯</td><td>名医有约</td><td colspan="2">百姓与法</td></tr>
<tr><td>18：00</td><td>求知求学求职快讯</td><td>关注考生</td><td>妈咪宝贝热线</td><td>小鬼当家</td></tr>
<tr><td>18：30</td><td colspan="2">前沿话题［重播］</td><td>卡通世界</td><td>男孩　女孩</td></tr>
<tr><td>18：55</td><td colspan="4">英语·2008</td></tr>
<tr><td>19：00</td><td>求知求学求职快讯</td><td colspan="2">英语节目</td><td rowspan="4">周日英语
俱乐部</td></tr>
<tr><td>19：30</td><td colspan="3">预告节目</td></tr>
<tr><td>19：35</td><td colspan="2">古韵童声［重播］</td><td rowspan="2">成长
乐园</td></tr>
<tr><td>19：40</td><td colspan="2">可口辣椒［重播］</td></tr>
<tr><td>19：45</td><td colspan="4">“千禧福彩”现场开奖</td></tr>
<tr><td>20：00</td><td>求知求学求职快讯</td><td>女性时间</td><td colspan="2" rowspan="2">教育
面对面</td></tr>
<tr><td>20：30</td><td></td><td>成长乐园</td></tr>
<tr><td>21：00</td><td>科教快讯</td><td>健康夜话</td><td colspan="2">心理家园</td></tr>
<tr><td>22：00</td><td>求知求学求职快讯</td><td colspan="3">今夜私语时</td></tr>
<tr><td>23：30</td><td colspan="2">都市末班车</td><td>广播之友</td><td>七台精彩联播</td></tr>
<tr><td>24：00</td><td colspan="4">全天播音结束</td></tr>
</table>

教育广播（中波603千赫）节目时间表

自2002年7月22日起执行

<table>
<tr><th>时　间</th><th>星期一至星期五</th><th colspan="2">星期六至星期日</th></tr>
<tr><td>5：30</td><td colspan="3">台标乐　英语快行线</td></tr>
<tr><td>5：45</td><td colspan="3">英语2008</td></tr>
<tr><td>6：00</td><td colspan="3">预告节目</td></tr>
<tr><td>6：05</td><td colspan="3">每日一招说英语</td></tr>
<tr><td>6：30</td><td colspan="3">曙光时刻</td></tr>
<tr><td>6：59</td><td colspan="3">天气预报</td></tr>
<tr><td>7：00</td><td colspan="3">北京新闻</td></tr>
<tr><td>7：20</td><td colspan="3">预告节目</td></tr>
<tr><td>7：30</td><td colspan="2">前沿话题</td><td>时代论坛</td></tr>
<tr><td>7：55</td><td colspan="3">古韵童声</td></tr>
<tr><td>8：00</td><td colspan="2">求知求学求职快讯　新知网站</td><td>移动通讯站</td></tr>
<tr><td>8：20</td><td>英语2008（重播）</td><td colspan="2" rowspan="3">开心假日直播站</td></tr>
<tr><td>8：30</td><td>书海新航线</td></tr>
<tr><td>9：00</td><td>求知求学求职快讯　阳光茶园
“保健茶园”、“社区生活”、“轻松一刻”、“为您读报”</td></tr>
<tr><td>11：30</td><td colspan="3">午餐时间</td></tr>
<tr><td>12：00</td><td colspan="3">求知求学求职快讯　求学新干线</td></tr>
<tr><td>13：00</td><td colspan="3">求知求学求职快讯　“想起当年学外语”征文</td></tr>
<tr><td>13：30</td><td colspan="2">新知网站（重播）</td><td>移动通讯站(重播)</td></tr>
<tr><td>13：45</td><td colspan="3">可口辣椒</td></tr>
<tr><td>13：50</td><td colspan="3">古韵童声（重播）</td></tr>
<tr><td>13：55</td><td colspan="3">英语小精灵</td></tr>
<tr><td>14：00</td><td colspan="3">求知求学求职快讯　英语快行线（重播）</td></tr>
<tr><td>14：20</td><td colspan="3">英语2008（重播）</td></tr>
<tr><td>14：30</td><td>书海新航线（重播）</td><td>前沿话题（重播）</td><td>时代论坛（重播）</td></tr>
<tr><td>15：00</td><td>求知求学求职快讯　金色筒子河</td><td colspan="2">开心假日直播站（下午版）</td></tr>
<tr><td>15：55</td><td colspan="3">英语小精灵（重播）</td></tr>
<tr><td>16：00</td><td colspan="3">求知求学求职快讯　求学新干线（重播）</td></tr>
<tr><td>17：00</td><td colspan="3">预告节目</td></tr>
<tr><td>17：05</td><td>求知求学求职快讯　名医有约</td><td colspan="2">百姓与法</td></tr>
<tr><td>18：00</td><td>求知求学求职快讯　关注考生</td><td>小鬼俱乐部假日版</td><td rowspan="2">男孩　女孩</td></tr>
<tr><td>18：30</td><td>前沿话题（重播）</td><td>伙伴英语</td></tr>
<tr><td>18：55</td><td colspan="3">可口辣椒（重播）</td></tr>
<tr><td>19：00</td><td>求知求学求职快讯　每日一招说英语</td><td>广播之友</td><td>七台精彩联播</td></tr>
<tr><td>19：30</td><td colspan="3">英语小精灵（重播）</td></tr>
<tr><td>19：35</td><td colspan="3">小鬼俱乐部</td></tr>
<tr><td>20：00</td><td>求知求学求职快讯　女性时间</td><td colspan="2" rowspan="2">教育面对面</td></tr>
<tr><td>20：30</td><td>青春特快</td></tr>
<tr><td>21：00</td><td>求知求学求职快讯　健康夜话</td><td colspan="2">心理家园</td></tr>
<tr><td>22：00</td><td colspan="3">今夜私语时</td></tr>
<tr><td>1：00</td><td colspan="3">全天播音结束</td></tr>
</table>

教育广播教学节目（有线调频99.4兆赫）节目时间表

（2002年3月1日起执行）

	星期一	星期二	星期三	星期四	星期五	星期六	星期日
6:00	古代汉语	社会学概论	现代汉语	语言逻辑学	经济应用文	政治经济学	政治经济学*
6:40	古代汉语	社会学概论	现代汉语	语言逻辑学	经济应用文	发展经济学	发展经济学*
7:20	外语300句						
7:30	广播电视日语						
8:00	语文(电中)	辩证唯物主义(电中)	经济法(电中)	审计学(电中)	美学	*中国古代文学(下)	中国革命史*
8:40	语文(电中)	辩证唯物主义(电中)	经济法(电中)	审计学(电中)	美学	*中国古代文学(下)	中国革命史*
9:20	语文(电中)	辩证唯物主义(电中)	经济法(电中)	审计学(电中)	美学	*中国古代文学(下)	中国革命史*
10:00	初学英语入门						
10:30	空中英语教室(中级版)						
11:00	时光之旅						
11:30	广播电视日语						
12:00	广播日语(上、下)						
12:30	初学英语入门						
13:00	时光之旅						
13:30	欢乐美语						
14:00	社会心理学	*社会学概论	非言语交流	语言逻辑学*	社会心理学*	经济应用文*	古代汉语*
14:40	社会心理学	*社会学概论	非言语交流	语言逻辑学*	社会心理学*	经济应用文*	古代汉语*
15:20	老年心理 唐宋诗词	老年心理 唐宋诗词*	老年科学健身	老年心理 唐宋诗词	老年心理 唐宋诗词*	中国古代文学(上)*	中国古代文学(下)*
16:00	欢 乐 美 语				16:00	中国古代文学(上)*	中国古代文学(下)*
16:30	空 中 英 语 教 室(中级版)				16:40	中国古代文学(上)*	中国古代文学(下)*
17:00	初 学 英 语 入 门				17:20		
17:30	广 播 日 语(上、下)						
18:00	语文(电中)*	辩证唯物主义(电中)*	经济法(电中)*	审计学(电中)*	美学*	日语新闻听力	初学英语入门
18:40	语文(电中)*	辩证唯物主义(电中)*	经济法(电中)*	审计学(电中)*	美学*		
19:20	语文(电中)*	辩证唯物主义(电中)*	经济法(电中)*	审计学(电中)*	美学*	现代汉语*	政治经济学*
20:00	中国古代文学上	中国革命史	中国古代文学上*	中国古代文学下	外国文学	现代汉语*	外国文学*
20:40	中国古代文学上	中国革命史	中国古代文学上*	中国古代文学下	外国文学	非言语交流*	外国文学*
21:20	中国古代文学上	中国革命史	中国古代文学上*	中国古代文学下	外国文学	非言语交流*	外国文学*
22:00	广播电视日语						
22:30	欢乐美语						
23:00	时光之旅						
23:30	空中英语教室(中级版)						
23:59 00:41	全天播音结束						

交通广播（调频103.9兆赫、有线调频95.6兆赫）节目时间表

（2002年1月1日起执行）

路况信息	全天整点半点播出，道路高峰时段一刻、三刻加播								
交通天气预报	全天整点播出								
时间　星期	一	二	三	四	五	六	日	信息	星期　时间
00：00	夜间声音杂志								00：00
03：00	的士空间								03：00
03：30	动感音乐								03：30
04：00	欢乐正前方								04：00
04：30	乐海歌潮								04：30
05：00	中国原创音乐天空								05：00
05：30	新歌专卖店								05：30
06：30	转播中央人民广播电台《新闻和报纸摘要》								06：30
07：00	北京新闻								07：00
07：20	晨光快报								07：20
07：30	交通新闻　今日交通(周三交通热线)								07：30
08：30	一路畅通（即时播报路况信息）					心手相连			08：30
09：00						欢乐无限		房产信息	09：00
10：00						汽车影院		旅游信息	10：00
10：30	欢乐正前方								10：30
11：00	的士空间								11：00
11：30	金曲派送					就在MTV			11：30
12：00	长书连播								12：00
12：30	旅游快车								12：30
13：00	1039交通服务热线							旅游信息	13：00
14：00								旅游信息	14：00
15：00	电视剧场								15：00
15：30	曲艺大观园								15：30
16：00	交通新闻　今日交通(周三交通热线)								16：00
17：00	一路畅通（即时播报路况信息）					成名金曲		旅游信息	17：00
18：00						1039精彩回放		房产信息	18：00
19：00	转播《新闻联播》								19：00
19：30	开心驿站								19：30
20：00	长书连播								20：00
20：30	后怀旧时代								20：30
21：00	1039茶馆					国际候车室			21：00
21：30	三味听书斋								21：30
22：00	今夜星空								22：00
22：30	法制平台					精彩节目联播	广播之友		22：30
23：00	午夜里的收音机								23：00

文艺广播（调频 87.6 兆赫、有线调频 93.8 兆赫）节目时间表

（2002 年 1 月 1 日起执行）

<table>
<tr><th></th><th>时间</th><th>星期一</th><th>星期二</th><th>星期三</th><th>星期四</th><th>星期五</th><th>星期六</th><th>星期日</th></tr>
<tr><td rowspan="2">0:00
综合服务信息</td><td>0:00</td><td colspan="7">午夜拍案惊奇</td></tr>
<tr><td>0:30</td><td colspan="5">中外精品文库</td><td colspan="2">周末文萃</td></tr>
<tr><td rowspan="6">《876 整点资讯》
8:00～24:00
每点 2 分钟</td><td>1:00</td><td colspan="7">情感方舟</td></tr>
<tr><td>1:30</td><td colspan="7">节目播音结束</td></tr>
<tr><td>5:55</td><td colspan="7">开始曲、节目预报</td></tr>
<tr><td>6:00</td><td colspan="7">清晨有约</td></tr>
<tr><td>6:30</td><td colspan="7">转播中央人民广播电台《新闻和报纸摘要》、《北京新闻》;《文化早报》</td></tr>
<tr><td>7:30</td><td colspan="7">空中笑林</td></tr>
<tr><td>8:00
科教快讯</td><td>8:00</td><td colspan="7">早安！北京</td></tr>
<tr><td rowspan="2">9:00
体坛快讯</td><td>9:00</td><td colspan="7">评书精品展播</td></tr>
<tr><td>9:30</td><td colspan="7">欢歌笑语</td></tr>
<tr><td rowspan="2">10:00
文娱快讯</td><td>10:00</td><td colspan="5">闲话京城</td><td colspan="2" rowspan="2">△欢歌笑语现场版</td></tr>
<tr><td>10:30</td><td colspan="5">蒙太奇影院</td></tr>
<tr><td>11:00
体坛快讯</td><td>11:00</td><td colspan="7">文艺大点播</td></tr>
<tr><td rowspan="2">12:00
综合服务信息</td><td>12:00</td><td colspan="7">小说连播</td></tr>
<tr><td>12:30</td><td colspan="7">评书连播</td></tr>
<tr><td rowspan="2">13:00
文娱快讯</td><td>13:00</td><td rowspan="4">广播
音乐厅</td><td colspan="6">空中笑林</td></tr>
<tr><td>13:30</td><td colspan="6">韩国新歌推介</td></tr>
<tr><td rowspan="2">14:00
今日影视节目推介</td><td>14:00</td><td>专题文艺</td><td rowspan="2">广播剧
欣赏</td><td colspan="2" rowspan="2">戏剧空间</td><td colspan="2" rowspan="2">蒙太奇影院</td></tr>
<tr><td>14:30</td><td>百年文化名人</td></tr>
<tr><td>15:00
综合服务信息</td><td>15:00</td><td colspan="3">黄金大戏院</td><td>空中曲苑</td><td colspan="2">黄金大戏院</td><td>空中曲苑</td></tr>
<tr><td></td><td>16:30</td><td colspan="5">音乐在线</td><td>国际双行线</td><td rowspan="2">假日综艺</td></tr>
<tr><td rowspan="2">17:00
体坛快讯</td><td>17:00</td><td>中粮娱乐广场</td><td>新民乐</td><td>中粮娱乐广场</td><td>新民乐</td><td>中粮娱乐广场</td><td>百年文化名人</td></tr>
<tr><td>17:30</td><td colspan="7">黎昌唱晚</td></tr>
<tr><td rowspan="2">18:00
文娱快讯</td><td>18:00</td><td colspan="7">欢乐移动</td></tr>
<tr><td>18:30</td><td colspan="7">温馨港湾</td></tr>
<tr><td rowspan="2">19:00
体坛快讯</td><td>19:00</td><td colspan="5">名家名作</td><td colspan="2">中国古典诗词</td></tr>
<tr><td>19:30</td><td colspan="7">评书精品展播</td></tr>
<tr><td rowspan="2">20:00
科教快讯</td><td>20:00</td><td colspan="5">阳光在线</td><td>新曲艺</td><td>新戏曲</td></tr>
<tr><td>20:30</td><td colspan="5">音乐晚餐</td><td colspan="2" rowspan="2">音画时尚</td></tr>
<tr><td rowspan="2">21:00
综合服务信息</td><td>21:00</td><td>梨园金曲</td><td>菊坛新生代</td><td>梨园金曲</td><td>菊坛新生代</td><td>梨园金曲</td></tr>
<tr><td>21:30</td><td colspan="7">小说连播</td></tr>
<tr><td rowspan="2">22:00
文娱快讯</td><td>22:00</td><td colspan="5">名歌名曲</td><td colspan="2">校园在线</td></tr>
<tr><td>22:30</td><td colspan="7">广播剧欣赏</td></tr>
<tr><td rowspan="2">23:00
体坛快讯</td><td>23:00</td><td>广播之友</td><td>经典音乐故事</td><td>专题文艺</td><td>经典音乐故事</td><td>七台精彩联播</td><td colspan="2">老余谈民乐</td></tr>
<tr><td>23:30</td><td colspan="7">评书连播</td></tr>
</table>

文艺广播(调频 87.6 兆赫、有线调频 93.8 兆赫)节目时间表

（2002 年 5 月 1 日起执行）

<table>
<tr><th></th><th>时间</th><th>星期一</th><th>星期二</th><th>星期三</th><th>星期四</th><th>星期五</th><th>星期六</th><th>星期日</th></tr>
<tr><td rowspan="2">0:00
综合服务信息</td><td>0:00</td><td colspan="7">午夜拍案惊奇</td></tr>
<tr><td>0:30</td><td colspan="5">中外精品文库</td><td colspan="2">周末文萃</td></tr>
<tr><td rowspan="6">《876 整点资讯》
8:00～24:00
每点 2 分钟</td><td>1:00</td><td colspan="7">情感方舟</td></tr>
<tr><td>1:30</td><td colspan="7">节目播音结束</td></tr>
<tr><td>5:55</td><td colspan="7">开始曲、节目预报</td></tr>
<tr><td>6:00</td><td colspan="7">健康乐园</td></tr>
<tr><td>6:30</td><td colspan="7">转播中央人民广播电台《新闻和报纸摘要》、《北京新闻》;《文化早报》</td></tr>
<tr><td>7:30</td><td colspan="7">空中笑林</td></tr>
<tr><td>8:00
科教快讯</td><td>8:00</td><td colspan="7">早安！北京</td></tr>
<tr><td rowspan="2">9:00
体坛快讯</td><td>9:00</td><td colspan="7">评书精品展播</td></tr>
<tr><td>9:30</td><td colspan="7">欢歌笑语</td></tr>
<tr><td rowspan="2">10:00
文娱快讯</td><td>10:00</td><td colspan="5">闲话京城</td><td colspan="2" rowspan="2">欢歌笑语现场版</td></tr>
<tr><td>10:30</td><td colspan="5">蒙太奇影院</td></tr>
<tr><td>11:00
体坛快讯</td><td>11:00</td><td colspan="7">文艺大点播</td></tr>
<tr><td rowspan="2">12:00
综合服务信息</td><td>12:00</td><td colspan="7">小说连播</td></tr>
<tr><td>12:30</td><td colspan="7">幸运闯天关</td></tr>
<tr><td rowspan="2">13:00
文娱快讯</td><td>13:00</td><td rowspan="4">广播
音乐厅</td><td colspan="6">评书连播</td></tr>
<tr><td>13:30</td><td colspan="6">韩国新歌推介</td></tr>
<tr><td rowspan="2">14:00
今日影视节目推介</td><td>14:00</td><td>专题文艺</td><td rowspan="2">广播剧
欣赏</td><td colspan="2" rowspan="2">戏剧空间</td><td colspan="2" rowspan="2">蒙太奇影院</td></tr>
<tr><td>14:30</td><td>百年文化名人</td></tr>
<tr><td rowspan="2">15:00
综合服务信息</td><td>15:00</td><td colspan="3">长安大戏院</td><td>空中曲苑</td><td colspan="2">长安大戏院</td><td>空中曲苑</td></tr>
<tr><td>16:30</td><td colspan="5">音乐在线</td><td>新曲艺</td><td rowspan="2">假日综艺</td></tr>
<tr><td rowspan="2">17:00
体坛快讯</td><td>17:00</td><td>中粮娱乐广场</td><td>乡情悠悠</td><td>中粮娱乐广场</td><td>乡情悠悠</td><td>中粮娱乐广场</td><td>乡情悠悠</td></tr>
<tr><td>17:30</td><td colspan="7">黎昌唱晚</td></tr>
<tr><td rowspan="2">18:00
文娱快讯</td><td>18:00</td><td colspan="7">欢乐移动</td></tr>
<tr><td>18:30</td><td colspan="7">温馨港湾</td></tr>
<tr><td rowspan="2">19:00
体坛快讯</td><td>19:00</td><td colspan="5">名家名作</td><td colspan="2">中国古典诗词</td></tr>
<tr><td>19:30</td><td colspan="7">评书精品展播</td></tr>
<tr><td rowspan="2">20:00
科教快讯</td><td>20:00</td><td colspan="7">空中笑林</td></tr>
<tr><td>20:30</td><td colspan="5">音乐晚餐</td><td colspan="2" rowspan="2">音画时尚</td></tr>
<tr><td rowspan="2">21:00
综合服务信息</td><td>21:00</td><td>梨园金曲</td><td>菊坛新生代</td><td>梨园金曲</td><td>新戏曲</td><td>梨园金曲</td></tr>
<tr><td>21:30</td><td colspan="7">小说连播</td></tr>
<tr><td rowspan="2">22:00
文娱快讯</td><td>22:00</td><td colspan="5">名歌名曲</td><td colspan="2">校园在线</td></tr>
<tr><td>22:30</td><td colspan="7">广播剧欣赏</td></tr>
<tr><td rowspan="2">23:00
体坛快讯</td><td>23:00</td><td>广播之友</td><td>经典音乐故事</td><td>新民乐</td><td>经典音乐故事</td><td>七台精彩联播</td><td colspan="2">老余谈民乐</td></tr>
<tr><td>23:30</td><td colspan="7">评书连播</td></tr>
</table>

音乐广播(调频 97.4 兆赫)节目时间表

(2001 年 12 月 31 日起执行)

时间	星期一	星期二	星期三	星期四	星期五	星期六	星期日
00:00	浪漫情歌	人间有爱	浪漫情歌	零点乐话	校园民谣		零点乐话
01:00	网络奇缘					97498	网络奇缘
02:00	特别创意	设备检修	中国优秀歌曲欣赏	香港风景线	歌词纵横谈		来自东京的音乐问候
02:30	星期音乐会		发烧门诊部		97.4 音乐沙乐		97.4 视听室
03:00				中国影视金曲		迷人的歌剧	中国影视金曲
04:00	迷人的歌剧		世界名曲音乐会	人间有爱	世界音乐潮	世界名曲音乐会	通俗音乐会
5:00	民乐逍遥游					七台精彩节目联播	广播之友
05:30	老唱片百年回放					相会 97.4	中国优秀歌曲欣赏
06:00	北京晨曲						
06:30	转播　中央人民广播电台新闻和报纸摘要节目						
07:00	北京新闻　文化早报						
07:30	塞纳河晨曲　——枫丹丽舍						
08:00	中青旅　好歌再现					俄罗斯风情	名曲欣赏
08:30	康辉漫游世界	亚运新新家园——自然之声　故园情怀					
09:00	你好 TAXI					中国影视金曲	相会 97.4
09:30							世界名曲音乐会
10:00	现代音乐时空						
10:30	时代之光名歌金曲					通俗音乐会	明珠市场
11:00	每周一歌　97.4 收听指南					国航音乐礼品卡	周日现场
11:30	老式汽车 蓝田畅想之旅	雪碧　我的选择	老式汽车 蓝田畅想之旅	雪碧　我的选择	老式汽车 蓝田畅想之旅		雪碧　我的选择
12:00	国航音乐礼品卡					雪碧　我的选择	
12:30	恒生电脑——挑战无极限						
13:00	中国歌曲排行榜						中国歌曲排行榜揭晓
13:30	温馨点播					97.4 试听室	
14:00	民乐逍遥游					康辉漫游世界	
14:30	你好 TAXI 娱乐版					香港风景线	发烧门诊部
15:00	俄罗斯风情	97.4 音乐沙龙	相会 97.4	星期音乐会	中国优秀歌曲欣赏		
15:30	中国影视金曲		世界音乐潮		迷人的歌剧	974 音乐沙龙	人间有爱
16:00							
16:30	金富源您喜爱的歌						俄罗斯风情
17:00	北京印象古典也流行						
17:30	好美佳流行也精彩						
18:00	华润置地音乐在线					中国优秀歌曲欣赏	来自东京的音乐问候
18:30	中旅丽音点播						
19:00	世界歌曲排行榜					爵士之旅	
19:30							
20:00	中国歌曲排行榜						
20:30	银海乐波					歌词纵横谈	特别创意
21:00	百事全球华语歌曲排行榜						
21:30	世界名曲音乐会	人间有爱	通俗音乐会	文化热点	浪漫情歌	发烧门诊部	全球华语歌曲排行榜
22:00							
22:30	LISTEN FM						星期音乐会
23:00						校园民谣	
23:30	歌词纵横谈	特别创意	BBC 流行乐坛	名曲欣赏	来自东京的音乐问候		97.4 试听室

注:《97.4 信息网》9:00—23:00 每整点播出一次,全天共 15 次;8:30—22:30 每半点播出一次,全天共 15 次。

音乐广播(调频97.4兆赫)节目时间表

（2002年6月10日起执行）

时间	星期一	星期二	星期三	星期四	星期五	星期六	星期日
00:00	浪漫情歌	人间有爱	浪漫情歌	零点乐话	统一闪亮之星 校园民谣	Dance FM	零点乐话
0:30							
1:00	网络奇缘（星期一至星期五）						网络奇缘
1:30							
2:00	特别创意	设备检修	老式汽车	香港风景线	俄罗斯风情		来自东京的音乐问候
2:30	星期音乐会		发烧门诊部		97.4 音乐沙龙		97.4 视听室
3:00				中国影视金曲		迷人的歌剧	香港风景线
3:30							
4:00	迷人的歌剧		世界名曲音乐会	人间有爱	世界音乐潮	世界名曲音乐会	通俗音乐会
4:30							
5:00	民乐逍遥游（星期一至星期五）					七台精彩节目联播	广播之友
5:30	老唱片百年回收（星期一至星期五）					相会 97.4	特别创意
6:00	北京晨曲（全周）						
6:30	转播中央人民广播电台新闻和报纸摘要节目（全周）						
7:00	北京新闻 文化早报（全周）						
7:30	塞纳河晨曲 ——枫丹音乐在线（全周）						
8:00	中青旅 好歌再现（星期一至星期五）					俄罗斯风情	中粮名曲欣赏
8:30	康辉漫游世界	亚运新新家园——自然之声 故园情怀（星期二至星期日）					
9:00	你好 TAXI（星期一至星期五）					中国影视金曲	相会 97.4
9:30							世界名曲音乐会
10:00	中体倍力现代音乐时空（星期一至星期五）					通俗音乐会	
10:30	北京印象动感时空（星期一至星期五）						明珠市场 周日现场
11:00	每周一歌 97.4 收听指南（星期一至星期五）					音乐礼品卡	
11:30	特别创意	雪碧原创歌曲榜	俄罗斯风情	雪碧原创歌曲榜	相会 97.4	雪碧原创歌曲榜	雪碧原创歌曲榜
12:00	精品音乐礼品卡（星期一至星期五）						音乐礼品卡
12:30	恒生电脑——挑战无极限（全周）						
13:00	中国歌曲排行榜（星期一至星期六）						中国歌曲排行榜揭晓
13:30	大众汽车基金新歌推荐	温馨点播（星期二至星期四）			大众汽车基金新歌推荐	97.4 试听室	
14:00	民乐逍遥游（星期一至星期五）					康辉漫游世界	发烧门诊部
14:30	东方家园——你好 TAXI 娱乐版（星期一至星期五）					香港风景线	
15:00	俄罗斯风情	97.4 音乐沙龙	相会 97.4	星期音乐会	特别创意		
15:30	中国影视金曲		世界音乐潮		迷人的歌剧	97.4 音乐沙龙	人间有爱
16:00							
16:30	金富源您喜爱的歌（星期一至星期五）						俄罗斯风情
17:00	古典也流行（全周）						
17:30	好美家流行也精彩（全周）						
18:00	华润置地音乐在线（星期一至星期五）					丰联明星面对面	来自东京的音乐时间
18:30	中旅丽音点播（全周）						
19:00	世界歌曲排行榜（星期一至星期五）					爵士之旅	怀旧金曲
19:30	青春物语 梦幻星辰——万科生活无限（星期一至星期五）						
20:00	中国歌曲排行榜（全周）						
20:30	银海乐波（星期一至星期五）					老式汽车	老式汽车
21:00	百事全球华语歌曲排行榜（星期一至星期五）					发烧门诊部	星期音乐会
21:30	名歌金曲	人间有爱	爵士之旅	文化热点	浪漫情歌		
22:00							
22:30	统一心情世界（星期一至星期五）						
23:00	LISTEN FM（星期一至星期五）					统一闪亮之星 校园民谣	
23:30	老式汽车	特别创意	BBC 流行乐坛	中粮名曲欣赏	来自东京的音乐问候		97.4 试听室

注:《97.4 信息网》8:30—23:00 每半点、整点各播出 1 次,全天共 30 次。

体育广播（中波 927 千赫、有线调频 92.7 兆赫）节目时间表

（2002 年 1 月 1 日起执行）

时间	整点 10’	星期一至星期五	星期六	星期日
05：55		开始播音		
06：00		阳光　你好		
06：30		转播《新闻和报纸摘要》		
07：00		转播北京新闻		
07：20		导航 927		
07：30		927 体育世界		
08：00		体坛风铃		
08：30		重播 927 体育世界		
09：00		为您健康	为您健康	
09：30		可乐加冰		
10：00	体育新闻	健康绿洲		
11：00	体育新闻	体育商城		
12：00		927 体育世界		
12：30		体育文学		
13：00		为您健康	健身乐园	
13：30		成名金曲		
14：00	体育新闻	运动生活秀		走进社区
14：30		重播可乐加冰		
15：00	体育新闻	健康绿洲		
16：00	体育新闻	体育百科	健康快车	
16：30		运动休闲俱乐部		
17：00	体育新闻	新北京，新奥运，新家园		
18：00	体育新闻	彩票大冲浪		七台联播 广播之友
19：00		CCTV 新闻联播		
19：30		重播体育文学		
20：00	体育新闻	重播体育百科	体育百科周末版	
20：30		体育文萃		
21：00		927 体育世界		
21：30		红丝带信箱		
22：00		体坛夜话		
23：00		真情对话	体育名人访谈录	
24：00		播音结束		

新年新面貌，增加体育广播，增加节目播出时间

进入2002年，七个专业台都以崭新的面貌面对广大听众。新闻广播将一天8次的整点新闻增加到每天10次，播出时间从5分钟延长到20分钟，《新闻时间》、《新闻圆桌》等节目更加突出新闻性特点，新推出的《体育爱好者》有健身健康需求的人群和普通人群都能从中找到自己喜爱的节目。交通广播实现了24小时播出，还增加了高峰时段的路况直播时间，并增加交通服务类节目及对司机的人文关怀的节目。经济广播在继续精办财经节目的同时，推出了《新闻串串烧》等轻松娱乐的节目，使经济广播的整体形象趋向轻松。音乐广播从1月1日起，每天向全国15家音乐电台传送《中国歌曲排行榜》节目。文艺广播加强了主干节目的播出力度，并使栏目设置和听众的收听行为相对应，每天增加一档《评书精品展播》，名牌节目《小说连播》也恢复到中午12：00首播。教育广播以全天整点滚动播出的《求知求学求职》为骨架，重点播出《前沿话题》、《教育面对面》等节目，还为老年人专门开办了《金色筒子河》等栏目，力求做到突出教育特色，强化精品节目播出。

新创办的体育广播于2002年元旦在原生活广播中波927千赫、有线调频92.7兆赫推出，每天播出18个小时。目标定位于服务日益扩大的体育爱好者和有健康健身需求的群体，瞄准方兴未艾的体育产业和2008北京奥运会。在节目的设置上，早、中、晚三大新闻板块《927体育世界》和全天9套整点《体育新闻》是体育广播和新闻平台的信息通道，遇有重大体育事件和重要赛事可以随时直播，充分发挥广播“快”的特点，在第一时间告诉听众正在和刚刚发生的体育新闻，安排了《赛事直播》、《球迷热线》、《体育名人访谈录》、《体坛夜话》、《体育纪实文学》等专栏节目。还设置了与健康、养生有关的《阳光，你好——伴你晨练》、《运动生活秀》、《健康绿洲》、《为您健康》和《红丝带信箱》等节目。

新节目介绍

新闻广播新开办的《新闻圆桌》是新年改版后的一个新节目，是采编结合的新闻访谈节目，与当日整点新闻配套播出，是整点新闻的延长和深入，针对当天或近日的热点新闻作背景分析及评论，发掘新闻背后的故事。包括新闻广播其他新闻节目如《新闻2002》、《新闻追踪》等，形成一个言论“大拼盘”。

播出时间：每天22：30—23：00

经济广播新开办的《新闻串串烧》节目以播发社会新闻和百姓经济新闻为主，通过音乐和歌曲进行有机过渡和串联。通过轻松的“说新闻”的形式，以普通人的角度看经济政策带给生活的变化，突出以小见大的节目宗旨，在“求新不猎奇，幽默不媚俗，评说不刻薄”的原则下，追求形式新颖、信息量大、轻松活泼、风趣敏锐的风格。

播出时间：星期一至星期五11：30—12：00、20：00—20：30

教育广播新开办的《教育面对面》节目，邀请教育界和有关社会人士，通过热线电话对听众普遍关心的社会教育、学校教育和家庭教育问题，与听众进行广泛的

交流和对话。

播出时间:星期六、日 20:05—21:00

教育广播另一个新节目是《求学新干线》。这是一个直接为听众提供求学帮助和介绍办学单位招生情况，包括教育政策咨询、求学求教咨询、购书咨询、中招、高招、成招、自学考试咨询和各类民办招生信息的节目。

播出时间：每天 12：00—13：00

交通广播新开办的《1039 交通服务热线》节目，通过热线咨询、信息发布等方式解答听众在交通方面遇到的问题。下设栏目有“品牌点将台”、“服务在线”、“老郝说法”、“出行百事通”。

播出时间：每天 13：00—15：00

交通广播还从 3 月 1 日起在《一路畅通》节目增设“点播路况”栏目，旨在突出交通广播特色，增强服务性。这一新的路况播报形式使节目增强了互动性。

音乐广播从 5 月 1 日开通两套有线音乐频道，分别是古典音乐频道（有线调频 98.6 兆赫）和欧美流行音乐频道（有线调频 97 兆赫）。这两套有线音乐频道全天 24 小时为广大乐迷播出丰富多彩的音乐节目。随着多年来听众对音乐的喜好和欣赏水准的不断提高，细分受众、开辟专业音乐频道已成为必然趋势。因此，建立专门播放各类古典音乐及高品位通俗音乐的专业音乐广播频道是广播发展的必然选择。这两套有线音乐频道最大的特点是让听众可以最完整地欣赏自己喜爱的音乐，节目中尽量压缩语言的比例，仅仅是对音乐标题的介绍和最简明的提示。在内容方面，古典音乐中各个时期不同风格流派的作品及欧美流行音乐中最有代表性的作品将被一网打尽。古典音乐频道设立《交响空间》、《HI—FI 时间》、《新 CD 橱窗》、《华夏神韵》等栏目，欧美流行音乐频道设立了《黑胶唱片》、《世界音乐》、《另类空间》等栏目。

体育广播重点节目介绍

《927 体育世界》（早间版）：节目方针是集消息、录音报道、评论为一体的新闻性专题，以多种形式对新闻事件、赛事热点和大众关心的体育现象进行深入报道。下设“体坛快讯”、“听众热线”、“赛事点评”等栏目。

播出时间：7：30—7：55；重播 9：00—9：25

《927 体育世界》（午间版）：节目方针是集消息、录音报道、评论为一体的新闻性专题，以多种形式对新闻事件、赛事热点和大众关心的体育现象进行深入报道。下设“体坛快讯”、“专家访谈”、“聚焦竞技场”等栏目。

播出时间：12：00—12：25

《927 体育世界》（晚间版）：节目方针是集消息、录音报道、评论为一体的新闻性专题，以多种形式对新闻事件、赛事热点和大众关心的体育现象进行深入报道。下设“体坛快讯”、“报刊文摘”、“热点追踪”等栏目。

播出时间：21：00—21：30

《体坛夜话》：节目方针是与不同的人士聊不同的话题。体育人士聊体育现象或赛事热点；演艺明星聊健身和体育；球迷热线聊比赛。广开言路，百家争鸣；逸闻趣事，寓教于乐。下设“体坛夜话”（星期一、三、五）、“明星时间”（星期二、四）、“球迷热线”（星期六、日）等栏目。

播出时间：22：00—22：55

《体育百科》：节目方针是面向普通听众介绍体育知识，开阔视野，增进听众对体育知识的认识和了解。下设“体育万花筒”、“体坛趣闻”、“我爱奥运”、“竞技运动场”、“体坛人物”等栏目。

播出时间：星期一至星期五16：10—16：30、重播23：10—23：30；周末版（六、日）23：10—23：30

《体育名人访谈录》：节目方针是谈笑风生体育事，谈出名人真风采。下设“近台直攻”、“非凡禁区”、“自由转体360”，“飞跃五环”等栏目。

播出时间：星期六、日16：00—16：55

《体坛风铃》：节目方针是利用各种媒体整合信息资源，选择轻松易接受的有趣新闻；博览全球体育风情，静观中外体坛风云。下设“笑看风云”、“星光大道”、“新奇运动派”、“铭心一刻”、“我想对你说”等栏目。

播出时间：8：00—8：25；重播19：30—19：55

《真情对话》：节目方针是推广身心健康理念。通过热线、网上、信件等方式了解听众需求，即时给予心理健康辅导和帮助。下设“真情相对”（星期一至星期五），“活力无限”、“真情人物”（星期六、星期日）等栏目。

播出时间：20：10—20：55

《新北京　新奥运　新家园》：内容涵盖衣食住行生活资讯和时尚文化，宣传“人文奥运、绿色奥运、科技奥运”。下设“健康家居”、“美食养生”、“四季穿衣”、“北京奥运专题”等栏目。

播出时间：17：10—17：55

八、评奖

北京人民广播电台
获 2002 年度中国新闻奖名单

时　间	题　目	体　裁	作　者	等　级
2002	白衣天使让海若重现生命光芒	广播消息	白玉	三
2002	守望可可西里	系列报道	李哲勇	三

北京人民广播电台
获 2002 年度中国广播奖（新闻、社教）名单

时　间	题　目	体　裁	作　者	等　级
2002	白衣天使让海若重现生命光芒	长消息	白玉	一
	雅莉的希望	对象性节目	姚博	一
	国内银行首次推出个人委托贷款业务	短消息	李艺龙	二
	守望可可西里	连续（系列）报道	李哲勇	二
	为着新世纪的光荣梦想（与中央人民广播电台合作）	理论节目	纪烈鸿、李玉昆、方明	二
	从存款收费看银行经营理念的差异	专题	蔡明可	三
	《北京新闻》（2002 年 11 月 3 日）	节目编排	景兵、赵继刚	三
	新城铁、新北京、新生活	现场直播	交通广播新闻部	三

北京人民广播电台
获 2002 年度“中国彩虹奖”名单

届　次	题　目	作　者	奖　项	等　级
第六届	变迁	陈雪瑾、苏京平、冯放、郭晋旭	专题节目	一
	前世今生话麋鹿	戴蔚然	栏目	二

北京人民广播电台
获 2002 年度中国广播文艺奖名单

届 次	题 目	体 裁	作 者	等 级
第十届	生命，因音乐而精彩	音乐节目	刘菁	创新奖
	布衣笑使侯宝林	曲艺节目	万海、张宏	二
	从忧患中走来的《首席执行官》	综艺节目	徐北威	二
	明月千古照人寰	文学节目	沈弘、吕鲁波	三

北京人民广播电台
获 2002 年度中国广播剧奖名单

题 目	编 导	等 级
功臣鞋匠（单本剧）	李健等	二
神农袁隆平（连续剧）	李健等	三

北京人民广播电台
获 2002 年度中国国际新闻奖名单

时 间	题 目	体 裁	作 者	等 级
2002 年	中国人民解放军首次参与跨境军事演习	广播新闻	张红力	二

北京人民广播电台
获 2002 年度中国播音与主持作品奖名单

届 次	作 品	播音与主持	奖 项	等 级
第七届	从慧聪的发展看知识经济时代的用人特色	蔡明可	主持作品	一
	让激情再次燃烧	季燕	播音作品	三

北京人民广播电台
获 2002 年度北京新闻奖名单

等　级	题　目	体　裁	作　者
一	白衣天使让海若重现生命光芒	消息	白玉
一	从存款收费看经营理念的差异	专题	蔡明可
一	守望可可西里	连续报道	李哲勇
二	国内首次推出个人委托贷款	短消息	李艺龙
二	金鱼池首批危改居民回迁	消息	陆健
二	本市提前实现今年改善大气环境目标	消息	孟庆煜、杨红
二	从下岗职工到公交生力军	专题	邢立新
三	沙尘暴中的一位北京小伙儿	短消息	刘建旗
三	京骂不是豆汁儿	评论	姚钢
三	北京今天清剿食人鲳	专题	红力
三	11 月 3 日《北京新闻》	新闻编排	景兵、赵继刚

北京人民广播电台
获 2002 年度北京广播奖名单

等　级	题　目	体　裁	作　者
一	国内首次推出个人委托贷款	短消息	李艺龙
一	白衣天使让海若重现生命光芒	消息	白玉
一	从存款收费看经营理念的差异	专题	蔡明可
一	守望可可西里	连续报道	李哲勇
一	11 月 3 日《北京新闻》	新闻编排	景兵、赵继刚
一	为着新世纪的光荣梦想——解读十六大报告专题节目	大型系列节目	纪烈鸿、李玉昆、方明
一	中国加入世贸组织一周年特别节目	特别节目	蔡明可、张晶宇、李艺龙、李志南
一	变迁——20 个中国家庭的 12 年	多集系列节目	新闻广播集体
一	从慧聪的发展看知识经济时代的用人特色	公众性节目	蔡明可
一	生命，因音乐而精彩	音乐专题	刘菁

续表

等 级	题 目	体 裁	作 者
一	埧之韵	音乐专题	于允
一	访歌唱家廖昌永	音乐专题	朱云
一	山外青山楼外楼——《宰相刘罗锅》作曲朱绍玉访谈	戏曲节目	杨雅璐
二	沙尘暴中的一位北京小伙儿	短消息	刘建旗
二	金鱼池首批危改居民回迁	消息	陆健
二	本市提前实现今年改善大气环境目标	消息	孟庆煜、杨红
二	京骂不是豆汁儿	评论	姚钢
二	北京今天清剿食人鲳	专题	红力
二	从下岗职工到公交生力军	专题	邢立新
二	雅莉的希望	对象性节目	姚博
二	田大爷和他的后老伴儿	对象性节目	刘国庆
二	胜利的希望	公众性节目	苏京平
二	人大代表给“败学症”把脉	公众性节目	林俐
二	中国反洗钱面临巨大挑战	公众性节目	李唯唯
二	关于肿瘤的话题	公众性节目	蒋芫苇
三	“法多”——葡萄牙人民“活着的艺术”	音乐专题	吴志飞
三	哈巴涅拉	音乐专题	谷悦
三	从忧患中走出来的“首席执行官”	电影专题节目	徐北威、柳鑫
三	布衣笑使侯宝林	曲艺节目	万海、张宏
三	根本利益	小说连播	郝卫群
三	特级教师孙维刚病逝	消息	张延红
三	追加处罚之后访彼德	消息	李萱、张友信
三	学生给老师打分——北京二中推出教学新举措	专题	陈晖
三	年内不会再降息	专题	张晶宇
三	关注北京社区建设	系列报道	魏尔康、张娜依、冯放、范晓茜、胡银芳、郭晋旭、朱秦、栾玉敏
三	停止减持国有股，市场引发大行情	连续报道	李艺龙、宓鸿、刘冰、蔡明可、李志南、黄彦

续表

等　级	题　目	体　裁	作　者
三	新城铁、新北京、新生活	现场直播	交通广播新闻部
三	纪录片的故事	公众性节目	王世玲、牛力
三	一名财务人员不作假的痛苦抉择	公众性节目	李唯唯
三	红娘刘香	公众性节目	季燕
三	前世今生话麋鹿——郭耕带您探访北京麋鹿苑	公众性节目	戴蔚然
三	一路畅通——雪天特别节目	特别节目	刘思伽、罗兵等
三	美国经济缘何触底	理论节目	李玉昆
三	“标准化”带领桃农走上致富路	对农节目	崔明
三	世界上最疼我的那个人去了	电影专题	张美华、柳鑫
三	功臣鞋匠	广播剧	李健、张艺博等
三	关于节奏	音乐节目	王卓、黄珊
三	明月千古照人寰——纪念李白诞辰1300周年	文学节目	沈弘、吕鲁波
三	油灯灯开花	戏曲故事	陆翱、沈孝昌、周杰
三	我家在中国	广播新歌采录	刘慧

北京广播奖栏目奖

一等奖：《北京新闻》、《新闻2002》、《一路畅通》

二等奖：《今夜私语时》、《消费者热线》、《路况信息》、《首都经济论坛》、《新闻大视野》

三等奖：《交通新闻》、《体育新闻》

北京人民广播电台
第八届（2002年度）主持人节目展播获奖节目名单

最佳奖

1. 新闻台：苏京平《胜利的希望》
2. 经济台：蔡明可《从慧聪公司的发展看知识经济时代的用人特色》
3. 教育台：刘国庆《田大爷和他的后老伴儿》
4. 音乐台：于　允《埙之韵》

5. 交通台：刘思佳《五胞胎顺产之后》

6. 体育台：黄　珊《你是雄鹰，我为伴》

7. 文艺台：雅　璐《山外青山楼外楼——〈宰相刘罗锅〉作曲朱绍玉访谈》

优秀奖

1. 交通台：姚　博《雅莉的希望》

2. 文艺台：晓英主持、张美华编辑《贴近时代　贴近生活　贴近百姓——记北京电视艺术中心成立20周年》

3. 交通台：赵颖、张丽《心，为你而歌——访歌手火风》

4. 音乐台：刘　菁《生命，因音乐而精彩》

5. 交通台：王世玲、牛力《纪录片的故事》

6. 体育台：耿雪梅《为北京奥运进一言——访市政协委员白庚辛》

7. 教育台：李玉昆《美国经济缘何触底》

8. 经济台：成　音《未到场的名人——孙维刚老师》

9. 音乐台：季　燕《自然清纯，天籁之声——介绍藏族女歌手日雍思曼》

北京人民广播电台
第二届（2002年度）名牌栏目评选结果

10个名牌栏目：

新闻广播《北京新闻》、《新闻2002》、《新闻大视野》

经济广播《消费者热线》

交通广播《路况信息》、《一路畅通》

文艺广播《空中笑林》

音乐广播《中国歌曲排行榜》

教育广播《今夜私语时》

体育广播《体育新闻》

20个优秀栏目：

新闻广播《时代杂志》、《人生热线》、《新闻追踪》

经济广播《首都经济论坛》、《股市大家谈》、《名人访谈》

交通广播《交通新闻》、《欢乐正前方》

文艺广播《小说连播》、《评书连播》、《文艺大点播》

音乐广播《全球华语歌曲榜》、《古典也流行》、《星期音乐会》、《银海乐波》

教育广播《前沿话题》

体育广播《927体育世界》、《体坛夜话》

国 际 部《感受北京》

总 编 室《广播之友》

北京人民广播电台 2002 年先进名录

（一）先进个人

全国百佳新闻工作者：2002 年　张娜依

北京市优秀新闻工作者：2001—2002 年度　蔡明可、白玉、李秀磊、王东

（二）先进集体

首都文明单位标兵：2002 年　北京人民广播电台

北京市思想政治工作优秀单位：2002 年 11 月　北京交通台

九、论 文

2002 年本台工作人员在有关报刊上发表论文共 89 篇。其中获本台 2002 年（第七届）优秀论文评选一等奖的 3 篇，二等奖的 5 篇，三等奖的 9 篇；获 2002 年度中国广播电视学会受众研究论文一等奖的 2 篇，二等奖的 1 篇，三等奖的 1 篇；获北京市“宇虹奖”外宣文章二等奖的 1 篇。获奖名单如下：

北京电台 2002 年（第七届）优秀论文评选

一等奖 3 篇：

王　秋、秦晓天、赵　颖《进行质量管理体系认证与国际管理模式接轨》

关晓松《“娱记”：一个特殊称谓的意义》

陈建勋《对当前媒介生态的浅见》

二等奖 5 篇：

亢亚志《浅谈新时期广播电台的宣传管理》

刘思伽《给我一个“场”，我才能让节目继续》

景　兵《主旋律报道更要有精品意识》

谢先进《创建交通广播品牌　交通新闻充当什么角色——兼论专业广播如何做好新闻栏目》

陈雪谨《从“北京申奥成功”谈外宣节目的创作》

三等奖 9 篇：

张秀勤《内部会计控制在事业发展中的积极作用》

周燕玲《新闻编辑责任重于泰山——从〈北京新闻〉对两篇报道的处理谈起》

伍洲彤《谈广播情感节目主持的对象感》

姚　钢《媒体需要拥有富有创新精神的经理人》

李　娜《主持人的语言——保健类节目主持之我见》

王福全《频率专业化呼唤专业化人才》

张　梅《打造精品的样板间　交流经验的园地——开办“七台精彩节目联播”的回顾与思考》

周国华《试论广播的大众传媒属性与系列台专业化的关系》

张　宏《给评书插上音乐的翅膀——漫谈配乐评书》

2002 年度中国广播电视学会受众研究论文

一等奖 2 篇：

张宇程、赵　男《2008 年的广播给谁听——北京未来广播“目标听众”市场预测》

赵多佳、边　建《浅论广播专业化与受众》

二等奖 1 篇：

顾　炜《重视效果研究　真正满足受众需要》

三等奖 1 篇：

田凤芝《强化听众意识　建立听众反馈系统——北京台业余监听员队伍建设的回顾与思考》

北京市“宇虹奖”外宣文章

二等奖 1 篇：

冉　迪《将北京的声音传向世界——我的一点外宣工作体会》

（一）获本台2002年优秀论文评选一等奖的3篇论文（全文刊载）

进行质量管理体系认证与国际管理模式接轨

王　秋　秦晓天　赵　颖

2001年12月18日，北京人民广播电台交通台顺利获得了“ISO9001（2000版）质量管理体系认证证书”，这在我国内地广播电视同行业中还是第一家。实践证明，ISO9001认证标准不仅是针对生产企业和服务行业，也同样适用于广播这一特殊服务领域。此举对于我国广播事业今后的发展将有着深远的指导意义。

北京交通台的现状

北京交通台自从1993年成立至今，已历时8个年头。全体编采播人员恪守“以台为荣、以业为本、以勤创效、以质取胜”的台训，为广大市民出行提供了良好的服务参考，为促进首都交通事业的建设和发展做出了贡献，赢得了广大听众，特别是司机和“有车族”朋友们的喜爱。听众调查结果显示，北京交通台收听率连年上升，并在交通广播事业发展上取得骄人成绩。北京交通台曾被评为首都精神文明创建活动示范单位；1999年获得全国广播电视系统先进集体称号；2001年，在纪念建党80周年之际，交通台党支部被评为北京市“优秀基层党支部”。广告创收也连创历史新高，2000、2001年连续两年创下了全国广播电台单频率广告收入第一的成绩。

2001年5月下旬，北京交通台在国内广电系统内首次提出了“进行ISO9001质量管理体系认证”的设想，并为此做了大量相关的准备工作。其中，包括建立起一套符合ISO9001（2000版）质量标准的质量管理运行体系；编写交通台质量管理纲领性文件——《质量手册》，制定了交通台的质量方针和质量目标；重新修订了交通台已有的一整套管理制度，整理为“二级文件”；编纂下发了《ISO9001知识宣传手册》，对全体人员进行认证知识培训和考试；确定并培训出5名内审员；进行了两次内部审核及一次管理评审。2001年11月27日至29日，中国方圆委方圆标志认证中心按照本台的认证申请，派出了审核小组进驻本台，依据ISO9001（2000版）标准、交通台《质量手册》和二级文件、国家广电总局以及有关主管部门下发的相关法律法规，实地开展审核工作。经过中国方圆标志认证委员会的最终确认，北京交通台于2001年12月18日（即开播8周年纪念日），获得了由中国方圆委方圆标志认证中心颁发的《GB/T19001－2000版（即ISO9001:2000版）

质量管理体系认证证书》和《国际认证联盟（IQNet）质量管理体系认证证书》。

北京交通台为什么要进行质量认证

一是加强内部管理、保持发展势头的需要。

一个单位的内部管理水平往往决定着这个单位发展前途，北京交通台成立以来的实践足以证明这一点。正是由于注重了内部管理水平的不断提高，才促进了自身的发展。北京交通台建立之初，就注重制度建设，提倡用制度说话，用规章管人，依靠严格管理促进了自身发展。这些制度一靠学习、二靠实践，逐步摸索得来，自然有许多不足和缺陷之处。例如，有些制度规定互相矛盾、管理不够规范、以罚代管、政策执行存在死角等等诸如此类的问题。北京交通台要想继续前进，就需要有更加科学完善的管理办法和手段，才能使现有的势头保持下去。ISO9001 是一种科学管理的模式，是经过无数次的具体实践经验积累而来的，是科学的理论。引进这种理论，就会很好地规范我们的管理。不仅如此，ISO9001 还强调“持续改进”，即通过科学的管理机制，保证组织在原有的基础上不断向前发展。

二是科学规划流程、确保节目播出质量的需要。

在媒体竞争日益激烈的今天，节目播出质量是广播的生命。广播节目容量较大又稍纵即逝，对于节目质量的把关和检验，确是一个不小的难题。ISO9001 一方面讲求“可追溯性”，规定节目的采访、制作、播出，各个环节都要有记录，使得各方责任明确，有据可查。另一方面要求制定出明确具体的节目质量标准，消除节目审查中的盲目性、随意性，避免跟着感觉走的现象。从另一个角度讲，获得质量管理体系认证，就是利用第三方对我们生产节目以及提供服务的流程进行检验和监督，以证明我们的节目工作流程，确实能够持续保证节目符合标准的质量要求。即使出现问题，也能有渠道顺利反馈，有机制督促改进，并能明确区分责任，进行奖惩，最终使节目达到顾客满意。

三是提高竞争能力、争取更大市场份额的需要。

“顾客满意”被公认为任何对外提供服务的组织的推动力。从广义上说，交通台也是服务的提供者，服务的内容是广播节目，而服务的对象既包括听众、也包含我们的广告客户，甚至还包括我们的上级。“顾客满意”能够直接增加服务对象对我们交通台的信任程度，是目前扩大实力增强竞争能力的一项重要“法宝”，只有真正做到“顾客满意”，才能赢得听众的认可和青睐，获取更多收听支持，达到节目和广告收益双丰收的目的。ISO9001 标准中的第一条原则就是“以顾客为关注焦点”，而这一条在我们广播从业人员的头脑中并非多有认同，更谈不上根深蒂固。可以说是 ISO9001 帮助我们交通台的全体采编播人员建立起了“顾客意识”、“服务意识”，为巩固已有成果，进一步扩大市场份额提供了充分的保障。

四是面向国际市场、做好与国际接轨准备的需要。

随着加入了世贸组织，我国广电系统的对外交流合作将日益增加，管理和服务与国际接轨势在必行，北京交通台也将会走出国门，直接加入到国际竞争之中。ISO9001 族标准是目前国际通用的质量认证标准，取得了此项认证，无异于掌握了通向国际大门的入场券，对我们开展对外交流十分有利。一旦走出国门，就会很快被接纳，而减少诸多不必要的麻烦和重复申请认证的劳动，以及繁缛的解释工作。

我们了解的资料表明，自从这个标准问世以来，在全球范围内得到了广泛的认可和采用，对推动组织的质量管理工作和促进国际贸易的发展发挥了积极的作用。据统计，截止到 1999 年底，全球已有 150 个国家颁发了 ISO9001 族标准证书，总数超过了 34 万张。而且，质量管理体系认证的国际互认制度也在全球范围内得以建立和实施，截止到 2000 年 11 月，已有 27 个国家的认证机构签署了质量体系认证的认可多边承认协议。

获得质量认证后的几点体会

一是全体人员的服务意识、质量意识大幅度提高。

经过质量认证，大家开始留意关注听众的实际需求，注意倾听听众的意见，有了主动为听众服务的愿望，常把“听众”、“广告客户”、“服务”等词挂在嘴边上。去年底，我们按照认证要求进行了一次内部管理评审，突出了有关听众调查的内容，了解听众的需求。今年初，我们的节目全面改版，主要的依据都是来源于对各方面意见的调查了解。例如，调查中发现听众有增加服务类节目的需求，我们就在每天中午安排两个小时的服务类直播节目——《1039 服务热线》，其中还针对大多数车主的需求，选择了 7 种车型，邀请专家在节目中进行讲解，引起了听众的广泛兴趣。我们还按照标准要求，专门针对每档节目制定了详细具体的质量要素，用于对节目的评定。还有许多热心听众愿为我们提供路况信息，为了丰富节目内容和扩大信息来源，我们就策划了一个评选“沟通之星”的活动，赢得了广大听众特别是司机朋友的支持，参加活动特别踊跃。一位主持人错把一条过期的广告播出，主管经营的副台长主动亲自登门道歉，令广告客户大为感动。

二是节目播出质量的监控机制发挥了实际作用。

开展认证工作以来，产生了一个有趣的现象，那就是我们发现节目中存在的问题比以前多了，许多原来没能注意到的问题一下子就冒出来了，这实际上就是质量管理体系的作用充分发挥出来了。在《质量手册》中制定有专门的质量监控和纠错程序，各部门各岗位有各自的质量目标分解，每一道工作程序都有详细的过程记录，有了问题就会及时被发现和纠正。一位主持人因在自己主持的节目中私自插播了与节目方针无关的内容，造成了不良影响，根据“二级文件”的规定，各级责任人受到了相应的处理。一档节目中个别语句粗俗，被监听员反馈回来后，我们也及时地进行了处罚。还有一位部主任因其部门的节目连续出现一些问题，没有尽到管理者的责任，依照管理规定一一记录在案，并给予了相应的处理。

三是对内部管理起到了激励鞭策的作用。

经过半年多的实践，我们真正体会到质量认证工作并非是做表面文章，而是切切实实解决了一些以往难以解决的问题，也没有给大家增加负担，带来不必要的麻烦，而是以实际工作程序为基础，进一步理顺关系，科学链接，减少职责交叉不明确、制度重复又矛盾等管理上的老大难问题。认证让大家充分认识到了管理是一门科学，不是简单定几条制度、出了问题罚罚款就代替得了的。科学的管理会促进广播的发展，相反则制约我们的前途。

质量认证工作还将面临的问题与思考

取得了质量管理体系认证证书，这只是北京交通台搞好质量管理工作，向听众提供优质广播节目服务的第一步。今后要做的工作还有很多，可谓任重而道远。为此，要在以下几点对照检查、严格规范本台的各项工作。

第一，北京交通台既然在全国广电系统同行业中带了一个头，就要带个好头，扎扎实实，认真实践，而不是为了出风头，也不能一拿到证书就到了头，更不能半途而废。

第二，要坚决避免形式主义，不能搞花架子，不能为认证而认证。而是要努力结合工作实际，把标准真正贯彻到每一个具体岗位及每一项具体工作中去，让认证为我们的广播工作服务，以求收到实际的效果。

第三，认真学习 ISO9001 质量体系认证标准，在全台进一步普及有关标准的知识，按照标准要求寻找差距，不断完善质量管理体系，并结合实际工作持续改进。

“娱记”：一个特殊称谓的意义

关晓松

如果说近年来如雨后春笋般冒出来的报纸杂志、广播频率和电视频道有什么不可或缺的报道内容的话，我想应该是非娱乐新闻莫属，以至于因此专门诞生了一个新词：“娱记”。围绕“娱记”的种种现象、是是非非已经成为新闻界一个值得探讨的问题。本文试图对“娱记”的产生、他们的工作和心理状态以及由此引发的新闻记者的职业道德和从业素质等问题作一点探讨。

“娱记”——娱乐圈这方水土养出的人

整个社会的开放和生活层面的丰富直接带来了娱乐业的繁荣。电影、电视、时尚、流行歌曲、部分戏剧和畅销文学作品都因与娱乐相关而成为普通公众关注的内容。而这其中最有吸引力的无疑是大大小小的明星。最近新创办的传媒包括网络媒体都紧紧盯住娱乐新闻自不待言，就连一些原本相当严肃的报纸、广播和电视媒体也越来越多的开辟专版、专栏节目，不遗余力地报道娱乐圈里的大事小情。明星的大幅照片、独家专访、生活秘闻都成为被高价索取的对象，“娱记”也成了一些新兴媒体的主力记者。

新闻媒体对社会热点的反映是敏锐而准确的。媒体对娱乐新闻的态度从不屑一顾、一片空白到遮遮掩掩、零星点缀再到穷追不舍、有闻必报，从一个独特的角度反映了国家社会生活和公众心态几十年来的巨大变化。如果依托丰富的资料，把近一个世纪以来中国报纸娱乐新闻从内容到形式的变化加以认真研究，其社会学和新闻史价值一定会凸显出来。单就今天的媒体发展格局而言，面对受众的强劲需求和白热化的竞争态势，恐怕哪家媒体都不能说自己不会去报道明星们的举手投足。如果说京城里的大报、大台还自重身份，不愿靠追逐明星的私人生活以博取关注的话，一些完全依靠报摊零售供给衣食的报纸眼睛紧盯的就是镜头之外的明星，这也早已是公开的秘密了。

不论“娱记”们如何自我安慰，这个称谓包含的调侃、讽刺意味也是不能否认的。在一家正规的媒体中，每个记者都有不同的分工，比如体育记者、政法记者、工业记者等等，从没有分工报道其他行业的记者被如“娱记”一般专配称谓调侃讽刺过。这也说明“娱记”的工作确乎有点特殊性。首先是经常接触明星。当记者都要经常接触人，唯有“娱记”经常接触明星。似乎别人和自己都觉得多少沾了明星的星光，也要有些与众不同。所以不少“娱记”的衣着发型标新立异，尽量接近明星。此外，大部分明星都是年轻人，所以“娱记”的年轻化也势不可挡，30岁以上的就算“老同志”，大部分都是刚刚毕业的大学生，在校学生以实习记者身份客串的也很常见。还有一点，就是“娱记”的人数很难准确判断，能够确定的是全国各地都有，越是小报小刊越多，并且正在呈增长趋势。近年来有大明星特别是港台大明星到场的活动，动辄就能招来数百名来自全国各地的记者。在同一个会场内听到大江南北的不同口音，是“娱记”们创造的一个独特风景。目前，全国新闻工作者队伍流动性都有所增大，这一点在“娱记”构成上表现得更为明显。不少新媒体实行聘用制，“娱记”的生存压力较大，有人因为没有挖到独家新闻或者漏报重要新闻而丢掉饭碗，也有人在娱乐圈中混熟了，索性主动跳槽进了娱乐业。

“娱记”：头脑和心情时常缺席

毋庸讳言，很多报道重大、严肃话题的记者瞧不起“娱记”，认为他们报道的都是乱七八糟的花边新闻，不能登大雅之堂。也有明星对“娱记”存有戒心，认为与这帮动不动就毁人或者无中生有的记者打交道要加倍小心。甚至有不少头脑清醒的读者也对“娱记”很反感，尤其是戴安娜王妃遭遇车祸之后，“娱记”几乎成了“狗仔队”的同义语，很是狼狈了一阵子。新闻工作的行业主管部门也对“娱记”们高度警惕，唯恐他们的大肆炒作引发严重的负面反应。这些非议无疑都有道理的，但也都是不全面的。其实，在记者这个行业中，“娱记”算得上相对敬业的一群人。他们不遗余力地四处打探消息，煞费苦心地编织关系网（这里指的是与明星及他们身边的人建立的广泛联系），一有风吹草动，他们就不远千里，夙兴夜寐，唯恐漏掉蛛丝马迹。好不容易采到了素材，下笔的时候还要绞尽脑汁，争取既有轰动效应又有独家特色。采写过程耗费的精力远非开个会拿份材料就发稿的记者可比。演员傅彪就深有感触的谈到，在他刚刚成名的时候，有一次深夜拍完戏回家，看到几位外地来的记者还等在门外请求采访。那么，为什么“娱记”们的工作费力不讨好呢？我认为根本原因在于“娱记”在进行上述的一系列工作时，有热情但没有平和的心情，有想法但缺乏冷静的头脑。要保持报道的客观准确至少要保持平和的心态，摆正自己的位置——你是代表自己所在的媒体为受众报道他们关心的新闻事实的。你的心情和好恶无权在公众媒体上流露。这一点做起来并不容易。娱乐圈是公认的名利场，一些介入时间较长，介入程度较深的记者，往往曾经亲眼看到一些艺人从默默无闻到大红大紫。默默无闻时可以与之称兄道弟，甚至他们还会恳求记者“妙笔生花”，为自己宣传鼓吹一番。等到艺人成为明星，万人瞩目，挥金如土的时候，可能会根本不认识曾经报道过他的记者。这时记者再要保持心理平衡自然有点困难。于是，一些愤激之词甚至不实之词不免见诸报端。2000年发生在电影《谁说我不在乎》拍摄现场的王志文用记者名片包口香糖一事以及由此引起的2000年金鹰电视节上的一场风波就说明，处理记者与明星微妙关系的关键在于保持平和心态，明星有错可以批评，但是也不要以为自己的记者身份就天然代表客观公正，以为自己能够不顾受众的好恶捧红或者封杀某位演员，这既是对记者职业功能的极大误解，也与实际效果相距甚远。

"娱记"报道时头脑不冷静，心态不平和的另一个表现就是发布未经核实甚至是主观臆测的消息，严重损害媒体的形象，侵犯受众的知情权。媒体取信于民最有力的手段就是保持报道的真实性。如果不了解真实情况，宁可不说，不能乱说。然而在娱乐新闻报道上，这条原则似乎可以被忽略。有的"娱记"为了抢发消息，在事实尚未确定之时就将道听途说、捕风捉影甚至主观臆测得来的消息公然发布；还有的"娱记"因为没有得到有关人员或者单位的采访许可，在心怀不满的同时故意散布种种不实之词，混淆视听；更有甚者，有人因为向娱乐公司或明星个人索取钱物未果，就联合一些媒体记者"封杀"或者诋毁某件作品或某个人。曾经在2000年引起强烈反响的10大唱片公司联合发起的反盗维权演唱会，其举办目的之一就是针对京城一位"娱记"索要"稿费"遭到拒绝，于是向公司发出威胁的行径，以维护自身合法经营的正当权益。除此以外，最常见最令普通受众反感的，是一些"娱记"的个人利益与娱乐圈瓜葛较深，他们有意追捧某些演员或者文艺作品，对他们作言过其实的高评价。受众在得到这些信息后，信以为真，兴冲冲赶去观看演出，结果大失所望。长此以往，失信于民，这样做于受众、于文艺事业、于演员、于记者都为害甚深。

近年来"娱记"的社会形象不佳，实在与报道体现的他们的一些不良心态和较低的思考能力密不可分。1998年电视剧《还珠格格》意外地火透全国，赵薇立刻成了"娱记"追踪的首要目标，从刚出生时的照片到男朋友姓什名谁，一通狂炒，短期内树立了一个标准的青春偶像，结果导致至少三名十几岁的小姑娘离家出走，要去见她们心爱的"小燕子"姐姐一面，然后"死都值了"。不顾社会效果，特别是对青少年受众的影响，一味炒作，盲目树立偶像崇拜，是当前娱乐报道的一项通病。此外，娱乐报道中的西方中心倾向也不容忽视。虽然它还不像偶像崇拜那样很快显现不良社会效果，但对西方文化价值观中金钱至上、物欲横流、色情暴力等倾向的宣扬对受众的精神影响肯定更大，影响面更宽。对国产娱乐产品普遍模仿甚至克隆西方流行的内容和形式，娱乐报道不但缺乏应有的冷静评判态度，反而一致叫好，也值得研究。江泽民总书记说过："创新是一个民族进步的灵魂。"假如我们非但不能创新，只好低级的模仿，舆论还为这种模仿叫好，那又怎么能进步，甚至怎么能守住祖先留给我们的文化传统呢？

"娱记"：道德与文化的底线不能突破

以上所述"娱记"的种种行状其实并不奇怪。在媒体激烈竞争，受众不断需要新鲜刺激的时候，在从业人员由于年轻、经验不足、独立思考能力还需加强的时候，在整个社会价值观对名利的认同感越来越强的时候，出现这些情况是早晚的事。现在在体育新闻的报道过程中类似的现象也越来越多。我国已加入WTO，外国资本把中国的传媒业看成最后一个暴利行业，跃跃欲试，更为残酷的媒体竞争可以想见。娱乐记者该如何应对，既能及时准确报道新闻，又能遵守记者的职业道德，不断提高自身素质，使“娱记”变成一个纯粹意识上的褒义词呢？

我想首先要争取使娱乐报道有更多的文化意义，由于闲暇时间的增多和其他精神消费方式相对花费昂贵，通过媒体获取娱乐新闻、娱乐信息的受众是相当多的。这种看似无功利性的游戏活动，实际上直接关系到人自身的精神再生产，是人性培育和心理发展重要的精神土壤之一，所以提供这些新闻和信息的“娱记”就要对自己的角色有清醒的认识。承担起时代赋予媒体和记者的社会责任，为改变目前文化消费的道德含量和知识含量明显偏低的状况多进行一些努力。

前些时候外地一家晚报的编辑进京约稿，找到我后第一个问题就是：你知不知道某著名导演和某名模关系的最新进展，我们就希望要这样的稿子。隐私正在成为“娱记”最感兴趣的话题。眼下登着明星们离婚、同居、分手、多角恋爱以及相互之间的矛盾等消息的报纸杂志占据了报摊上最显著的位置，而明星之所以成为明星和继续为人关注所依赖的新作品倒退居次席。其实记者作为局外人，是不可能真正了解这些隐私的实情的。明星在这些问题上严加防范的首要对象也正是记者。即使从周围人那里打探到了什么消息，其真实全面的程度也值得怀疑。一家负责任的媒体、一位负责任的记者即使对此略知一二，也不应该广为传播。记者目光的焦点应该是新作品的得失成败。最理想的是全面分析、精当评论。退而求其次也应该认真采访介绍创作动机、创作过程、艺术特色以及观众反映。将娱乐性较强的新闻作出文化品位，是记者头脑、眼光的体现，也是一家媒体实力、品格的反映。同样是晚报，《北京晚报》的娱乐报道就经常能够以深刻、独家取胜。最近许多媒体都在热炒新版《射雕英雄传》，大部分人把精力放在千方百计打探主要演员名单上，一时间各种真真假假的消息满天飞。此时，《北京晚报》记者却独辟蹊径，撰文回顾了1983年版“射雕”热播的社会背景和演员个性，比较了新旧“射雕”的拍摄手法，适时地为“射雕”热泼了一瓢冷水。2000年北京国际电视周异常火暴，电视业被看成金矿，房地产、机械、环保等各类企业纷纷投资邀请明星，拍摄电视剧。我去采访时深感其中一些企业被87万元一集的《少年包青天》所诱惑，投资中带有很大的盲目性，于是写了一篇述评进行分析，后来被《人民日报（海外版）》等转载，受到好评。在娱乐新闻中，各种花絮逸闻不是不能报道，其出发点应该是活跃版面，增添趣味。一味追逐隐私而置作品本身于可有可无是本末倒置。

二是“娱记”必须提高自身素质。首先是道德素质。在新闻工作中，报道失实、索要钱物都是严重违背职业道德，甚至是突破了“道德底线”的行为，而在一些“娱记”眼中这都算不了什么。我认为在业界应该树立这样的风气，评价一个“娱记”的好坏首先要看他有没有发过假新闻，特别是蓄意制造的假新闻，如果有，那他的从业资格就值得考虑。其次要看他能不能不为物质利益所动，坚持客观公正报道。目前，一些有关机构为宣传作品或演员向部分影响力较大的媒体“娱记”支付酬劳并不鲜见。在这种情况下，记者的道德水准就很重要，拿了钱之后就几乎不可能保持客观公正的立场，不由自主地要为人家说好话，但受众并不会被长期蒙蔽，整个媒体的信誉却会受到不良影响。所以，应该有严格的制度、严肃的纪律对这种情况进行约束。

其次是职业修养。过去老记者经常教育年轻人，记者在整个社会生活中要成为“通才”、“杂家”，这样才能对新鲜事物保持足够的敏感，同时在自己分工报道的领域里要尽量成为专家，这样才有发言权，才能获得最理想的传播效果。这当然是比较高的要求，但是现在在“娱记”圈子里，很少有人提倡学习、钻研专业知识，更多的人把精力放在吃饭喝酒拉关系上，以为这样就能信息灵通，无事不知。也有不少人采访不扎实，写稿时就来个“米不够，水来凑”，把道听途说，合理想像，渲染铺排全加进去，让受众真假莫辨。著名演员姜文曾经当面批评过一位问他“在哪学的表演?”、“拍过一些什么电影?”等问题的“娱记”，告诉他回去把有关资料好好看看再来采访。其实，在“娱记”中对自己采访的人物或者作品缺乏最起码的了解，恨不能从“请问您怎么称呼”问起的大有人在，在大型新闻发布会上提出极其幼稚或有明显硬伤的问题招致哄堂大笑的情形也时有发生。更多的情况是对采访的题目缺乏应有的专业知识，不敢提问，不敢评论，或者天不怕地不怕地开了口，结果贻笑大方。

“娱记”的道德水准和职业修养普遍不高直接导致了前文所述的娱乐报道道德含量和知识含量较低，在这类新闻铺天盖地的今天，不能不说是令人忧虑。这种情况的泛滥与许多“娱记”自身积累不丰，仓促上阵有关，年纪轻轻进的娱乐圈，满眼都是明星被前呼后拥，收获鲜花掌声和大把钞票的情景，难免心情浮躁，追名逐利，早把学习、钻研、沉下心来调查研究之类的“传统美德”撇到了九霄云外。江泽民总书记曾经提出要在全社会大兴勤奋学习之风，提倡全民学习，终身学习。作为党的喉舌的新闻工作者，面对丰富多彩的社会生活，面对博大精深的文化领域，无论是思想政治素质，职业道德素养还是专业知识和修养，都需要通过不断学习才能不断充实，不至于落伍于时代。现在不少正规媒体，都定期组织学习培训，把它纳入人事管理、职称评定的考察内容，是非常及时和必要的。同时，记者自身也应该针对自己的情况，进行有效的学习和充电，这样才能提高报道水平，在竞争中保持优势。

娱乐是当代人重要的生活方式，作为对忙碌紧张的商业竞争的精神调整和心理修复手段，它的重要性正在或者已经超越了传统的政治和意识形态，成为人们生活的中心之一，所以“娱记”在此时大显身手一点也不奇怪。无论社会对这个行业的态度是欣赏也好，哂笑也罢，“娱记”自己都应该意识到自己的社会责任，把健康丰富的娱乐报道提供给受众。

对当前媒介生态的浅见

陈建勋

我国的改革开放已经二十多年，目前正在向纵深发展，所谓纵深是指产业的结构性调整，人群的利益变动会更大，难度更加突出，这既有内在的质变性因素，也有加入世贸组织之后外在的要求。而作为社会、经济反映的媒介它也面临着如何适应这种社会变革与自我调整。

一、媒介之间的合作正成为未来市场发展的主导性现象

规模化竞争的时代已经到来。在中国的媒介高速成长阶段完成以后，进入到市场成熟阶段。市场成熟阶段的基本特点就

是到了供过于求，或者说过剩传播时代到来了。过剩传播时代到来，要求人们来选择某一媒介，只有两个因素：第一是规模，第二是特色。特色就是别人不可取代的独有价值。这一点就可以保证你在未来的市场竞争中获得某种稳固的地位。如果你跟别人都差不多，你运用的资源，运用的其他方面跟别人差不多，就看规模。你没有规模，你就没有市场，就不会被人们选择，这就是所谓的规模竞争。规模竞争是在市场成熟阶段的一个最基本的竞争形式，在这个阶段，规模已经成了一种生存与发展的方式，而不仅仅是跑马圈地的一个半径。

我们说现在的媒介竞争，媒介市场的发展已经到了过剩时代，仔细分析所谓的过剩是相对过剩或者是结构性过剩，在这种相对过剩和结构性过剩的另外一面，也有巨大的信息饥渴。这种信息饥渴一方面可能是由于政策和体制的限制所形成的。如人们很多关心的事情不便报道，但这仅仅是问题的一个方面。另外一个方面就是媒介对细分市场的开拓不足。因为我们过去长期处在一个短缺传播时代，在短缺传播时代，传播资源的生产能力小于社会需求的量。因此，只能去满足人们的共同化的需求，传媒在所积累的经验方面，对于共性的需要了解的比较多，操作的比较熟悉，而媒介又趋向于在共性市场上去拼抢一块自己的蛋糕，但在个性化细分市场需要的满足方面开拓能力不足。这种开拓能力不足，可以从节目样式、内容编排等跟风、克隆现象中看出来。跟风和克隆从正面的角度说是人们有了市场观念，知道社会需要什么，我就要去满足什么，但是普遍的一种跟风和克隆表现了市场开拓能力、创新能力的不足，他的思维只能跟着人家看到的某种市场亮点去做。这当然不光是能力问题，也是一个资源配置的问题。

在规模化竞争的时代，谁拥有了更多的资源，谁就可以拥有市场空间。在这种情况下，我们与其把现在的时代叫做“竞争”时代，还不如叫做“竞合”时代，或者叫“合竞”时代。就是说在竞争越激烈的情况下，合作就成了人们一个必然的选择。在做大规模上有两种做法：一种是滚雪球式的自我发展，另一种是跟有价值的资源进行链接，形成稳固的战略性联盟关系。从媒介角度说，价值链接有三个方面：一是跟资本链接，如《京华时报》、正要出版的《现代商报》。《京华时报》是由北大青鸟投一部分资，《现代商报》是中央商务区等几家投资。二是与内容的链接，如果你能够找到一个最好的内容提供商，你就能够比别的竞争媒介提供更好的内容，因为传播的竞争最终还是内容的竞争。三是传播力的链接。媒介经济是影响力经济，而影响力经济最主要的就是品牌，作为一个品牌，光靠媒介自身对受众的影响需要长期的积累，如果能够形成一种立体化的，多媒体传播链的链接，就可使形成品牌效应的时间缩短。

二、主流媒介的生态

主流媒介的特征是什么呢？第一是定位人群特征，就是所谓的“四有新人”——拥有知识、拥有财富、拥有权力、拥有未来。拥有未来是说这种权力的运用、知识的运用、财富的运用，是面向未来的，而不是保守僵化的，这是社会行动能力最强的人群。这群人的选择，这群人的价值取向，决定了我们这个社会未来的发展，决定了某个领域未来的发展，或决定了某一个地区的未来发展。这是产生主流媒介影响力的最主要的价值取向。如果我们能够争取这部分人群，能够成为这群人判断社会、了解社会的最基本的信息来源的话，媒介本身的社会影响力就会增强。第二是领域定位。在社会发展过程中，总有一些领域对社会发展最具有影响力，或者说最具成长性的领域，这种主导性的或成长性的领域，如果能抓住这个关键，在整个社会发展当中你就抓住了最关键的领域的发展，那么你就具有了社会影响力。第三，内容定位。一定要回答人们最关心的、社会发展当中的紧迫问题，现实问题，瓶颈问题，就是内容结构一定要与你所定位的领域，定位的地区的社会发展中有一个问题单。这个问题单就是这个主流性媒介要回答的若干问题，如果你对这些问题进行了有智慧的回答，你就能够成为这个领域、这个地区、这个社会发展阶段最具有影响力的媒介。如果你对这些问题避而不答，或只回答那些边边沿沿、鸡零狗碎的问题，那你只能是一个边沿性媒介。

判断一个主流媒介的衡量尺度，它的社会影响力，是从它对社会问题单的回答中来判断的。要回答主流问题的媒介需要两点素质：首先要有很高的对于新闻的理解能力和操作能力，再一点要有比较高的沟通能力和沟通渠道。这点也是作为主流媒介的一个非常重要的政治资源。要与上层有特别畅达的沟通渠道，知道整个政治格局中，哪些东西可以说，哪些东西不可以说，而这种情况是在不断变动中，这是办好任何一个主流性媒介的基础性的条件。

再一个是和意见领袖有一个畅达的沟通渠道。知道这些意见领袖在这个领域里面他思考的问题是什么，他和政治性的沟通渠道可能有所不同，但是它也是主流性媒介的一个最基本的要素所在。这种沟通，从内容上来说，会导致这样的一个变化，由过去的简单的“告之以事”的一般性的信息服务转向专门性的信息服务。所谓一般性的信息、资讯服务就是按照大众趣味、大众需求去编制自己的传播产品，提供传播服务。什么是专门性的信息、资讯服务呢？它并不是指你要进行某种专业的细分的服务，而是说你对于你所服务的人群所做的一种专门的了解，在专门了解的基础上进行一种量身定制的服务。我国的产业界正在形成一个专业化服务的支撑体系。在未来的发展中，每个领域的发展都要有一种专业化的中介机构，对媒介来说也是这样，未来的发展不断地由过去的一般性的信息服务，向专业化的信息服务转移，要有细分人群的概念，传播的重点从简单的“告之以事”，向着“有效使用”转移。

建立在有效使用基础上的内容服务，体现在这几个方面：首先要使信息能让传播对象有效的理解，这个叫做翻译的功能。比如一些专家学者的专业语言；还有官方语言，如官方的文件、官方的会议等，它是少部分人能听懂的，我们要把这些“方言”转化成老百姓能够听懂的“普通话”，媒介工作者起的作用就是大众的翻译。翻译者的角色在未来的社会生活中是一个最基本的角色。要当好翻译就要脚踩两头。作为媒介人，我们经常提倡要做专家，但实际上这不是一般意义上的专家，不是说你去报道财经问题你就一定要成为吴敬琏。媒介人未必是一个很高水平的财经专家，但他一定要知道大众有什么问题，我能够在哪儿得到什么样的回答，并且把这种回答化解成大众能够听得懂的语言。提出合适的问题，找到合适的人，并且用合适的方式把它表达出来，这就是媒介人的一个特点。

另外，就是要有序。现在是面临信息爆炸的时代，各种各样的信息都在向百姓抛媚眼，到底应该关注什么？老百姓在选择接受信息的时候一般是根据它的表面张力、表面的刺激性、表面的冲突性来选择看什么不看什么，听什么不听什么，但有的时候有些信息可能没有表面的这种戏剧性的张力，因此，可能就会被一般的老百姓所忽略，而这些事情确确实实是跟老百姓有着很重要的联系，这时候就需要媒介工作者按照价值的理解去排出一个有效的顺序，让他知道在所有的信息当中哪些事情是他最值得关注的，这就是一个媒介的品味，它的价值所在。同样一个新闻，在《纽约时报》可能用头版头条来处理，在一般大众化的报纸里可能是放在内页版，这就是价值处理的不同，这种价值处理的不同，在于眼光的不同，对自己的服务对象的价值影响、判断的不同。

现在是一个整理和加工的时代，是靠信息的深度整合和深度加工来获得自己传播的独有价值。信息本身对于媒介的影响力的支撑作用已经开始下降，因为过剩的时代实际上就是人们获取各种信息的易得性增强的时代，一个信息我可以通过报纸知道，也可以通过广播知道，还可以通过电视、互联网知道。信息易得性增强以后，任何一个信息对于媒介本身的支撑力就比较低了，因为光靠这个信息本身已经不能形成你的独家优势了。这时候的独家优势在什么地方呢？不在于你获取了什么信息，而在于你将这些信息如何整合，如何化解它的意义，如何评价它的重要性。你的这种化解，这种评价，这种分析，才是独家的，才能表明你的水准，才能表明你的价值。也就是说，现在的媒介竞争优势已经由过去简单的“告之以事”，到现在能够做出“价值判断”，这也是信息过剩时代媒介的核心价值的一种转移。

过去，我们只要有独家新闻就行了，现在不行了，现在的新闻它的共享程度很高，造成它的社会易得性。因此，对媒介来说，要获得自己的竞争优势，一定要表现出独家的视角，独家的处理，独家的分析和判断，独家的见识，这才是媒介形成自己的核心价值的重点所在。媒介核心价值在于，它为现代社会发展作出了有意义的化解，告诉人们它对你有什么影响，它对你意味着什么，它的可能发展是什么。

作为媒介工作者实际上面对的是两种判断，一种是事实性的判断，一种是价值性的判断。事实性的判断结果就是把一件事情写清楚，写准确，写客观，这是过去处在短缺信息的时代，人们在一种饥不择食的情况下对信息的要求，但是在信息过剩的情况下，人们要求你作价值判断，要告诉人们这件事情是怎么来的，它对人们有什么影响，未来的发展怎么样，应该如何去应对。这才是现代的社会、现代的受众对于媒介的一个基本要求，就是要提供价值判断。

当前媒介生态万舸争流，但万变不离其宗，就是如何适应社会发展的变化。因为社会发展中的任何一种因素的导入，比如入世、传播技术等等任何一种因素的成长性发展或衰退性变化，都意味着传播格局重组的一种可能性。如果我们仅仅局限在熟悉的操作领域，磨合得比较圆润、精致，也许能获得一定效果，但远比在这样的一种变化中发现新的机会、发现新的可能性，明确地知道在哪里做，做什么，效果要差得多，也就是说，解决战略问题，要比解决战术问题更重要。

以上仅是我聆听专家意见和阅读后的浅见，疑义相与析。

（二）获本台2002年优秀论文评选二等奖的5篇论文（摘编）

浅谈新时期广播电台的宣传管理（摘编）

亢亚志

历史的经验证明，一个单位、一项事业的兴衰与成败，原因是多方面的，但管理的好坏，管理是否科学往往是重要的甚至是最重要的原因。当代社会已经公认，科学、技术、管理是推动社会向前发展的三个轮子，由此可见管理之重要。

广播电台管理是多方面的，包括宣传管理、技术管理、财务管理、经营管理、事业管理、行政管理、信息管理、人事管理等等。由于媒体特性所决定，宣传管理是核心、是龙头，其他管理都是为宣传管理服务的，也可以说是为宣传管理作保证的管理。

何为宣传管理？我认为其含义为，根据广播的功能和性质，遵循广播自身的特点和规律，依据国家的政策和法规，充分利用各类资源科学地组织节目生产与传播，达到预期目标的过程。既然宣传管理是核心，是龙头，而这个核心、龙头是什么？是节目。宣传管理说到底，就是对播出节目的管理。

宣传管理的重要性

广播电台是上层建筑和意识形态的有机组成部分，是社会主义精神文明建设的重要阵地，所以做好宣传管理工作显得极为重要。它的重要性具体体现在：

广播是党的喉舌。广播电台是宣传党的方针、政策、主张的重要阵地，是广大群众获取信息的重要渠道。毛泽东主席为广播的题词是：“努力办好广播，为全中国人民和全世界人民服务。”1996年9月，江泽民总书记视察人民日报社时语重心长地说：“党的新闻事业与党休戚与共，是党的生命的一部分。”“舆论导向正确，是党和人民之福；舆论导向错误，是党和人民之祸。”江总书记把喉舌的功能说的多么透彻啊！是党的喉舌就要表达和传播党和人民的声音与意愿，在宣传中必须要始终把握正确的舆论导向。这是宣传管理的首要任务，也是最重要的任务。

广播一发而不可收。工厂生产出的产品，检验出毛病可重新进行调校，甚至可以回炉重做。而广播不行，它生产出的是精神产品，是一个一个的节目，节目播出后，便一发不可收回，一旦发现问题，是无法挽回的。这就要求我们必须加强宣传管理，才能牢牢把握正确导向，把差错降到最低限度。

广播传播快，渗透力强。广播节目只

要经过电波一发射，不分距离远近，只要有收音机，马上就可以听到。由于广播是通过语言发布新闻、信息，不分文化高低，很容易接受，所以具有很强的渗透力和影响力。一件事，只要通过广播播出去，就会迅速传开来。从这一点看，也必须加强宣传管理。

广播可以汇天下之精华。如北京人民广播电台的广播，一天要播出 138 小时的节目，一小时要播出一万多字。如果按照报纸的方式出版发行，那么，每天出的报将是相当可观的，所涉及的内容，五行八作无所不有。仅一个《新闻大视野》节目，就可以采用几十份报刊的内容。如果宣传管理上没个规矩，恐怕天天都要捅娄子。

仅从以上几点就不难看出，广播电台的宣传管理工作是多么的重要。

宣传管理管什么

从频率综合化到专业化，是广播宣传的重大变革，这一变革使广播节目的节目形态、播出方式甚至是播出内容都发生了前所未有的变化。随之而来的出现了如何把握好正确的舆论导向、如何确保安全播音等一系列新的问题，这就给宣传管理提出了新要求。管理要求创新，创新必须改革。宣传管理管什么？

一是管舆论导向。无论是新闻、专题，还是文艺音乐，或是娱乐性节目，都要以“三个代表”重要思想为准绳，牢牢把握正确的舆论导向。

二是管常规节目。播出的节目是不是符合台里对专业广播的要求，是不是符合节目方针、质量要素的要求。

三是管协调服务。这个专业广播与那个专业广播的问题，专业广播与其他部门的问题，上级要求与专业广播的问题。这些都需要通过管理进行协调，使其运转通畅。

四是管直播热线。直播节目分为现场直播和直播室直播，其中又分为有嘉宾参与的直播和有听众参与的热线直播。直播管不好，最容易出问题。

五是管宣传口径。对上级的宣传指示精神，要及时上传下达，使每个采编播人员都知道，确保政令畅通。

除此之外，还要管安全播出、业务培训、听联工作、受众研究、节目评选、播音主持、出国采访、对外宣传等等。

宣传管理怎么管

就北京人民广播电台来说，经过几年的探索，对专业化办广播的宣传管理，逐渐形成一个以台编务会为中心，总编室为枢纽，各频率专业广播具体实施的模式。

纵观全国一些广播电台的情况，宣传管理应主要从以下几个方面着手：

制定切实可行的规章制度。导向不出问题，把差错降到最低限度，要靠政策、制度管理。俗话说“没有规矩，不成方圆”，就是这个道理。随着广播专业化的不断深入，管理必须跟上改革的步伐，与时俱进。从 1990 年以来，北京人民广播电台先后制定了《关于认真贯彻各专业台办台方针的通知》、《关于加强宣传管理严格按专业台办台方针设置节目的规定》、《关于采编播部门安全播音的规定》、《关于热线直播节目管理的规定》、《关于审定稿件的规定》、《关于加强宣传管理，避免播出差错的处罚规定》、《关于开展节目质量考评的实施办法》、《关于播音员主持人持证上岗的规定》等 17 个管理规章制度。这些规章、制度，随着宣传改革的不断深入，不断进行修订完善，于2002年初汇编成册，发放到各级领导、有关部门和各位采编播人员手中。使宣传管理有章可循，有法可依，逐步走向规范化、制度化。

狠抓规章制度的贯彻落实。规章制定得再好，如果不认真照着去做，如同虚设。回顾历年来在宣传中出现的大大小小的差错和事故，多是虽有规章制度，但没有认真执行。所以有了完善的规章制度，不等于有了好的管理。要使规章制度真正起到作用，必须有法可依，执法必严，违法必究，由总编室这个业务职能部门去督办，去检查。一旦发现专业广播违规问题，编务会就会作出决定，责令其做出改正。在宣传中出现违反宣传精神的问题，责任人不仅要受到经济处罚，作出检讨，严重者还要调离宣传岗位。对有关领导也要作出相应处罚，直至降职。总之，只要制定了宣传管理规章，就要坚决照办执行，这是专业化办广播健康发展的保证。

建立严密的节目监管网络。宣传管理的核心是节目，对播出节目的全面监管是宣传管理的重中之重。广播电台对此要舍得投入人力、物力和财力。在这方面，北京人民广播电台走出了一条可行之路：

办法之一，依靠听众队伍。听众对节目办得好坏，自有评说。北京人民广播电台每年接到听众对节目的评议来信数以万计。对这些来信，总编室听联科认真进行登记、阅读，并编辑打印装订成《听众反映专辑》，每半月一期，及时发放给各级领导及采编播人员。从1995年起，还开展了每年一次的“听评月”活动，请广大听众听评电台播出的节目，提出意见或建议。对听众的来稿，专门编辑成《听评月专辑》，并组织评委会进行评选，对入选者颁发奖金和证书。2002年，北京电台还为100多名来稿多、质量高的听众颁发了业余监听员证书。认真研究采纳听众的意见，依靠听众办广播，这是北京人民广播电台事业发展的重要法宝。

办法之二，重视阅评意见。现在从市委宣传部到中宣部，都设有阅评小组，国家广播电视总局也成立了收听收看中心。对阅评人员提出的意见，北京人民广播电台十分重视，不仅将涉及到电台自身的问题及时在全台编前会上通报，而且还将其他媒体出现的问题也逐条传达，使大家引以为戒。批评意见属于针对哪个专业广播的，那个部门就要认真核查，并要给予明确的回复，说明出现问题的原因、处理的意见以及今后的整改措施等等。

办法之三，组建专职监听队伍。从1999年开始，北京人民广播电台成立了专职的监听队伍。这支监听队伍的成员都是具有中级以上职称，其中大部分有高级职称，均具有丰富的一线采编播经验。专职监听人员对发现的各类问题，每周集中讨论分析，编辑出版一期《监听报告》。《监听报告》每期在编前会宣读，并要求及时改进，给予回复。这样做收到了明显的效果，播出节目中的问题在逐渐减少。

办法之四，开展节目质量考评。2001年底，北京人民广播电台在总编室成立了节目考评科。目的是通过对节目考评，来检验评估日常播出节目的质量，促进台里制定的各项宣传管理规章制度的贯彻落实，推动电台宣传改革健康深入发展，促进全台整体节目质量提高。节目考评科成员是从全台从事五年以上采编播人员中招聘的，均具有中级或高级职称，具有举办各类节目的较丰富的经验。考评科对各专业广播需考评的栏目每月各随机抽出三次逐一进行审听，以百分制进行打分。考评的节目分为达标、基本达标和不达标三类。根据考评结果，每月分别进行排序，并将考评的基本情况，存在的问题和提出的建议，分别写出节目质量考评报告，经台节目质量考评委员会认定后张榜公布。节目质量考评结果与专业广播的领导和办节目人员的效益工资挂钩。从开展这项工作4个月的情况看，基本达到了预期的目的。以上做法，说明北京人民广播电台对节目的宣传管理初步形成了一个网络：听众——阅评——监听——考评。节目管理网络的建立，大大促进了全台各专业广播内部的管理，全台节目播出整体水平明显提高。

当然，一个电台的管理工作是多方面的。如何面对21世纪媒体的激烈竞争，有诸多问题还需我们积极大胆勇敢地去进行探索。向管理要效益，让管理为广播深化改革保驾护航。

给我一个“场”，我才能让节目继续（摘编）

刘思伽

少年时代，在被别人（绝大多数是大人们）问到有什么业余爱好的时候，总会沉吟片刻，而后凛然正色地告之：“书法、国画。”这个回答会意料之中地博得长辈们的夸赞，或是含义相同的一阵唏嘘之声。虽然，那个时候的我，明明更喜欢用铅笔、圆珠笔随手在草稿纸上涂抹各个角度的美女头像以及跳橡皮筋、掷沙包之类的游戏，至于每周两次的书法、国画课，一向是被爸爸、妈妈从被窝里拎起来，押送去上的。我现在并没有因为小时候的不实回答而感到愧疚，要知道，在大人们郑重其事地提问和满含期许的目光所造成的强大“磁场”之下，小朋友们总是不大可能直抒胸臆的。这就是“场”的威力。

对“场”的敏感大概是人的天性：因为哪个老师模样可亲可爱而格外喜欢上哪门课，或是因为和哪位老师不投缘而殃及整门功课的经历，大概每个人或多或少都曾经有过。我认为，学习态度而外，“场”的问题确乎关键。

据说能让红尘中的男女们一见钟情的也是一种“场”的和谐与相互吸引。让人在一瞬间几乎产生了“私订终身”的勇气和冲动，“场”的重要可见一斑。

做节目很多时候就像谈恋爱。恋爱成功的关键并不在于你对对方怎么好，你有多么多么地喜欢他，而是，你的身上有没有特别吸引他的地方。而做节目听起来比谈恋爱更困难的一点就在于，你面对的不是一个人，而怎样的“场”才能让更多的脾气秉性、身份水平、环境背景各不相同的听众都产生兴趣好像是一个很大的困难。俗话说：“萝卜白菜各有所爱。”这个被大家接受的普遍“真理”更是让“雅俗共赏”成为了一个泡影。不过，最近的一项据说是在全世界范围内进行的抽样调查还是给广播人带来了一线曙光。这项调查想要了解的是世界各族人民心目中美女的标准，结果发现，风俗文化、体貌特征各不相同的人民对于美女的标准竟然有很多共同之处。

真理总是具有普遍性的。衡量节目的好坏，以及节目的“场”是否能够让多数听众感到舒服，大概也有个标准。

对广播节目而言，“场”是一种让你一听就想继续听下去的感觉，而我私下认为，广播节目中“场”的天敌无外两种，以通俗的语言可以概括为：1．“不说人话”；2．“不像人说话”。

举例说明，在广播电视节目中曾有主持人这样提问：那么，综上所述，请您继续为大家深入阐释一下这种精辟理论的内涵的外延……。说来有趣，这些字单摆浮搁的谁都认识，但按照这种方式组合到一块儿就好像旧社会当铺里面当票上的字儿，虽然也是汉字，但另有一种写法，一般人理解起来还真有点儿困难。既然收音机不能把听众自家的东西兑成现钱，这种由主持人嘴里吐出的当票自然也就没有市场。此外，那些天然就携带着惊叹号出生的句子在广播里也是少说为佳。否则就会因为过分声势浩大而让人不知所措。

至于不像人说话，有时间看看大专辩论比赛一类的节目就很可以一目了然了。“真理越辩越明”这句话本身就很可疑，再加上正反双方大大小小各位“辩手”们超大剂量的气宇轩昂、谈笑风生，就未免让人哑然失笑了。面对仅仅观点不同的同胞，犯得上这么咬牙切齿地说话吗？俗话说，站有站相，坐有坐相，如果说话的时候总是拿着要摔跤的架势，大概多少有点儿铺张浪费。

语言是在人类进化发展过程中自然产生的。广播节目的重点在于说话，而这各种各样的说话首先应该是自然、不做作的。如果我们自己看不惯八股文，听不了空洞无物的报告，却打算把这类东西混在节目中打折出售给听众，结果肯定会砸在自己手里。

媒体人必备的基本素质是平民视角。在当今这个“平视”的时代，如果记者、主持人还妄图把中华民族五千年的沧桑全缩微在自己一个人的脸上，怕是一定会让人觉得诵读困难的。——自信是一种优点，但在自己思考问题的同时，也请相信别人的大脑同样具有这种功能，所以，不必一定追着告诉人家你上下求索之后的“正确答案”，并且皱着眉头把别人的结果都拿红笔打上叉。好的媒体人应该具备社会责任感，但如果把这种责任感理解为好为人师，那就只有招人烦的份儿了。

在我看来，一档好的节目的“场”首先就来自于“平民视角”。它应该是节目制作者观点、素质的一种自然流露。主持人“真诚、平等”的态度，是让节目具有吸引力的一个基本前提。而这种真城和平等，既面向听众，也面向谈话嘉宾。有的时候，面对嘉宾，特别是一些专家、学者、名人的时候，主持人容易像贾母口中的林黛玉似的：人还没来，心先怯了。话还没说，目光已然调试成了向上倾斜45度角。在这种仰视状态下，再一张嘴，肯定就奔着求知若渴的路子去了。对嘉宾倒是充分尊重了，但只能委屈本来并不糊涂的听众们跟着上一堂观摩课了。

如果硬要按照内容与形式来加以区分，所谓“场”大约应该属于形式一类。虽说形式是为内容，或曰内容决定形式，但我却近乎执著地认为，信息咨询固然是节目的核心，是传播的要务，但如果作为这些资讯载体的形式让人望而却步甚至望而生厌的话，上面的信息再好又有什么用呢？——如果把运钞车改装成环卫清洁车的模样大概就不会吸引多少贪婪的目光，道理也是如此吧。如今媒体竞争如此激烈，人家不爱听你说，可以马上换台，或者干脆听CD了事。“酒香不怕巷子深”的年代已经过去很久了，而且，假如一坛香醇甘甜的美酒位于长约五公里的一条死胡同的最尽头，这酒到底还有没有喝的必要也很成问题。

主旋律报道更要有精品意识（摘编）

景　兵

主旋律报道是以宣传当前及今后一个

时期党的中心工作为重点，正面报道对社会生活有重大影响和积极意义的事件，大力弘扬两个文明建设中的典型人物及事例，客观分析国内形势及世界局势对我们的影响的新闻。主旋律报道的主要职能一是舆论引导，二是为社会服务。

主旋律报道有鲜明的政治色彩和政治观点，它服从、服务于改革开放的大局；同时，主旋律报道受党的领导，许多宣传精神和报道工作是由党的宣传部门传达部署的；正面报道、赞誉性报道通常在主旋律报道中占主导地位。

一、主旋律报道不仅是新闻而且是最重要的新闻。

一般来说，主旋律报道题材重大，政治性、政策性非常强，它所涉及的报道领域也很广泛，除了时政报道外，经济体制改革、民主与法律建设、国防、教育乃至社会生活的方方面面都在它的报道视角之内。有的人认为主旋律报道就是宣传好人好事，其实也不尽然，抑恶扬善、舆论监督是主旋律报道的基本职能，像抨击腐败现象、不正之风、行业垄断、地方保护主义，揭露制假售假、坑蒙拐骗、黑恶势力、黄赌毒等批评报道，同样是主旋律报道的有机组成部分。中央电视台的《焦点访谈》节目揭露性、批评性报道占有较大比重，矛头所向都是违反党的方针政策、国家法律法规的行为以及与社会主义精神文明建设背道而驰的丑恶现象。这种报道对于我们健全和完善社会主义法制，保障改革开放的顺利进行具有不可替代的重要作用。朱镕基总理赠给《焦点访谈》节目编辑记者们的四句话：“舆论监督，群众喉舌，政府镜鉴，改革尖兵”就是很好的评价。此外，有的人认为主旋律报道可听性不强，受众不关注，但是仔细分析一下可以看出，相当多的主旋律报道与百姓生活息息相关，像精简机构、简化行政审批、国企改革、下岗再就业、“严打”、房改、医改等等都是群众关心的大事，这些报道远比那些“人咬狗”、名人隐私之类的奇闻怪事具有新闻价值。

在主旋律报道中也存在着不讲究辞章文采，文字干巴巴，特别是在成就性、工作性报道当中，公文化、程式化的八股文风时有所见；一部分作品在政策的把握和宣传上不到位，甚至出现政治上、理论上的错误，造成了不好的社会影响；还有一些题材和内容上本该出彩的作品平淡无味，没有发挥应有的宣传效果。

主旋律报道中存在的问题除了有记者编辑责任心不强，理论素养、专业知识不够，对党的思想、理论、宣传方针没有很好的消化理解，缺乏深入挖掘的精神等原因外，更主要的是长期以来形成的某些错误观念造成的：有的记者把主旋律报道与一般性的日常报道等同起来，思想上缺乏应有的重视，报道中自然难以做到高屋建瓴，统揽全局；有的记者认为主旋律报道是应景文章，不容易出好新闻，从自身来讲就没有全身心投入进去的主观意识。其实，近些年来中国新闻奖的获奖作品，获大奖的都是高扬主旋律的精品之作。假如有人提出“主旋律报道是不是新闻？”这样的问题的话，那么一个无可争议的回答就是：主旋律报道是当前最大也是最重要的新闻。

二、创新与创优并重是搞好主旋律报道的关键所在。

主旋律报道肩负着重要的历史使命，它通过鲜活的典型事例和生动的表现形式体现党的宣传精神，展现当今丰富多彩的社会生活，发挥正确的舆论引导作用。主旋律报道特别是事关党的中心工作的宣传报道大致要经历以下三个阶段：第一阶段，正面报道，大造声势。这一阶段要求报道具有一定的规模，特别是有关宣传的前期工作要做到策划周密，准备充分，防止“萝卜快了不洗泥”。第二阶段，深入挖掘，求真务实，树立典型，广为推广。第三阶段，常抓不懈，潜移默化，把党的中心工作宣传与日常报道有机结合起来，“润物细无声”是其最高境界。

搞好主旋律报道，首先要坚持党性原则，坚持正确的舆论导向。

主旋律报道任何时候都不能偏离甚至违背党的宣传精神。1996 年 9 月 26 日，江泽民总书记视察人民日报社时特别强调：“报社的同志要有大局意识、全局观念，坚持政治家办报，正确处理改革、发展、稳定的关系，登什么，不登什么，怎么登，都要从全局出发，从党和人民的整体利益出发。”

在我们日常报道中，一些重大事件甚至是突发事件也会成为主旋律报道，如 1999 年 5 月 8 日，以美国为首的北约悍然用导弹袭击我驻南联盟大使馆，首都高校数万名学生群情激奋，走上街头抗议示威，展示了中国人民不畏强权、捍卫正义的坚强决心。全国各大媒体纷纷作了及时报道，这些报道极大地激发了全国人民的爱国热情，达到了很好的宣传效果，并受到了宣传部门的好评。

主旋律报道是中国先进文化的一部分，它应当遵循社会道德准则，讲求文化品味，对受众负责，不能以猎奇、媚俗、片面追求所谓的轰动效应为出发点。

第二，真实是新闻的生命，主旋律报道也要实事求是，按照新闻规律办事。

新闻媒体的政治属性与新闻规律既不是两张皮，也不是相互对立的，对媒体自身而言，要使两者长期保持和谐统一，关键在于我们如何更好地运用新闻规律，最大限度地发挥舆论工具为党、为人民、为社会服务的功能，在坚持正确舆论导向的基础上，在增强主旋律报道的亲和力和感染力上多动脑筋，多下工夫。

在当前主旋律报道中要特别注意防止片面报道和失实报道。近些年来，个别地方政府或有关部门负责人不是把主要精力放在脚踏实地办实事上，而是为追求政绩大搞所谓的“形象工程”，大摆华而不实的花架子，这种做法看似“主旋律”，实则败坏党风，劳民伤财，而个别新闻工作者不进行认真的采访调查就在报道中吹捧，在社会上造成了不好的影响，甚至损害了党在群众中的形象，同时也给主旋律报道抹了黑。新闻工作者应当谨记自己的职责和使命，在采访和编辑工作中切忌偏听偏信，不断提高理论水平和分析问题、明辨是非的能力，严格把握正面宣传与搞形式主义的不实报道之间的界限，严格把握新闻报道中代表广大人民根本利益与代表个人利益或某些地方、部门利益之间的界限，使自己的报道能够经受住公众和历史的检验。

第三，与时俱进，创新与创优并重。

江总书记曾经说过，新闻事业是常干常新的事业，是有着广阔的驰骋空间的事业，在坚持党的新闻工作的基本方针和原则的前提下，新闻工作者应当不断开拓新的报道领域，不断探索新的报道形式，不断采用新的报道手法，不断写出富有新意的优秀作品。

主旋律题材的报道需要有一定的数量规模，但同时要注重质量，记者编辑要多动脑筋，拓宽思路，让报道贴近社会、贴近生活、贴近群众。在新闻采编上我们强调要多出精品，采编主旋律报道更要有精品意识，应当把创新精神和创优意识贯穿于报道的始终。搞好主旋律报道第一步要做到“真实、准确”。第二步要“深入、务实”，深化报道内容。第三步要“生动、有力”。主旋律报道既要反映当今生动活泼的时代气息，用积极向上的思想内容提高人们的精神境界，又要格外讲究报道手法和表现形式，使其具有较高的水准，从而产生强烈的感染力和感召力。

当我们由过去单一的计划经济走向今天多种经济形式并存的社会主义市场经济时代时，主旋律报道的视角更加宽泛，题材更加多样，当然面临的任务也更加繁重。因此，在宣传的内容、角度、手法上也需要不断调整、创新，如在宣传内容上要转变以往“官本位”的旧观念，更加关注社会，展现改革开放新时期多元化的发展趋势，在关注整体利益的同时不忘关怀个体，体现人文精神；在宣传角度上改变以往居高临下的“衙门”作风，代之以寻找平民化视角，注意倾听来自政府和百姓两方面的声音；在宣传方式上改变以往照本宣科、简单生硬的八股文风，注重报道形式的多样性、贴近性、可听性等。

搞好主旋律报道，还需要加快建立创新与创优机制，实行专业化分工协作。

主旋律报道是当前新闻宣传工作的重中之重，搞好主旋律报道不光体现记者编辑个人的业务水平，也反映了媒体的政治敏感性以及策划、组织重大报道的能力。集中优势兵力，把采编播队伍中的优秀人才放在主旋律报道的第一线，对于提高新闻节目质量、推动新闻工作向前发展具有积极的作用。

如果说写新闻不是一门学问，那么写出好新闻绝对是有学问的，同样，如何搞好主旋律报道，这里面更是大有学问可以探讨。

创建交通广播品牌
交通新闻充当什么角色

——兼论专业广播如何做好新闻栏目（摘编）

谢先进

在当今的广播界，“窄播”理论已经成为人们的共识，“窄播”实践也被广播内外认可。“窄播”的出现，是因为这个世界和受众的需求变得更加丰富多彩，而传统的单频率包罗万象的广播制作方式显然无法适应这种需要，这就要求广播界对受众进行细化分类，然后根据不同的目标受众提供不同的专业化节目。这样操作的结果是形成了传播者和受传者之间的良性互动：广播媒体通过节目专业化、精品化留住甚至发展了一定数量的受众群，不同的受众群也能通过对广播频率的选择满足各自对不同信息的需求。

从北京和外地许多广播电台的“窄播化”实践来看，目前电台基本上分成为新闻、音乐、交通、文艺、经济、教育、体育等专业台。但各个专业台仍然承担着传播新闻引导舆论的功能。具体到北京交通广播来说，每天播送的新闻包括：中央电台的《新闻和报纸摘要》、北京电台的《北京新闻》、中央电视台的《新闻联播》和本台的《交通新闻》。前三者的存在满足了听众了解国家大政方针、国内国际局势等时政新闻的需要；只有《交通新闻》这个栏目表明，交通广播是有自己的声音和见解的专业媒体。几年来编播交通新闻的实践和受众的需求告诉我们，对于交通广播来说，有必要强化、优化交通新闻的报道，而不是相反。

一、交通新闻是塑造交通广播形象和品牌的重要组成部分

1. 媒体的根本目标：受众角色期待和媒体角色表现的统一

任何媒体，它的现实目标受众和潜在目标受众对它都有一种角色期待，而媒体编发的新闻和制作的节目就是它对受众的角色表现，如果这两者能够形成比较理想的对应，我们说，媒体的运作是成功的，否则，媒体的角色表现和受众对媒体的角色期待之间就会形成落差，这种落差存在的时间越长，受众的落差感越大，现实的受众就会逐渐流失，潜在的目标受众就会失去。

对于交通广播来说，受众对它的角色期待是它能够围绕交通做足文章，能够提供受众对北京交通的现状和发展、北京交通管理的政策和措施、国内其他省市和世界其他国家发展和管理交通的经验和教训等信息的需求，他们希望交通广播能为自己的日常出行提供建议和帮助。而要达到这些目的，只有靠我们自己的新闻栏目来实现。我们转播其他媒体的新闻和北京新闻，满足了受众对新闻的部分需求，但没有满足受众对交通方面更详尽、更精确、更全面的信息需求。而这正好是交通广播应该承担的职能。对于听众来说，如果只为了听听娱乐节目，没有必要一定要把频率锁定在交通广播上。因为其他专业台同样可以提供娱乐节目。

2. 目标听众的构成：主智诉求和主情诉求相结合

所谓主智诉求，就是希望从收听广播的过程中，获得自己需要的信息，包括新闻、服务信息、观念等等。所谓主情诉求，就是通过收听节目，获得心理上的愉悦和轻松。

从调查结果来看，北京交通广播的目标听众包括以下几个方面：7万左右的出租车司机（以及他们每天运送的乘客）、50多万的私家车车主（以及他们的家人）和其他听众（一部分公车、班车司机及其乘客和其他非乘客式的听众）。

这些听众中的大部分具有共同的特点，都要和交通工具（车辆）打交道，都是在运动中收听交通广播，大都有一定的文化层次。这些特点决定他们比较倾向于了解有关车辆的信息（新车下线、汽车价格、汽车维修等）、道路的信息（城市道路的规划、修建，公共交通的发展，交通的管理、疏导和管制，道路拥堵或通畅等）和其他信息。对这些信息的需求就是听众的主智诉求。这种诉求的满足主要依靠新闻栏目提供的信息。这些听众或开车或坐车，时间长了会感到郁闷，车辆坏了会觉得着急，道路堵了会感到烦躁，这时候，他们对广播的诉求就更多地体现在主情方面。文艺节目正好能满足他们这方面的需要。但这个过程中也有主智的诉求，比如车会堵到什么时候，比如怎样应急处理车辆的故障、到哪儿修车比较方便实惠等等。

3. 听众的收听习惯：节目不能只是一道菜，而是一桌大餐

广播节目构成简单得只有三个部分：新闻+谈话+音乐。其实，这个简单的公式中包含了广播的三大功能，一是提供新闻信息，二是进行心灵沟通，三是创造愉悦氛围。三者缺一不可。

我们现在有了不少的娱乐节目和一些谈话节目，但新闻信息类的节目还需要从思想上、制作上进行加强。听众对交通广播的需求不只是一道可口的菜，而是每天一桌丰富的文化大餐。交通广播品牌的创立不是单靠某一个节目，它需要的是一系

列精品节目的集合，无数小品牌（栏目）集合成交通广播这个大品牌，而在这所有的小品牌中，交通新闻当属灵魂与旗帜。

二、交通新闻已经取得了哪些方面的进步

1. 交通新闻形成了“快新闻意识”

交通新闻今年最大的动作是实现了滚动播出，这样做尽管在无形之中增加了编辑、记者的工作量，但保证了新闻的时效性。

滚动播出至少产生了两个不错的效果：一是培养了编辑、记者的“快新闻意识”。抢发新闻已经成了记者、编辑的自觉意识和自觉行动。记者每天对编辑说的第一句话就是：“今天的新闻还滚动吗?”这句话的回答结果将决定记者接下来的行动，如果新闻滚动播出，他们会在尽可能短的时间里把稿子发送到编辑室的邮箱里。而编辑坚持的原则是，当天的新闻争取当天发，对每条新闻最多使用两次。

第二个效果是，我们几乎没有漏发重大的交通新闻，有些新闻我们还抢在同级媒体之先播发，有些新闻还成了其他媒体的新闻线索。

经常有人说，交通广播不能也没有必要与其他媒体拼抢新闻。如果这里的新闻指的是所有的新闻的话，我们确实心有余而力不足，也确实没有必要。但如果单指的是交通新闻，我们为什么就不能拼一拼，抢一抢呢？我们的潜在目标听众——有车一族正在不断地膨胀，我们为什么就不能使我们的目标听众队伍再壮大一些?

2. 交通新闻形成了“精新闻意识”

曾经有一段时间，交通广播被贬称为“出租司机的台”、“路况台”，交通新闻也被称作交管动态、安委会专栏。实行采编分离以来，这种状况有了一定程度的改变。我们对新闻稿件的取舍坚持三条基本原则：

（1）交通新闻要“有益”。交通广播作为一个媒体，新闻具有坚持正确的舆论导向作用，它具有对听众的舆论进行引导、疏导和劝导的功效。

（2）交通新闻要“有用”。要有助于减少听众对北京交通和日常出行的某个方面的不确定性。新政策的出台、新法规的颁布、新道路的修建、新线路的开通是我们关注的主要方面。

（3）交通新闻要“有趣”。这是为了满足听众“主情”方面的诉求，增强节目的可听性，拉近节目和听众的距离。

根据这三条原则，记者们对自己某些新闻稿件被毙掉也能接受和理解。

3. 交通新闻形成了“活新闻意识”

广播新闻要吸引听众，除了内容要重大外，形式也要新颖、生动。我们的交通新闻在这些方面进行了有益的尝试。现场报道、录音报道的音效、报道形式都有不少创新。“百姓关注”也用一定的时段播出老百姓最关心、最烦心、最闹心的事情。

三、交通新闻还存在哪些不足

我们也清醒地认识到，交通新闻还有一些不足之处，需要我们在编辑方针、报道思想和日常的采编播工作中进行改进。

1. 报道眼光“往下看”不够

我们现在的很多报道都把眼光盯住领导机关，盯住新闻发布会，他们说什么，我们就报道什么。对老百姓怎么想的，怎么做的，怎么说的，我们还是涉及得少。如果老百姓经常不能从我们的节目中听到他们关心的事情，松散的、无组织的、自由的受众们完全可以离开我们。

媒体的存在，它还有“观察者”的功能，它有必要有义务将实际生活中实际情况，通过自己的报道向有关方面汇报，以促进某些问题的及时解决。

我们今年在《今日话题》推出了系列报道——“北京堵点调查与分析”，就产生了良好的社会反响，有的听众在反馈意见中说，听了北京交通广播的节目，我们知道有些堵点是历史原因造成的，有些堵点是人为原因造成的，有些堵点是施工造成的暂时困难，有些堵点有关部门正在想办法解决。报道让听众知道了事情的原委，也看到了问题解决的希望。这一组报道是成功的，但这样的报道还太少。

2. 节目“互动性”不够

在新闻报道过程中，如果认为受众必须无条件地接受媒体传播的信息和观点，那是极大的错误。

我们在年初提出过两大建议：一是充分利用新闻热线，了解听众的困难、疑问，通过我们的追踪采访，有解决可能的，报道出去，加速问题的办理；没有解决可能的，通过一定途径向有关部门反映；解决起来暂时有困难的，在节目中进行解释。

第二个建议就是建立专家委员会，对北京交通中存在的问题，定期邀请相关专家进行权威的分析和点评。这样，一方面为解决问题提供参考意见，另一方面也提升了交通广播的品位和档次。

但这两个建议没有很好地执行，新闻节目的“互动性”也做得不够。

3. 节目的“亲和力”不够

要改变这一点，除了要眼光向下看，要增强节目的互动性外，还要在节目的内容和形式上多下工夫。在内容上，报道有关部门的新政策、新法规时，要多从听众关心的方面找契合点，要让听众感到，我们报道的东西跟他们是相关的。即便是那些工作性报道，我们也要写出彩来。

除了内容外，新闻的播报形式也有必要加以改进。

4. 组织、策划报道不够

这一点主要体现在新闻专题的制作上。目前每周7天的专题节目时段有4天是固定不变的，编辑每天忙于准备两套新闻的播出，记者每天也在忙于动态消息的采集，这些因素使得专题节目缺乏整体的规划，节目的质量也难以提高。

四、交通新闻向何处去?

对交通新闻只能强化，而不能弱化。这里是要探讨交通新闻的具体操作方式。总的来说，避免前面提到的不够，再对以下两点进行加强，交通新闻就会有更大的改观。

1. 交通新闻要坚持为听众“解惑”、“解困”、“解气”的编辑思想。

(1) 解惑　就是树立交通新闻在听众心中的权威形象。准确、及时地向听众解释他们有关交通方面的疑惑。

(2) 解困　就是树立交通新闻在听众心中的“自己人”形象。要利用媒体的优势，帮助听众解决日常出行中遇到的困难。

(3) 解气　就是树立交通新闻在听众心中的“倾听者”形象。交通新闻要为听众提出的有代表性的意见和建议提供宣泄的渠道。

2. 交通新闻不但要做社会记录者，还要争取做社会的参与者。

作为传播者，我们要充分发挥“议程设置”的作用。我们无法让听众怎么想，但我们有办法让听众在一段时间里想什么。在听众面前，我们是社会舆论的监督者和引导者，我们可以通过在一段时间内集中报道某个方面的内容，以便在社会形成倡导某种精神和风尚的舆论，比如文明驾驶、文明乘车；我们也可以在一段时间内集中揭露某个方面的内容，以便在社会上形成抨击某种不良的言行，比如乱贴小广告、马路商贩等。

我们的这个方面工作既可以针对普通听众，也可以针对领导机构和管理部门。

在历次的收听率调查中，交通新闻都能排在比较靠前的地方。这是全体采编播人员不断修正错误共同努力的结果。但这样的结果，对我们来说，其实是一种压力和动力的混合体，我们还会像以前那样不断地完善自己的不足，为广大的听众提供一份精美的新闻大餐。我们想，如果交通广播的每一个节目都能本着这样的原则去制作，我们奉献给听众的就是交通广播整体的完美品牌。

从“北京申奥成功”谈外宣节目的创作（摘编）

陈雪谨

《北京申奥成功》这个节目是作为《中国之窗》这个节目类型参加2001年的中国对外广播奖“彩虹奖”评选的，下面我想结合这套节目对如何做好重大事件的外宣报道谈一下我的体会。

一、节目好不好，选材是关键

1．每一套好的外宣作品题材都起了至关重要的作用。

对于重大事件我们是不能选择的，恰好相反，能赶上重大事件是我的幸运。申办奥运会这件事对于北京来说可能是几年之内最大的一件事了，因为从申办到投票也有一年的时间，所以可以说这套节目是酝酿了很久的事，直到4月份我觉得这是一件非做不可的事情。

2．大量的前期准备工作是必不可少的。

想想容易做起来难，作为一个市级电台，能不能有名额去投票现场？在投票现场能采访到谁？采访对象说的怎么样？我都不知道。当时就是想，在客观条件下尽力做。后来到6月份第一个问题解决了，我们北京电台国际部的记者李剑，也就是这个节目的另一个重要参与者去了。一听到这个消息我就有两种感觉：第一兴奋，第二紧张。兴奋是我的计划在客观条件上有了突破性进展，我们起码有可能有第一手的音响素材；紧张是我担心采访不到重要的、有代表性的人，采回来的东西不好、不精彩。

李剑他们走之前我给她打了一篇几百字的东西，上面不仅写着我想要采访的人，还预测了各种可能发生的情况。比如第一计划是采访到刘淇在宣布结果后说的第一句话，奥申委成员在宣布结果后的反映等等；此路不通的话就采访几位陈述人或者团里的其他人；陈述人也采不到的话就采访当地的华人吧。当然还有最大的一个悬念：赢或者输。这两种都能做，当然赢了好做，基本上怎么说都行；输了的话就得想想用一个什么角度做，用什么语言慎重地做了。

3．采访素材是节目里的“肉”。

这样在家里忐忑不安地等着，当然不是闲等着，得做最坏的打算，万一机器坏了什么都没录回来怎么办？那就靠后方的采访了，所以在北京的采访也很重要。

在采访方面的最终结果就是我的同事“超额”并且是高质量地完成了她的任务，

除了李岚清以外该采的都采到了；还有像“在飞机上的音响”、“姜昆的那段调侃”“张艺谋的愿望”这样事先没在计划之列的采访录音都很成功。这份采访应该是所有表现申奥投票节目当中最全面的，是多个独家音响的集合。

二、结构会在不经意间决定一个节目的成败

结构是一套节目的“骨架”，它的作用是直接影响节目的逻辑性和人们的“听感”。因为北京台《中国之窗》的播出时间是每月的1号，而7月13号我们就申办成功了，拖了半个月，听众听的时候就没有时效性了，这个节目怎么做？我别无选择只能采取回顾的方式。这个节目有两个轴：横轴是时间，纵轴是空间。萨马兰奇宣布之前用的是“时间横轴”：什么几月几号奥申委出发，几月几号到达机场，几月几号新闻发布会，几点陈述，几点回答问题，几点投票，几点宣布结果……气氛越来越紧张；一宣布就变成“空间纵轴”了，时间不变，就是刚宣布完的几秒钟，空间从天安门到世纪坛到三里屯到二环路到中央电视台演播厅……节目的雏形出来了。

三、节目是为听众的“情绪”服务的

作为听众,他听广播的需求有很多种：获得新闻、获取知识、得到娱乐等等,但是有一点不可忽视,那就是:升华情绪。就像我们置身足球场时需要国歌来点燃情绪一样。我也注意到有很多节目不受欢迎,我认为那是编辑做给自己听的,不是做给听众听的。编辑应该自己听听,是否听得懂？听得下去吗？爱听吗？这几个问题一回答节目好不好起码一半儿就有答案了。所以做节目要照顾到听众的情绪。

情绪是传播者和受众之间的互动过程，虽然传播者和受众并不见面，但是实际上传播者已经在创作过程中加入了“情绪”,而受众在接受情绪引领的时候已经置身于传播者创造的情景当中并且被之左右了,可以说这是一种艺术化了的互动过程。

《北京申奥成功》并不是想告诉听众一个新闻事件，因为2001年8月1日播出时全世界的人都知道北京申奥成功了，它只是想让听众利用十分钟的时间去回顾历史时刻的前前后后，让听众的情绪在十分钟的时间里重新升华到起点。事实证明这个目的达到了。我听说近一年后国际台一位编辑在机房里偶尔听到这个节目的时候还被引得留下了激动的泪水。

四、撰稿是“锦上添花”的工作

在写稿的时候我尽量“惜墨”，原因有三点：一是本来节目总长就只有十分钟；二是写得多了会影响快节奏，进而影响情绪的连贯；三是如果写得多突现不出音响的丰富、事件的真实、广播的特色。虽然字数不多，但含金量要大，要有让人听一遍就记住的话。我听到的有两处让人记住了，一个是“这时北京讲述着奥运，世界聆听着北京”；另一个是结尾处的“几年前”、“几年前”的排比句。

五、“外宣”就是“多讲事实，少评论”

我理解的外宣节目就是“多说事实，少做空洞的评论；多走人性化道路，少说教。”节目得能让听众接受，因为听众都不是傻子，你只要一把自己的位置凌驾于他们之上，那些海外的听众就肯定有逆反心理，小孩都不愿意听大人老数叨自己

呢，别说大人了。

六、精心制作节目才会有声有色

这个十分钟的节目是从李剑带回来的700分钟的采访素材和北京方面的200分钟采访素材中挑出来的。制作的时候我给人感觉是钻进机房一天没出来，当然这么说有些夸张，但这个节目另一大特色“制作精良”也确实由此反映出来了。

说实在的，要我去删那么好那么多的素材真是件挺痛苦的事情，从十几个小时删到一个小时再删到半个小时，最后剩十分钟。要哪些内容不要哪些是至关重要的。基本上我是按照这样的标准选择的：重要人物的话；有代表性人物的话；有意思的话。按照这个标准筛选后，现在听到的东西就真是百里挑一、千里挑一的了。

我在剪辑时尽量让音响听不出任何剪接的痕迹，当然这要归功于现在的数字化音频工作站；尽量让主持人的话和音响不脱节，掌握好两者音量大小的比例；前半部分的音响稍长些，后面的尽量短些，以便把握节目节奏。

以上是在创作这套节目的过程中本人的一些体会，做外宣节目对编辑来说要时刻考虑受众的情况，揣摩他们的心理，而海外的听众在时空上又距离我们较远，所以从某种程度上说，创作外宣节目需要多动脑筋。北京电台外宣工作近两年发展很快，能在更多的国家听到北京电台的声音是我们今后共同的愿望！

（三）2002年有关报刊发表的论文篇目索引

篇　名	作　者	出　处	奖　项
建立富有动感的新闻平台	冯　放	《北京广播电视》2002年第1期	
重视效果研究　真正满足受众需要	顾　炜	同上	2002年度中国广播电视学会受众研究论文二等奖
频率专业化呼唤专业化人才	王福全	同上	北京电台2002年度论文评选三等奖
“娱记”：一个特殊称谓的意义	关晓松	同上	北京电台2002年度论文评选一等奖

续表

篇　名	作　者	出　处	奖　项
如何发挥广播优势之浅见	黄文林	同上	
调音经验浅谈	孙　伟	同上	
2008年的广播给谁听 ——北京未来广播“目标听众”市场预测	张宇程 赵　男	《北京广播电视》 2002年第2期	2002年度中国广播电视学会受众研究论文一等奖
主旋律报道更要有精品意识	景　兵	同上	北京电台2002年度论文评选二等奖
交通广播面对竞争创新与发展引发的思考	秦晓天	同上	
也谈“播”之风格	吕素芬	同上	
关于创办全国旅游广播网的几点思考	王　萍	同上	
展示时代精神　提升艺术品位——创作录制广播剧《向天歌》、《妈妈你说话》的体会	李　健	同上	
当前媒体的某些怪现象	满运筹	同上	
理论、实践与思考	陈春梅	同上	
浅谈新时期广播电台的宣传管理	亢亚志	《北京广播电视》 2002年第3期	北京电台2002年度论文评选二等奖
对当前媒介生态的浅见	陈建勋	同上	北京电台2002年度论文评选一等奖
窄播化——电台发展的必然趋势	李春赞	同上	
增强互动性是少儿节目成功的关键	孙　怡	同上	
谈谈《听众反映专辑》的编辑工作	刘翠萍	同上	
打造精品的样板间　交流经验的园地 ——《七台精彩节目联播》的回顾与思考	张　梅	同上	北京电台2002年度论文评选三等奖
给评书插上音乐的翅膀 ——漫谈配乐评书的新探索	张　宏	同上	北京电台2002年度论文评选三等奖
今天的广播业，机遇与挑战并存	冉　迪	同上	
谈谈广告专题节目主持人的服务意识	唐爱菊 邱桂垣	《北京广播电视》 2002年第4期	
勇于开拓　不断创新 ——北京电台专业化办台的思考	汪　良	《北京广播电视》 2002年第5期	

续表

篇　名	作　者	出　处	奖　项
媒体需要拥有富有创新精神的经理人	姚　钢	同上	北京电台2002年度论文评选三等奖
节目管理中的“以人为本”	张娜依	同上	
铭记辉煌——浅议“新北京新奥运特别节目”编排思想	陈晓海 景　兵	同上	
新闻编辑责任重于泰山 ——从《北京新闻》对两篇报道的处理谈起	周燕玲	同上	北京电台2002年度论文评选三等奖
台港澳广播媒介说略	张勉之	同上	
牢牢把握先进文化的前进方向	亢亚志	《北京广播电视》2002年第6期	
谈谈电台节目主持人个性化的问题	张　梅	同上	
全员参与　精益求精　打造精品 ——关于坚持专业化办台的一点想法	童淑玲	同上	
经久不衰的《空中笑林》	于万海 张　宏	同上	
内部会计控制在事业发展中的积极作用	张秀勤	同上	北京电台2002年度论文评选三等奖
脚踏实地　胸怀全局	顾　炜	北京电台《宣传业务》2002年第1期	
舆论监督是我们的本职	陈京英	北京电台《宣传业务》2002年第2期	
从热线说广播节目的贴近性	范晓茜	北京电台《宣传业务》2002年第3期	
也说新闻立台	景　兵	北京电台《宣传业务》2002年第4期	
北京奥运将为广播业和体育台的发展插上翅膀	后晓军 张友信	北京电台《宣传业务》2002年第5期	
精雕细琢北京电台的新闻形象	张立新	北京电台《宣传业务》2002年第7期	
体验“魔鬼记者” ——参加BBC采编培训有感	张延红	同上	
我充当了一次“拷问”别人的记者	刘建旗	同上	

续表

篇 名	作 者	出 处	奖 项
进行质量管理体系认证与国际管理模式接轨	王 秋 秦晓天 赵 颖	北京电台《宣传业务》2002年第8期	北京电台2002年度论文评选一等奖
试论广播的大众传媒属性与系列台专业化的关系	周国华	同上	北京电台2002年度论文评选三等奖
参加BBC培训的几点体会	才 涛	同上	
参加BBC培训带来的思考	耿雪梅	同上	
《北京报道》节目创办以来的几点思考	景 兵	北京电台《宣传业务》2002年第9期	
网罗万千风景 电波连接四海 ——全国旅游广播网播出一周年回顾	王 萍	同上	
博鳌随感	朱凌翔	同上	
广播广告前景之我见	金 慧	同上	
浅谈音频处理器在节目播出中的应用	马 超	同上	
难点与对策：面对21世纪的对外中文广播	戴蔚然	北京电台《宣传业务》2002年第10期	
制作新闻专题类节目的体会	赵 红	同上	
再谈专业化办台	汪 良	北京电台《宣传业务》2002年第12期	
主持人的语言 ——保健品类节目主持之我见	李 娜	同上	北京电台2002年度论文评选三等奖
新闻三“借”	刘晓仲	北京电台《宣传业务》2002年第13期	
浅谈提高广播制作质量	赵 红	北京电台《宣传业务》2002年第13期	
听到的世界杯同样精彩	阳 程	北京电台《宣传业务》2002年第14期	
亲历韩日世界杯随感	李 凯	同上	
804台音频交换系统的完善与操作	邓亚程	北京电台《宣传业务》2002年第14期	
深入生活 关注民生	朱凌翔	北京电台《宣传业务》2002年第15期	

续表

篇　名	作　者	出　处	奖　项
寻访美国最大的广播媒介经营公司	张勉之	北京电台《宣传业务》2002年第16期	
“飞碟”进车展，广播占先机——北京交通广播车展引起轰动效应的启示	赵　颖 张　丽	同上	
让“森林”的音乐乘着电波飞翔——2002年柏林森林音乐会转播随想录	陈小斌	同上	
大力提高档案资料管理水平，为管理和节目服务	孙重梅 张燕华	同上	
创建交通广播品牌　交通新闻充当什么角色——兼论专业广播如何做好新闻栏目	谢先进	北京电台《宣传业务》2002年第18期	北京电台2002年度论文评选二等奖
从《北京申奥成功》谈外宣节目的创作	陈雪瑾	同上	北京电台2002年度论文评选二等奖
加拿大广播印象	张勉之	同上	
笑声背后的故事——创作《一曲“买猴儿”传盛名——马三立的故事》的点滴体会	张　宏	北京电台《宣传业务》2002年第20期	
谈谈广播中的文风问题	牛桂芝	同上	
XM，广播的新感觉、新激情	张勉之	同上	
谈广播情感节目主持的对象感	伍洲彤	北京电台《宣传业务》2002年第21期	北京电台2002年度论文评选三等奖
给我一个“场”，我才能让节目继续	刘思伽	同上	北京电台2002年度论文评选二等奖
创新——前进的主题	降巩民	北京电台《宣传业务》2002年第22期	
在2002年北京电台专业化办台研讨会上的讲话	汪　良	北京电台《宣传业务》2002年第22期	
在2002年北京电台专业化办台研讨会上的讲话	张勉之	同上	
十六大采访随感	朱凌翔	同上	

续表

篇　名	作　者	出　处	奖　项
新闻台听众调查分析报告及调整思路	李　捷	北京电台《宣传业务》 2002 年第 23 期	
经济广播目标听众定位和频率发展的再思考	赵多佳 边　建	同上	
专业化办台的再思考 ——关于调查报告	王　秋 陈炳岩	同上	
对 2002 年教育广播收听情况调查报告的几点思考	纪烈鸿	北京电台《宣传业务》 2002 年第 23 期	
广播专业化深入发展的前景在于产业化 ——北京电台专业化办台研讨会上的发言	邵　军	北京电台《宣传业务》 2002 年第 24 期	
再谈专业化办台——北京电台专业化办台研讨会上的发言	张厚美	同上	
专业化才有生命力 ——北京电台专业化办台研讨会上的发言	后晓军	同上	
突出特点　迎接挑战　共商专业化深入发展大计——记 2002 年北京电台专业化办台研讨会	朱晓明	同上	
将北京的声音传向世界 ——我的一点外宣工作体会	冉　迪	新华社对外新闻部 《对外宣传参考》 2002 年第 8 期	北京市“宇虹奖” 外宣文章二等奖
浅论广播专业化与受众	赵多佳 边　建		2002 年度中国广播电视学会受众研究论文一等奖
强化听众意识　建立听众反馈系统 ——北京台业余监听员队伍建设的回顾与思考	田凤芝		2002 年度中国广播电视学会受众研究论文三等奖

十、经验、体会

再谈专业化办台

——北京电台专业化办台研讨会上的发言

张厚美

感谢总台为我们创造这样一个相互交流的机会。我今天的发言主要讲三个方面的问题：第一个是关于目标听众群的问题；第二个是关于专业化办台的问题；第三个是在专业化办台方面请求总台给予支持和保护的问题。

我先说第一个问题：关于目标听众群的问题。今年的社会调查数据显示，北京文艺台目前已经确立了以各种学生为主的青年收听人群以及中老年听众人群这两大目标听众群。根据 IMI 市场信息研究所所做的市场调查显示，北京文艺台的听众群大体呈现出三个方面的特点：

(1) 收听历史比较长。调查显示：收听文艺台节目在三年以上的比例占到了 49.6%，还有 20.8% 的听众收听时间在两年到三年之间。

(2) 在收听时间上比较持续。调查显示：文艺台听众每天收听文艺台节目 1 个小时以上的，达到了 70% 以上。

(3) 忠诚度和好感度高。在本次社会调查的“北京文艺台听众经常收听、最经常收听、喜欢收听和最喜欢收听的北京电台的排名中”，文艺台分别排在了第一、第二位，这说明北京文艺台的听众的忠诚度和好感度都是非常高的。

这些都是值得我们欣慰和继续努力保持和发扬的地方。从另一方面来说，本次社会调查也显示，由于我们的听众群有一部分与其他兄弟台产生重合，所以面临目标听众群流失的现状，与其他兄弟台处于一种争取听众的“拉锯”状态。同时，我们还发现：北京文艺台听众在 25～65 岁这个年龄段的比率要明显低于广播听众的平均收听比率，特别是缺少 25～44 岁的听众群。我们认为，北京文艺台在所有北京电台七个专业台中，应该是听众群最为广泛的，凡是喜爱以及有欣赏文艺需要的人都应该是我们的目标听众。这就要求我们根据不同人群的收听喜好、收听习惯、收听时间来调整节目的内容，调整节目的播出时间，改进节目的编排方式，尤其是树立各个收听群所关注的精品、王牌节目，以吸引他们的注意力进而成为文艺台的听众乃至忠实听众。具体来说，我们有以下几点打算：

1. 增强节目可听性以扩大忠实听众规模。

我们首先必须看到这样一个现实：文艺节目本身并不存在“必听性”的问题，因为文艺源于人类精神层面的高层次需求，在受众群体情况不一的现实条件下，文艺节目不是“必听”的，属于欣赏和娱乐范畴。因此，我们也必须这样理解“必听性”：发挥听觉的强大艺术魅力，像磁石一样强烈地吸引住听众，让收听成为习惯。为此我们要花费较大的力气去精心制作节目，必要时要舍得花成本，打造高品质的听觉艺术精品。另外，还要根据听众的收听兴趣、爱好、习惯来精雕细琢节目内容，形成系列、形成品牌、形成规模，让听众形成稳定的收听习惯。

2.扬长避短，通过充实、创新的节目内容吸引普通听众关注

正如上面所提到的，文艺台不但与兄弟台存在听众“拉锯战”的情况，与其他电台媒体也存在这种可能。为此我们必须要扬长避短，既要避免“兄弟相残”的情况发生，又要吸引普通受众的关注。如IMI市场信息研究所调查中建议的：用非音乐节目争夺年轻听众；用有自身特色的音乐节目吸引中老年听众。

3.整合节目资源，注重节目内容的系列化，使节目编排更加合理以扩大潜在听众规模。

（1）根据文艺台听众年龄特点吸引潜在听众群

文艺台听众在年龄上偏重两头，其间25～44岁的听众群相对数较少。为此，除了根据这一特点重新编排节目播出时间之外，结合25～44岁这一听众群体的收听需要量身定做制作一些节目，以吸引这部分听众群。

（2）根据文艺台听众职业特点吸引潜在听众群

文艺台的听众中，学生的比例最高，其次是离退休和下岗待业人员。这一特点要求我们除了合理安排节目播出时间之外，还有在节目内容上做一些调整，如增加一部分健身强体、医疗卫生以及招工等方面的信息，既吸引潜在听众群又能创收。其实这也是一个敏感话题，在这一点上我们承诺要严格按照总台制定的有关政策法规去做，同时也希望继续得到总台的理解和支持。

（3）根据听众平常收听文艺广播的时间段吸引潜在听众群

文艺台共有早、中、晚三个收听高峰，除了早间收听高峰比较弱之外，其他两个时间段都比较强。由此我们可以得出听众大部分喜欢休息的时候收听文艺台的节目，这样我们就可以据此重新调整节目播出时间和内容，以吸引潜在听众群。

（4）加强节目互动性以吸引潜在听众群

根据IMI市场信息研究所所做的调查显示，参加过文艺台互动节目的听众比例在北京电台七个专业台中比例最小。这虽然是个不好的结论，但也为我们今后的努力开辟了更大的空间。这样我们可以增加互动节目种类，增加互动节目参与方式，疏通听众参与通道以吸引潜在听众群。

第二个，关于专业化办台的问题。

北京文艺台在经过几次改版调整之后，目前已经形成了以戏曲、曲艺、文学、音乐、戏剧、综艺为主干的完整节目体系，具体节目包括戏曲、曲艺、小说、诗歌、散文、广播剧、相声、小品、音乐、戏剧、影视、娱乐、服务等等，品种齐全、欣赏性、娱乐性强是文艺台区别于其他六个兄弟台较为突出的特点。同时，本次调查也显示：《空中笑林》、《评书连播》、《小说连播》成为北京文艺台三大名牌节目，另外，在大学生收听北京文艺台的专项调查中，《午夜拍案惊奇》以不容置疑的实力位居大学生最经常收听和最喜欢收听的文艺台节目榜首。这些都是我们要继续发扬的地方。

调查显示，目前北京文艺台的节目存在“节目高度细化之后的孤立零散”、“种类繁多背后的内容匮乏”、“缺乏不同节目

种类的王牌节目”。调查结果也显示，没有自己喜欢的节目是听众不收听文艺台节目最主要的原因，占总体比例的67.5%。为什么涵盖如此广泛的节目形式、如此细分的节目内容依旧没有听众喜欢收听的节目？两者之间的矛盾值得我们好好地思考：是不是节目太多、太零散而引发的无序化、无系列化？是不是精品栏目太少，无法形成足够的吸引力？是不是名牌主持人太少，无法形成足够的号召力？是不是节目编排有问题，无法满足受众的收听需要？

针对这些情况，我们必须要结合自身实际，根据目标市场的要求调整节目体系的安排使之杂而不乱，整合节目内容资源使之重点突出，精挑细选打造更多名牌栏目。这部分是我们今后工作的重点，在广播频率专业化之后所带来的以内容为主的时代，只有在节目形式、节目内容的编排上做好、做足文章才能树立品牌形象，为媒体经营创造更广阔的空间，更好地面对更加激烈的媒体竞争。在节目形式、内容编排上，具体来说我们有以下几点思考：

1. 强化专业特色

北京文艺台的节目内容涉及面比较广泛，这是我们的优势所在，也为我们专业化办台提供了一个施展的空间。我们要努力把文艺广播范畴内的节目打造成各种不同的“专卖店”，做到“人无我有，人有我精”。专卖店强调的是专业化、权威性，为此我们要配合总台专业化办台的思路，在节目内容、表现形式上要创新，为它们注入活力，淋漓尽致地打造我们的节目，吸引和培育各种爱好者：文学爱好者、戏曲曲艺爱好者等等，培养各种迷：戏迷、歌迷、书迷、曲艺迷等等。要做到这一点，可以从以下三个方面下工夫：

（1）精细化

在节目内容上要“精耕细作”，以听众喜闻乐听的形式加以表现，如《文艺大点播》就需要精编细做，不但要在选取的内容上下工夫，同时要锤炼主持人的语言，在以内容取胜的同时，让主持人的个性风格和语言特色起到锦上添花的作用。

（2）系列化

强化专业特色要注意内容的连续性、系列化。节目的系列化是文艺台节目的一个法宝，也是吸引听众收听、关注，进而培养听众忠诚度的制胜武器，比如我们的王牌节目《小说连播》、《评书连播》都是这方面的典型例子，除了这些节目之外，其他的节目也可以考虑以一定的主题编辑成系列化的内容播出。比如：《名歌名曲》节目就可以做成外国名曲、乐曲欣赏、电影歌曲（又可以分成国内和国外电影歌曲系列）、流行经典等等系列。

（3）新颖化

节目内容的新颖化包括两方面的内容：一是内容题材新颖；二是编排和形式上的新颖。比如小说就要保证内容题材的新颖。在节目的表现形式上，也要注意新颖，要根据听众的收听需要改造我们现有节目的播出形式。

2. 打造名牌栏目

名牌栏目在很大程度上左右着广播媒体的形象，好的名牌栏目，不但可以树立节目自身的形象，而且能带动其他节目快速跟进，从而提高整体节目质量。特别是现在广播界是以内容为王的时代。要树立品牌意识，总台抓专业台也要抓，从上到下一条线。应该说，目前北京文艺台的节目已经拥有了自己的名牌栏目，其中包括：1个名牌节目《空中笑林》，3个优秀节目《小说连播》、《评书连播》和《长安大戏院》。但是品牌节目的数量上还远远不够，其实文艺台各种类型的节目都应该拥有自己的领军节目。为此，我们要从目前文艺台的主干栏目，特别是调查中排名前十位的栏目选取一部分进行重点策划，使之在短时间内成为名牌栏目。另外，树立品牌要立体化，以栏目为中心形成立体造势，为真正形成名牌栏目营造氛围。

3. 挖掘资源潜力

要努力开掘文艺台现有的节目资源加以充分利用。比如从库存的节目中（戏曲、曲艺、评书等方面的）选取可以继续使用的内容，督促编辑进行编辑、整理、播出。最好是为节目资源造册，从台领导这里就掌握这些资源，这样才能更好地发挥文艺台资源优势。

4. 营造新的卖点

创收是目前我们工作的重点，要形成全台共同努力为创收服务的思想，在提高收听率的同时增强卖点。为此，节目调整时要注意在节目内容、编排等方面的设计上就要为创收服务，营造新的卖点。比如：在《长安大戏院》、《小说连播》等节目中开辟专门的广告时段，利用节目的连续性、系列性为广告创收服务，同时还要加强主持人的创收意识。

5. 加强队伍建设

市场的竞争也好，媒体的竞争也罢，说到底是人才的竞争。要把文艺台做强、做大，没有一支政治强、业务精、纪律严、作风正的编播队伍是不行的，而这支队伍的基础就是人才，具体地说就是名编辑、名记者、名主持人。因为有了人才才能有节目质量，有了节目质量才能创品牌，有了品牌才能吸引更多的听众，有了较大的听众市场才能争取广告市场的更多份额，才能提高我们的竞争实力。在这方面，我们必须要有战略眼光，要有超前意识。我们应该清醒地看到，尽管文艺台在京城诸多广播频率中占有一席之地，但就其节目创优和经营创收来讲，还未形成良性互动和社会效益、经济效益的双赢。因此，培养和造就一支基本的人才队伍，营造吸引人才、尊重人才、留住人才、善用人才的良好氛围，建立有利于人才脱颖而出的用人机制、激励机制、分配机制，已成为我们的当务之急。明年，我们将根据文艺台队伍建设的实际，着重抓好这么几项工作。一是继续抓好员工培训，按需施教，增强员工的创新意识和能力；二是用好现有的人才，合理配置现有的人力资源，扬长避短，使其各尽所能；三是以宣传包装名主持人为切入点，发现、培养或招聘社会上的名主持人，打造文艺台的品牌形象。

第三，关于在专业化办台方面请求总台给予支持和保护的问题。

在专业化办台方面，我们认为：北京文艺台的作用和功能就是一个门类齐全的“文艺专柜”，为喜爱文学艺术的社会各个阶层听众提供“适销对路”的精神产品。为此，我们要继续坚持总台在专业化办台方面提出的“红绿黄灯原则”，不是自己领地的事情坚决不做，模棱两可的领域尽量少做，要按照总台的专业化办台要求，强化专业特色，尽全力把文艺台范畴内的文章做足，为听众提供更多的收听机会，培养我们自己的戏迷、影迷、书迷、歌迷、曲艺迷，只要有收听市场，就要为听众提供门类齐全的精神食粮，最大限度满足听众的收听需要，培养听众的忠诚度。要达到这一目标，要求我们在节目内容上要系列化、精细化，在节目编排上要规模化、新颖化。

说到“红绿黄灯原则”，我也不禁想到了“圈地运动”和“有所保护原则”。首先必须承认，总台在专业化办台方面的这些努力的确最大限度的挖掘了广播媒体自身的优势，既发挥了各个专业台的优势，又避免了相互竞争所引发的“自相残杀”，我们举双手赞成。但是，我们也必须面对这样一个现实：广播媒体与生俱来的本性就是运用文艺作品的武器，提供给听众最大限度的精神愉悦和满足，而文艺台又是一个以文艺作品为生存根本的专业台，我们的所有播放内容同时也是兄弟台和其他广播媒体必须也是必须要涉及到的内容，所以很难提供类似于音乐台《中国歌曲排行榜》、交通台《路况信息》等兄弟台的这种保护。我们也不会提出这种不合情理的要求，但是从保护、培养文艺台的王牌内容和品牌节目方面考虑，我们又不得不向总台提出保护文艺台特色内容的要求。记得以前降台长做总编的时候曾经要求：新闻台也可以播长书，但是要以纪实文学作品为主，以区别于文艺台的《小说连播》节目。这是一个很好的思路和办法。我们认为，所谓文艺台的特色节目内容主要包括：文学、相声、电影、戏曲和广播剧。我们想，关于保护文艺台的特色节目内容方面能不能采取这样的办法：

1. 相同类型的节目能不能错开时间播出；

2. 相同类型，比如评书能不能错开书目；

3. 对于文艺台的品牌栏目，其他兄弟台能不能不以栏目的形式出现。

广播专业化深入发展的前景在于产业化

——北京电台专业化办台研讨会上的发言

邵　军

作为一个研讨会，我大概说三个方面。

第一个是音乐台的观点，就是关于专业化的观点；第二个就是音乐台现在的打算和做法；第三个就是音乐台需要的支持。

一、音乐台的观点

在说观点之前，我想先说一下北京台的发展当中有两个特别重大的事件，一个是三元会议，集中管理，分散经营，应该说对北京台的十几年的发展是个重要的转折点，第二个应该就算专业化办台了。提出专业化办台是在 1999 年的那次研讨会上，当时的产生很简单，因为当时我们七个台之间左脚踩右脚的现象很严重，为了能够减少这种内耗，使各台在本行业内的权威程度得到加强，开始了一步步走专业化的道路，专业化所起到的效果，这几年的发展是有目共睹的。应该说专业化办台的方针起到了重要的作用。专业化办台的研讨会我们每年都在办，有一些问题一两年来没有太大的进展。比如说是不是应该再干净一点，是不是教育就应该全归到教育台，这样的问题我们还在讨论。还有在实践当中我们有的台也提出了不同的观点，比如说绿地工程，这就是经济台在实践当中明显感觉到我这个受众群体太小了，它的价值怎么样？这些问题实际上我们去年就在讨论，但是一直没有什么进展，因为本身各台在划分的问题上矛盾没有那么尖锐了，第二个到底划到什么程度为好，没有标准。再干净一点，那是我们拍脑门说的话，绿地工程是我们实践当中感觉到的需求，我们提出来的一种实践的方法。

专业化到底应该怎么划分？我觉得有一个问题需要重新提出来，我们专业化到底是为了什么？我们的目的是要干什么？我们划分的依据是什么？

实际上我们已经渐渐的认识到了：市场。我们划来划去实际上是想划分一个市场。这个市场是从我们北京台的角度说的，跟别人我们说不着。由于现在广播市场的竞争不像报纸电视那么激烈，再由于我们走得早，我们已经相对比较强大，而中央台、国际台暂时还没有形成很强的竞争能力。所以我们是为专业化而专业化还是要干吗？我们划分的依据是市场，这个大家已经比较明确了。但这个市场有两个方面，一个是受众市场，受众市场怎么划分，有很大的交叉，比如说这个体育爱好者也可能爱好音乐，他同时又驾车，他需要新闻，那么受众群体该怎样划分？因此受众市场这种划分标准有意义，但还不应该仅仅是它。那么还有一个市场，就是我们的销售、客户市场。我们现在任何一个台实际都在同时考虑这两个市场的问题，成天要收听率提高，要它的有效目标受众群提高，都是考虑的受众，同时它也在考虑的是受众市场的商业价值的方面，因此在考虑市场的取舍方面，音乐台提出如下观点，广播专业化进一步的深化发展，它的前景在于产业化。

怎么分，我们以产业化作为目标和标准。怎么划分，看产业化的前景如何。产业化的意义何在呢？一个例子是老张从美国的访问材料，其中清晰频道的做法，30年间从一个不太大的电台发展到1250家电台，35家电视台，还拥有一个庞大的演出市场，还有路牌，那么它的产业化经营方面是非常成功的，它不光是靠广告，它的一年2万多场演出收入占一定的比重。这是我们应该重点研究的对象。上个月去韩国参加中韩文化产业专家会议，特别受启发。韩国政府对文化产业特别重视，国家投资成立了文化产业振兴院，为政府分析文化政策，要在两三年中培养出5000个文化企业，叫蚂蚁军团，要增加在国际市场的竞争力。1999年时美国硬件产业和文化产业比例为5:5，2004年时会发展成3:7，主要的增长在文化产业。金大中是从文化方面做起来的，因此韩国如此重视这方面。某一次金大中和20多个企业家谈话，问他们全部的产业加起来有多少资产？他们说加起来大概是两千多亿美金。那么你们一年的利润有多少？加起来大概是五亿美金，金大中说，美国一个电影，投资十个亿，产出二十个亿，你们看看文化产业有多么大的发展前景？现在韩流，韩国的歌手、电视剧，中国的学生那么了解，可是反过来你去问韩国的学生了解中国的歌星吗，不知道。它是一种国际竞争力。这个发展了，它同时带着它的服装，它的手机，它的汽车，带动各个产业方面的进攻。所以说文化产业是有重大发展前途的。作为我们电台来讲，产业化的发展应该是我们发展的一个前景。比如说教育台，现在教育产业发展方兴未艾，如果教育台能够和教育产业贴在一起，共同长大是不是一个发展的重要途径？如果我们的体育台能和体育产业合在一起，这是多么好的一个前景？音乐台也一样，音乐产业应该是一个重要发展产业。相对来说，韩国的政府一直在做的事情是你应该怎么做，鼓励你怎么做，这至少给我们一个启示，我们应该怎么做。在文化产业化发展这么蓬勃的时候，我们应该怎么发展。也许广播的专业化是广播的产业化的一个初级阶段。广播专业化的进一步发展它的前景在于产业化。这是我们的观点。

二、音乐台的做法和打算

首先，我们的优势在哪儿？第一个优势是通过十年的时间打造出了一些品牌，存在品牌优势；第二个是我们的节目和内容是有优势的；第三个是管理资源优势；第四个是营销资源上我们是有优势的。这些优势在以前由于我们还没有完全认识到产业发展的模式，或者说我们的精力顾及不到，所以我们仅仅局限于做好广播这个范围，我们有大量的资源被浪费。而这些资源是兄弟电台都很缺的。

其次，音乐台的目标到底是想往什么方向发展。我们想，音乐台应该成为一个音乐产业基地，应该是一个内容和产品的供应商，同时它是一个跨地区、跨媒体的电台，也就是说，电台是它的大本营，是它的基地，而它的发展应该是往音乐产业的角度发展，这里面的商机非常广阔。

那么，我们现在在做什么呢？在产业化的发展上，我们现在已经发展成为一个有一套无线的广播，两套有线的广播，还有一个在全国有十六个省市落地的卫星协作网，在这个网当中目前已经发展出三个节目，《中国歌曲排行榜》已经成为十六台的品牌，还有两档节目是今年八月开播的——《校园音乐先锋》、《中华民歌大赛广播大擂台》，这些节目给各个台带来了收益，而这些广告是以前我们这种地区性电台比较难于得到的，是一些国际化的全国多市场推广的大品牌。在《中国歌曲排行榜》里，排队的还很多，我们大概会在明年把它扩充到一个小时，扩充广告容量。另外一档和南宁民歌节合作的《民歌大擂台》一出台就带着全国的广告，还有一个《校园音乐先锋》。这是由于我们现在具有了这种营销的资源。爱耳贝思借鉴西方先进的营销理念和管理方法，已经在重庆成立了重庆爱耳贝思公司。另外，我们和 TOM 合作，成立 fm974.tom.com 网站，在网站合作上除了宣传效果不错外，同时我们在短信方面有了几万块钱的非广告收入，另外，我们准备做的一本音乐杂志，筹备工作已有将近一年。要不是我们已经有了这些资源优势或说核心技术，我们也不会跳到杂志这样一个竞争也非常激烈的领域里来。我们的优势和核心技术就是我们有品牌，排行榜的权威性，中国歌曲排行榜的品牌和内容以及全球华语榜在全球华语地区的权威性和大量内容。还有世界榜是欧美范围内的。应该说品牌优势是很强的。现在很多杂志都是用我们的内容，那我们何不自己办一个？再说核心技术，我们拥有的十六个台的卫星协作网，和我们的杂志是一个互动的媒体，这种形式目前在国内的杂志当中还没有，这些核心技术是不容易被克隆的。所以我们觉得可以做这个事，而且也有了大概投入一千万的资金来做这个事。这是杂志方面的，应该说我们是第一个。另外，演出方面，应该也是我们的一个优势。另外，我们需要做的一个很重要的事，刚刚有几个台也谈到这个，就是关于制播分离和制作公司的问题。我们的想法也比较成熟了，我们想法是这样的，就目前我们制作节目的这种模式，是一个成本比较低的模式，但是它是一个很难发展的模式。我们还举中国歌曲排行榜的例子。原来它只是一两个主持人在主持节目，做到一定程度就觉得没法发展，我们又把它变作制作人制，就是有几个人，三四个人在那做，但是还不行，为什么呢？它作为电台体制下的一个部门，对于它的品牌的发展已经产生了束缚，作为中国歌曲排行榜，现在已是内地最权威的一个排行榜，在所有电台的排行榜之上，唱片公司对它的重视程度极高。而且各个电视台也都把它作为一个节目资源，每年年度颁奖的时候，几个电视台都在抢，谁来录播，它完全有能力往网络、电视、杂志，往其他方向去跨，但是现在的机制不行。所以我们的想法是，比如说它是隶属于北京广播公司下面的一个节目制作公司，当然可以由音乐台来领导，但是它是以品牌为核心的，这样的一个公司，它就做中国歌曲排行榜，它靠什么呢？第一，它靠它的内容，是一个内容供应商；第二，它有庞大的歌迷，终端受众群也是终端消费群，歌迷俱乐部是正式注册的，这个俱乐部打算在一两年内发展到20万左右的会员。这是一个庞大的资源，而这个资源是可以有新的盈利模式的。同时，它还在有可能的情况下，介入到电视节目的制作等等，这个节目制作公司一头做产品，一头拴住终端消费群。另外，这样的节目制作公司给电台供应节目是它的工作之一，它同时还可以利用它的副产品，可以有新的盈利模式。这是一种产业化经营的思路，那么，我们就觉得成熟一个做一个。其实这种实践早在五年前就开始做了，那就是陆凌涛的第一个制作公司，但那时候我们承担风险的胆量不够，所以把它做了一个和电台完全分开的方式，结果是给人家养了一个孩子。但这也可能是在发展过程中的一种交学费吧，一种取得的经验，所以我们现在就不会采用那样的做法。同时，刚才大家说到怎么聚集人才呀？怎么才能使人才不流失呀？那么我们觉得，在这样的公司成立以后，它应该有经营者的股，我们的重要的主持人，我们的经营者在里面应该占有股份的，或者说叫期权。这种方式应该是能够长期稳定人才的。我们觉得是比仅仅给他高的工资更好的一种模式。

刚刚我简单的介绍一下这些做法，已经做完的，正在做的，准备做的，基本上从音乐台的角度看它的产业构架，产业链已经形成了，那么就是怎么做的问题了。

三、音乐台需要的支持

说到现在节目的问题，我们的节目是根据以上分析做的。音乐台一直以来就是有四类节目，虽然都是音乐节目，但是我们把它分为四类，一类是严肃音乐，就是中国音乐和古典音乐；一类是环球音乐，各国的音乐；一类是通俗音乐，主要是中国的流行音乐；还有一类是综合音乐。那么我们就分析，这四类节目我们常年的一个调查，受众群是这样一个比例：古典音乐大概占了10%，欧美音乐大概占15%，中国流行音乐大概占了60%，港台流行音乐大概占了70%。这两个比较接近，这是整个的情况。那么我们就想，在我们的整个节目设置中，哪个产业价值更高，它应该是我们的主打，根据这个分析，我们要在明年的节目中整合。

第一步，我们已经有了两个辅助的频道，就是有线的频道。在调查中，有线频道虽然我们没有怎么去宣传，这是有我们的想法，主要怕冲击。因为我们等于自己在和自己做同类节目，别冲击我们主要的频道。所以在没怎么宣传或是在微量宣传的情况下，依然达到了19%。这是新生代的调查，在IMI广院的调查中到26%左右，而且想听的，打算听的还有26%。所以在做法上，我们会整合我们现有的频道。我们已经成立了一个全部古典的音乐频道，我们会把现有频道中，比较多的古典音乐挪到有线那边去，只保留适合我们目前受众群的，像《古典也流行》这样针对年轻人的节目保留在现有的频道当中。但是这种做法我们不会在一年内完成，会逐步的完成，不要产生太大的波动。另外，我们的欧美音乐也是大多数挪在有线频道，而这三个频道当中不冲突。主打的频道我们想突出流行文化，突出不是全部。因为流行文化是有巨大的商业价值的，它的产业价值最大，所以我们以最重的力量，最好的频道，包括产业发展的其他方面，这也是最容易做的。在这次去韩国的时候，上海的广电集团的胡副总裁说，我们上海就是要成为中国流行文化的中心。所以我们觉得我们在这方面可以做的事情更多，所以我们想突出流行文化，同时做新媒介产品的开发，因为它的产业价值是最大的。

另外，从节目方面我们有几个新的节目，它无论在形态上、形式上、内容上、规模上、产业价值上都是我们以前从来没有过的。我们今年增加了两个节目，准备从明年开始大量投入的。我们老的品牌，像《中国歌曲排行榜》，它的品牌形象已经很鲜明，很有价值了，新产生的《校园音乐先锋》将是我们的第三个品牌。这个节目是全国十六个台共同制作，每天由不同的台来做。这个节目很有意思的一点就是它形成了一种竞争性，首先，十六个地区的主持人在竞争，十六个地区的听众在竞争，所有地区的高校在竞争，同时这个节目应该算是未来的一个大产业经营的模式。它未来会在全年当中在每一个高校有它的本高校的十大校园音乐先锋评选活动，在这个城市有十大校园先锋的评选，最终在全国会有中国十大校园先锋的评选活动，评选出来的校园歌手还会在全国做巡回演出。它进入校园、占领校园的产业价值就是非常鲜明的。现在已经有很多的客户非常感兴趣。这个节目也是整合资源的一个结果，靠我们一个台是不可能做出这个节目的，同样的像《中华民歌大赛广播大擂台》也是一种合作的经营方法。这个节目一出现就有广告，那是由于与南宁民歌节和南宁市政府合作的结果。因为在过去也提过多次民歌的节目能不能再增加一点，当时我们说没法增加，为什么，没那么多节目源，做不出来。但是通过和这些台合作，现在主要制作的是四五家电台，四川、重庆、云南、西安等和北京台来制作，囊括了少数民族比较多的地区。这样作为创作型的民族歌曲，就可以实现，而且这也是和活动结合在一起的。11月份将在南宁举办中华民歌大赛的评选，是纳入在南宁民歌节当中的第二个重要的活动。

另外，我们还有一些节目方面的变化，也就是音乐台需要的支持。这种支持主要在两个方面，第一个方面就是在投资方面，空手套白狼的时代已经过去了，如果没有投入，这些很好的产业机会就不能得到发展。我们现在在做两个事，一个是现有市场份额的扩大，还有一个就是未来机会份额的占有。而这种机会份额的占领是要靠投入的，不投入是不可能的，而这种投入可能是两种可能性。比如说台里给一种政策，由专业台自己来做，或者规模更大的应该由总台来做投入，占有更大的市场和阵地，现在是门槛最低的时候。

我们主要希望在品牌方面各个兄弟电台对我们加以支持。比如对新闻台的这种新闻独家首播我们是坚决支持的，我们想除了把北京新闻还回去之外，想把中央新闻也撤掉。北京台已经有电台转播新闻，我们想办一档有音乐、有信息的节目。我们的受众群实际有两大块，一块是15到22岁，一块是23到35岁，这是我们主打的受众群体。我们坚决支持交通台的路况独家，音乐台绝对不播路况。去年我们提出过研讨，针对这种公共信息是搁在一个台好，还是搁在各个台好。从产业化的角度来说，它搁在一个台价值高，还是搁多个台价值高，这在未来仍是一个研究的课题。

同时我们也希望保护。1999年我们就提出来过，我们七个台应该是背对背，一致对外，成为本领域的权威。成为权威以后它除了广告价值之外，还有巨大的产业价值。因此我们也希望成为本领域的权威，我们的领域就是音乐。有关系的主要是文艺台和交通台，文艺台现在开办的音乐节目主要有《韩国新歌推荐》、《广播音乐厅》、《音乐在线》、《新民乐》、《音乐晚餐》、《名歌名曲》、《经典音乐故事》、《老余谈音乐》等共十一个，占到节目总数的四分之一，而且大部分播的全是流行音乐。再一个是交通台，开办的节目有《动感音乐》、《乐海歌潮》、《中国原创音乐天空》、《金曲派送》。音乐和兄弟台的交叉最大，我们最觉得委屈的就是别人都做音乐，我们只能做音乐。交通台《就在MTV》实际上是一个MTV的排行榜，还有一个《成名金曲》请歌手当嘉宾主持，这都是一些比较典型的音乐节目的做法。有很多我们的客户也反映其他台也都有音乐啊，所以我们觉得还是应该适当的给我们保护，主要有两点：第一个，其他台减少流行音乐，不是说没有，是减少流行音乐；第二个，榜类的不应该有。因为你比如说，我刚才为什么说我们的品牌需要支持呢？像中国歌曲排行榜、全球华语歌曲排行榜，这在全国来讲已是最知名的品牌，那它的竞争对手主要是谁呢？MTV的一个排行榜，［V］的一个排行榜，光线的音乐风云榜。就这三个榜都是电视的，能够跟它形成一种竞争。应该说咱们还是有更大的实力竞争的，因为这主要是对我们品牌的支持。《就在MTV》交通台在播，播的主要内容就是MTV的排行榜，这是我们提出来希望得到支持的。在这些方面我们希望从总台的角度能够统一的去考虑，来加强我们竞争的实力。

现在从卫星网的角度讲才十个月，一个是在听众中有很大的影响力，合在一起这个原来没有想到，它合出来以后对北京的听众都有影响。因为它觉得这是一个全国规模化的一种节目，现在正式提出申请。写来申请书的就有新疆台、内蒙古台、黑龙江台，贵州台，青岛台、湖南台、厦门台、佛山台等电台。另外配套的，像爱耳贝思的这种配套经营的公司，现在重庆已经成立了五个月了。像山东、南京、武汉、上海、天津等也希望加入这种模式的发展。比如像卫星网，现在的模式也是相当于卖节目的模式，但它不同在哪里呢？就是有点像张副总编说的清晰频道的那个意思。在美国卖节目有两种方式，一种是把节目卖给你要多少钱，一种是我把节目给你，你给我广告时间。现在咱们卫星网就是采用的这种广告的方式。另外，我们现在的这个想法直接靠卫星网，第一步先把大家拴在一起，占领制高点，因为现在咱们没有那么大能力；第二步从经营上按爱耳贝思这种战略发展的角度，一家试点好了，两家，三家，四家，如果能到十家、二十家电台，再加上制作公司，就可以考虑上市的这种可能性了，它规模就已经形成了。

我们现在做的一些节目是不容易克隆的，比如说像《校园音乐先锋》这种节目就不容易克隆。那么多台做起来，各地的资源全用上，像那个民歌也是这样，像中国歌曲排行榜也难于克隆的。在广院的调查分析报告上，我想念一下这几句话，它建议“音乐台应该跳出北京人民广播电台一个专业台的思考范畴，而将自己定位为大音乐台。未来将不仅仅是一个广播电台的概念，而应向着成为中国音像、媒介垄断、媒介融合的道路，这是发展的必然。当音乐台自身节目的日趋完善，现阶段经营趋于饱和的情况下，必然要考虑拓展新的版图，做大音乐台的问题”。这和咱们的思路是比较一致的。另外，在我们整个调查中，从受众的定位上来讲，两个调查都与我们的目标定位和实际非常接近，应该说节目定位还是比较准确的。从总的收听率来讲，我们今年比去年还有所提高，还是不容易的。

另外，在分析当中，我们也有一类节目，就是对着白领群体的这类节目收听率不是特别高，但是目标受众群特别集中，这样的节目也是不错的。比如像我们开办的《爵士之旅》、《亚运新新家园》、《塞纳河晨曲》、《华润音乐在线》等这类节目收入都很高，针对的受众是城市白领。从听众的调查反馈信息看，这些节目的收听率不是很高，大多排名都靠后。但另外一个方面，这些栏目的受众都是高学历、高收入的居多。就以《亚运新新家园》为例，听众中大专以上学历的占 75%，家庭收入在 2000 以下的没有，4000 元以上的占 50%。《华润置地音乐在线》，大学学历的占 61.5%，家庭收入 4000 元以上的占 32%。这些节目的目标听众群非常明确，也是办台的一种思路。我们现在也是在考虑，音乐台的收听率虽然很高，但是我们还想进一步规范目标受众群体。因为在市场营销当中，第一条就是学会舍，我们现在的整个布局实际上是早上 6：30 以前，或者包括 6：30，然后下午有一段针对的是中老年，我们考虑要把这个频率办成一个就是年轻人的。那么是不是在那个听众比较少的时候，我也应该针对我自己的受众群，而不是转换成别的受众群？我们现在考虑两点：一是坚决放弃中老年群体，专做青年人的节目；二是在上午或下午的某些段落开办适合中老年的节目，最大限度的争取受众群。在这个方面我们还在探索，我们想先从早上开始试试。因为早上很多人听新闻已经成为习惯了，现在把新闻去掉肯定要损失一部分听众群，但可以使这个频率让人们感觉到它什么时候都是针对这个群体的，包括我们想把天气预报都变换成一种和别的台不一样的模式，从播音、从内容、从节目形成完全个性的动态。下午那段基本上还是那样，因为我们明年的节目单现在已经都出来了，就等着总台再批了。从销售上 80% 也都落实了。

专业化才有生命力

——北京电台专业化办台研讨会上的发言

后晓军

《中共中央、国务院关于进一步加强和改进新时期体育工作的意见》，是近20年来我国发展体育事业的划时代和纲领性的文件，对新时期体育事业的发展具有其重要的意义，无疑也是我们体育宣传工作的理论依据。文件中说：“加快我国体育事业的全面发展，满足广大人民群众日益增长的体育文化需求，并借此推动我国社会主义物质文明建设和精神文明建设的发展，是全党、各级政府和全国各族人民的一项共同任务。”今后，为奥运争光、全民健身工作将更加重要，体育健身将更加深入生活，深入人心。

体育台成立逢此大好机遇，任务是光荣且艰巨的。近一年对体育台的评价：基本上符合专业化办台的要求，总体发展是健康有生命力的。

一、从社会调查的结果来看有这样几个特点和揭示

1. 年轻人比例明显增加，中老年人仍有相当比重：

12～29岁占53.1%；

30～54岁占36%；

55岁～65岁占11%。

(其中，比例最高的年龄段19～24岁，占24.9%。)

2. 男性听众比例明显增加。

体育台：男68.1% 女31.9%

生活台：年龄结构 中老年为主体

性别结构：女性为61.73%，男性38.27%

以上两点的明显变化说明：

①体育台开播之后受到了社会关注，并取得了成效。

②这种比例与社会爱好体育的人口结构相一致。

③中老年听众不容忽视。

3. 社会对开办体育台的反响是好的，与生活台相比关注度有所提高。

在听众喜欢的台中：体育台排第二，生活台排第十；

在听众最喜欢的台中：体育台排第五(在音乐、新闻、交通之后)，生活台排第十一。

与生活台比较：

①说明人们对体育的一种关注度。

②其忠诚度有待提高。

③说明办好体育节目增强收听率存在着很大的上升空间。

4. 个人收入水平偏低，但实际消费能力较高。

24岁以前的听众明显增加，这部分人的收入特点是没有、较低、不稳定，但这部分人在体育上消费肯定不是最低的，

提示我们节目要有朝气，市场开拓有余地。

5. 听众以普通百姓家庭为主体：

2000元以上月收入家庭占53.7%；2000元以上月收入家庭占45%；比例最高的是2000—3000元占20.7%；500元以下、5000元以上各占6.3%。

这表明：节目定位、内容设定，要特别考虑到中等收入家庭的需求，要贴近百姓，服务社会，吸引更高收入阶层收听。

二、存在主要不足

1. 偏重竞技体育、全民健身的内容不足。

表现在：作为一档体育节目可以有所侧重，但作为一个专业台来说，在宣传内容上应该是相对全面和均衡的。地方特色的全民健身活动报道不多、不充分，缺乏有实际指导意义的健身类内容，还不能成为引领大家运动健身、享受健康的“益友良师”。

2. 节目内容不够丰富，雷同。

表现在：节目设置不尽合理，更主要的是节目内容做得不到位。有些节目定位不同，但越做越雷同，视野不开、思路不广。

3. 广播信息量大，时效性强的特色发挥不足。

表现在：新闻观念不强，报道形式比较单一，深度挖掘不够。

三、关于节目调整及下一步打算做什么

今年是体育台开播第一年，节目设置（从社会调查、听众反映看），总的构架是收到了预期的效果。第一季度只撤掉了“情迷欧罗巴”这样的节目。

在今后专业化方面还要做如下工作：

首先是从社会调查中反映出来的群众对体育的执著爱好和对健身健康的强烈需求，我们要扬长避短，坚定办好体育广播的信心。

其次是做好节目的整体调整，调整的思想理论依据是：《中共中央、国务院关于进一步加强和改进新时期体育工作的意见》。社会依据是：社会收听调查结果；听众反映的意见和建议；一年来工作实践中的认识。

调整的目的是使节目设置更加合理，节目质量进一步提高，更加贴近听众，更加有利于创收。

具体想法：

1. 目标听众的思考：

据最新的统计资料表明：体育已逐渐溶入人民生活，北京市“体育人口”逐步增加，已达四成，占41.8%（体育人口指每周体育锻炼三次以上，每次超过20分钟的人群）。有关政府机构表示到2010年北京市体育人口将达到70%，这是体育台收听的社会基础，是必须考虑的潜在收听群。过去目标听众确定为：以体育爱好者为主要听众群。鉴于北京市的发展规划，应调整为：以北京体育爱好者为主的体育人口为目标听众。这样做：①目标听众更加明确和开阔。②突出了全民健身的位置。③强调了地域概念。

2. 深入社会、深入生活，办出地方特色，使节目更加丰满。

调查中提出的问题是收听忠诚度不够，节目种类单调，内容贫乏。其原因：①节目设置不尽合理。②节目内容雷同。③和听众不够贴近。现在北京市区县体育协会组织有3714个，2005年全市100%的社区居委会配健全民健身工程。各种体育

场馆也建立了许多。体育将愈加具有广泛的社会基础。

体育是不分地域的，体育爱好者关心全国乃至全世界的信息，但北京体育台是地域性的。与中央体育媒体相区别，我们应该更加关注本地的体育生活，以此为社会支点，建立广泛的联系，办出贴近群众、有地方特色的体育节目和内容。体育融入人民生活，体育广播也一定要融入人民生活。这样才能使节目丰富多彩起来，才能走出“有赛事才有体育”的困扰。

3．竞技与健身并举。

这是我们的办台宗旨。专业化与大众传媒的关系，特殊性与普遍性的关系，对于我们来说就是处理好竞技体育与全民健身的关系，我国发展体育的目的，主要还是为促进全民体质和素质的提高，中央文件也是把全民健身放在前面。今年在工作中存在着偏重竞技，全民健身不足的问题，客观上与今年体育界大事盛事不断有关（如世界杯、亚运会……），主观上有认识上的原因，对这一块重视不够，实际上搞活搞好全民健身的宣传比竞技体育宣传更难。

在今年的节目调整中我们要特别注意到这样两个关系：

一是既要注重体育竞技赛事的报道，又要做好全民健身的宣传；

二是既要注重体育广播新闻性、时效性、信息量，又要体现大众传媒的服务功能、娱乐功能。

总之，在我们做好体育信息传播者的同时，也要成为全民健身活动的服务者、引导者和倡导者，为体育事业的发展、为北京市提出的到2010年实现70%的体育人口的目标而尽力。

4．在宣传中需要保护的方面。

①竞技体育、全民健身有关的重大赛事的全面报道。

②除体育新闻节目以外，常规型体育专题及板块节目。

四、其他值得注意和研究的问题

办体育专业台毕竟是新的课题，需要探讨的问题很多。

1．竞技体育与全民健身宣传如何平衡发展，特别是全民健身方面报道如何做好，是需要不断探索的问题。

2．未来节目设置如何与2004、2008年奥运相接轨，特别是明年奥组委工作将全面启动，我们准备开设奥运倒计时的栏目，但如何配合好奥组委的工作还是要关注和研究。

3．队伍建设的问题，体育是很专业化的行当，专业化办台需要专业人才，年初叫小心翼翼地进入，通过近一年的强化培训，赛事报道的锻炼，现在这支队伍只能叫初具雏形，今后几年还是要结合实际，有目的、有计划地使专业队伍成熟起来。

4．如何在现有条件下不断扩大影响、自我宣传的问题。策划部提出“剑走偏锋”很有道理。今年我们在自我宣传上做了一些工作，但影响还不够大。立足本业，扩大影响，这也是必须关注的问题。我们的工作深入下去，还是应该能够找到办法的。

5．充分发挥广播特性，扬长避短，办好体育广播。何长何短，要不断地总结经验，明确方向。今年推出“听的世界杯同样精彩”收到较好效果。但世界杯必定是数年不遇、全民关注的重大赛事。要使平常听到的体育也同样精彩，这也是需要不断总结和研究的，要走出一条自己的路来。

五、有些什么困难

最大的困难就是收听效果问题。调查表明927是收听效果最差的。随着城市建设的发展，此问题还会更加严重，因此在硬件上需总台领导提到日程上，调频解决不了，可以改造设备、加大功率，否则将会使很多努力付之东流。

十一、听众工作

（一）听联工作

2002年台总编室的听联工作仍然遵循加强与听众的沟通和联系，及时广泛收集听众对电台节目的反馈，积极引导和组织听众听评广播的基本原则开展工作。全年共处理听众对节目的反馈来信、来稿约2000件，处理回复电子邮件1200个，接听回复听众电话咨询约2500个，编辑内部刊物《听众反映专辑》、《听评月专辑》共38期，约116万字，给听众寄发节目时间表约2000份、寄发内部刊物等约2900份，组织了5次听众参与的活动。

4月27日下午，总编室在长富宫饭店芙蓉厅组织召开北京电台2001年“听评月、主持人节目展播颁奖联谊会”。100多位热心听众与50多位电台领导和主持人欢聚一堂。副总编辑马仕存向与会者介绍了2001年听评月和主持人节目展播情况，高度赞扬了热心听众对电台工作的大力支持。电台各级领导向在“听评月”中获奖的60名听众、“主持人节目展播”中获奖的35名听众及在“展播”中获得最佳奖和优秀奖的主持人颁发了奖金和证书。电台还向到会的100多名热心听众颁发了业余监听员证书，鼓励他们听评广播节目。联谊会上主持人与听众分别表演了文艺节目。

本台一年一度的“听评月”活动，2002年已是第七届，活动仍然是在7月15日至8月15日举办。这届“听评月”共收到听众的评议稿件850件。与2001年相比，参与者仍然涵盖了社会方方面面的不同人群，所不同的是，来稿数量少于2001年，来稿听众的地域多集中在北京、天津以及河北地区；其次是2002年强调了听评稿件的要求，即“品评个性，细挑毛病，多提建议”的12字方针，因此听众来稿的整体水平有所提高。

为了使“听评月”听众的意见和建议及时与采编人员见面，为各专业台节目调整提供参考依据，2002年的“听评月”扩大了编辑力量，及时从来稿中选编出592篇较有价值的听评稿件，分类编辑出18期（56.3万字）《听评月特刊》发到各专业台。之后还将“听评月”听众意见进行汇总分析，分类编辑撰写出一份“听评月分析综述报告”发到台领导和各专业台。

2002年的“主持人节目展播”是电台连续举办的第八届，七个专业广播的31套主持人节目与听众见面，并接受听众对这些节目的评议。

展播期间，总编室共收到听众评议稿360件，其中有对30套主持人节目的专题评议300件和综合评议60件，综合评议中也部分涉及对展播节目的具体评议和对展播活动本身的评议。听众在总体评价本次展播节目时认为，这次参展节目的内容，既涉及一些人们普遍关注的社会热点话题，也反映了一些普通百姓的生活和追求，并且后者占有相当的比例；听众普遍肯定了主持人驾驭节目的能力，认为展播节目基本反映了北京电台主持人的总体水平。也有部分听众认为参展节目中“有激情、让人怦然心动的节目还很少”，有的专业广播的参展节目专业特色不够突出。有的听众认为展播活动之前的宣传工作还应加强，希望将展播节目的播出顺序表在展播开始之前一次刊登在《北京广播电视报》上，还希望展播中应避免同一内容的两个节目、同一栏目的两个节目、同一位主持人的两个节目参展。听众认为以上“三同”既造成资源的浪费，也容易给听众雷同之感，不利于推出新人。

在所有参展节目中，听众评议最多的节目是苏京平主持的《人生热线》“胜利的希望”，收到听众专题评议稿30件。听众认为苏京平的节目题目别出心裁、寓意深刻。在节目中的34次提问由浅入深，尖锐深刻，紧扣主题，表现出主持人驾驭节目的能力和水平。

总编室还分别与新闻广播、教育广播联合召开了听众座谈会。

3月2日，总编室与新闻广播就新闻广播2002年改版后的节目运行情况召开听众座谈研讨会。副总编辑白福义和总编室、新闻广播的负责人等及热心听众代表20多人参加了会议。与会听众在发言中充分肯定了新闻广播的改版坚持了专业化办台的方向，进一步拓展了新闻的领域和空间，使节目的架构成串、成网，改版基本是成功的。

教育广播《金色筒子河》节目创办以来受到听众特别是中老年听众的关注和喜爱。在总编室听联科收到的听众反馈中，该节目的反馈是比较多的。为了进一步办好这个节目，不断满足老年听众的需求，12月4日总编室与教育广播联合召开《金色筒子河》节目座谈研讨会。全国老龄委、北京市老龄委和热心听众代表以及总编室、教育广播的负责人等近30人参加了会议。与会者认为该节目贴近老年人的心，主持人像邻家闺女，有亲切感，节目内容符合老年人的需要。他们建议该节目的内容还要拓宽，播出次数还应增加。

（二）听众调查

2002年，北京人民广播电台委托北京广播学院广告系IMI市场信息研究所，进行“北京电台广播听众定位与整合管理的综合调研”。IMI采用随机抽样入户的方法，在北京市8大城区及顺义、昌平、大兴、通县进行了调查。调查着重了解北京市民在日常情况下，接触媒体，尤其广播媒体的习惯，不同听众对北京人民广播电台7个专业台的接触情况以及对节目主持人等的看法和意见。这次调查分两个阶段进行，第一阶段采用随机抽样入户调查的方式，得到有效问卷4607份，其中广播问题的有效问卷4588份；第二阶段是在第一阶段大样本随机抽样调研的基础上，用非随机调查和小组访谈的形式，对相关问题进行进一步发掘和研究。

这次调研报告由三部分组成，即综合报告、数据报告和小组访谈报告，下面仅摘其数据报告中的部分内容。

广播接触情况

● 广播日常接触情况

	几乎天天听（每周 6－7 天）	经常听（每周 3－5 天）	有时听（每周 1－2 天）	偶尔听（每月几天）	从来不听、极少收听	总样本
人数	1186	573	584	610	1635	4588
百分比	25.9	12.5	12.7	13.3	35.6	100.0

在4588个样本中，有 35.6% 的人从来不听或者极少收听广播，至少有 64.4%的被访者或多或少平常都接触广播，严格地说，偶尔听广播的人，并不是稳定的广播听众，这些人在填答问卷时，对广播的记忆和认知十分模糊，对具体的节目设置、收听时间等等都非常的不熟悉，实际上不是真正意义上的有效广播听众。在本报告中，为了更好的比较不同人群在广播收听上以及一些相关方面的差异，我们把回答“几乎天天听”、“经常听”、“有时听”广播的人划分为比较稳定的广播收听人群（简称为“广播听众”），“偶尔听”和“极少收听、从来不听”这两类对广播接触得比较少或者不接触的人归类为非广播稳定收听人群（接下来简称为“非广播听众”），那么可以看到，在普通人群中，广播听众的比例占到了 51.1%。

分　类	人　数	百分比
广播接触人群（天天听、经常听、有时听、偶尔听）	2953	64.4
广播听众（天天听、经常听、有时听）	2343	51.1
非广播听众（偶尔听、极少收听或从不收听）	2245	48.9
总样本	4588	100.0

● 广播听众平时主要收听的节目类型排名

		人次	百分比
1	国内新闻	1283	55.2
2	国际新闻	1033	44.4
3	天气预报	779	33.5
4	港台流行歌曲	724	31.2
5	国内原创歌曲	595	25.6
6	曲艺相声	536	23.1
7	交通信息	466	20.1
8	评书	386	16.6
9	广播剧、小说连播	372	16.0
10	歌曲点播	337	14.5
11	新闻评论	330	14.2
12	欧美流行歌曲	317	13.6
13	医疗保健	259	11.1
14	体育节目	253	10.9
15	乐曲	214	9.2
16	本地新闻	201	8.6
17	热线节目	172	7.4
18	热点话题评说	160	6.9
19	戏曲节目	157	6.8
20	外语教学	138	5.9
21	经济新闻	132	5.7
22	教育节目	117	5.0
23	股市信息	82	3.5
24	投诉节目	43	1.9
25	少儿节目	42	1.8
26	有奖问答	33	1.4
27	其他	23	1.0

本题为多选题，合计百分比超过100％。　n＝2945

● 收听广播的地点

	人次	百分比
家里	1945	83.4
走路时听自己的收音机	335	14.4
自己的车上	253	10.9
宿舍	244	10.5
走路时听校园、单位广播	207	8.9
户外健身	138	5.9
出租车上	128	5.5
公共汽车上	126	5.4
其他	65	2.8

本题为多选题，合计百分比超过100%。 n=2331

● 收听广播的工具

	人次	百分比
可随身携带的收音机	1320	56.7
带收音设备的音响或收音机	1174	50.4
车上的收音设备	406	17.4
单位或校园的喇叭	165	7.1
网上收听	55	2.4
手机	34	1.5
其他	15	0.6

本题为多选题，合计百分比超过100%。 n=2328

● 平常收听广播的时间长度

	周一至周四（平均每天）	周五	周六	周日
大约半小时或以下	17.7	16.5	15.9	15.7
大约1小时	34.9	33.2	32.4	32.3
大约2小时	21.1	22.3	21.7	21.7
大约3小时	8.1	8.8	8.8	8.7
大约4小时	3.4	3.5	3.5	3.9
大约5小时	1.8	1.9	2.3	2.0

续表

	周一至周四（平均每天）	周五	周六	周日
大约6小时	0.9	1.1	1.0	0.9
大约7小时	0.3	0.3	0.4	0.6
大约8小时	0.3	0.3	0.2	0.3
大约9小时	0.1	0.1	0.2	0.2
大约10小时或以上	0.8	0.8	0.8	0.9
记不清、不知道	9.2	9.5	9.8	9.7
没有收听	1.4	1.7	2.8	3.1
人数	2315	2300	2296	2288

● 每天听广播的平均时间长度

	周一至周四（平均每天）	周五	周六	周日
均值（小时）	1.66	1.72	1.73	1.74
人数	2101	2082	2071	2066

● 频道收听、好感度、收听效果排名

◎ 经常收听的广播频道综合排名

排名	广播频道	人次	百分比
1	北京人民广播电台音乐台	926	40.1
2	中央人民广播电台一套新闻和综合类节目	853	37.0
3	北京人民广播电台新闻台	769	33.3
4	北京人民广播电台交通台	728	31.5
5	北京人民广播电台文艺台	607	26.3
6	中国国际广播电台 FM91.5	264	11.4
7	中央人民广播电台二套经济、生活和科技	231	10.0
8	北京人民广播电台体育台	194	8.4
9	北京人民广播电台生活台	191	8.3
10	北京人民广播电台经济台	163	7.1
11	中央人民广播电台三套调频立体声台	155	6.7
12	中国国际广播电台 FM88.7	109	4.7

续表

排名	广播频道	人次	百分比
13	北京人民广播电台教育台	77	3.3
14	河北人民广播电台	61	2.6
15	美国之音	57	2.5
16	BBC	26	1.1
17	NHK	4	0.2
18	其他	46	2.0

本题为多选题，合计百分比超过100%。　n=2308

★ 最经常收听的广播频道排名

排名	广播频道	人次	百分比
1	中央人民广播电台一套新闻和综合类节目	547	23.7
2	北京人民广播电台音乐台	433	18.8
3	北京人民广播电台交通台	376	16.3
4	北京人民广播电台新闻台	319	13.8
5	北京人民广播电台文艺台	202	8.8
6	中国国际广播电台 FM91.5	96	4.2
7	中央人民广播电台二套经济、生活和科技	63	2.7
8	中央人民广播电台三套调频立体声台	50	2.2
9	北京人民广播电台生活台	47	2.0
10	北京人民广播电台体育台	43	1.9
11	北京人民广播电台经济台	39	1.7
12	中国国际广播电台 FM88.7	25	1.1
13	北京人民广播电台教育台	19	1.0
14	美国之音	14	0.8
15	河北人民广播电台	8	0.6
16	BBC	2	0.3
17	其他	24	0.1
	总计	2307	100

注：尽管生活台已经取消，但体育台沿用了生活台的频率，考虑到可能一部分听众对电台的呼号和频率不能识别，特保留此选项，以考察听众对电台的识别和接受情况。

◎ 广播频道印象（好感度）综合排名

排名	广播频道	人次	百分比
1	北京人民广播电台音乐台	892	39.7
2	中央人民广播电台一套新闻和综合类节目	741	33.0
3	北京人民广播电台新闻台	737	32.8
4	北京人民广播电台交通台	721	32.1
5	北京人民广播电台文艺台	601	26.7
6	中国国际广播电台 FM91.5	240	10.7
7	中央人民广播电台二套经济、生活和科技	224	10.0
8	北京人民广播电台生活台	190	8.5
9	北京人民广播电台体育台	192	8.5
10	中央人民广播电台三套调频立体声台	166	7.4
11	北京人民广播电台经济台	142	6.3
12	中国国际广播电台 FM88.7	103	4.6
13	北京人民广播电台教育台	84	3.7
14	河北人民广播电台	57	2.5
15	美国之音	39	1.7
16	BBC	15	0.7
17	NHK	2	0.1
	其他	38	1.7

本题为多选题，合计百分比超过100%。　n=2247

★ 印象最好的广播频道排名

排名	广播频道	人次	百分比
1	北京人民广播电台音乐台	461	20.6
2	中央人民广播电台一套新闻和综合类节目	398	17.7
3	北京人民广播电台交通台	377	16.8
4	北京人民广播电台新闻台	329	14.7
5	北京人民广播电台文艺台	229	10.2
6	中国国际广播电台 FM91.5	98	4.4
7	中央人民广播电台二套经济、生活和科技	69	3.1
8	北京人民广播电台体育台	52	2.3
9	中央人民广播电台三套调频立体声台	49	2.2

续表

排名	广播频道	人次	百分比
10	北京人民广播电台生活台	49	2.2
11	北京人民广播电台经济台	41	1.8
12	北京人民广播电台教育台	27	1.2
13	中国国际广播电台 FM88.7	24	1.1
14	河北人民广播电台	11	0.5
15	美国之音	7	0.3
16	BBC	2	0.1
	其他	20	0.9
	总计	2243	100

◎收听效果好的广播频道综合排名

排名	广播频道	人次	百分比
1	北京人民广播电台音乐台	890	40.3
2	中央人民广播电台一套新闻和综合类节目	762	34.5
3	北京人民广播电台新闻台	724	32.8
4	北京人民广播电台交通台	722	32.7
5	北京人民广播电台文艺台	545	24.7
6	中国国际广播电台 FM91.5	223	10.1
7	中央人民广播电台二套经济、生活和科技	221	10.0
8	北京人民广播电台体育台	175	7.9
9	中央人民广播电台三套调频立体声台	167	7.6
10	北京人民广播电台生活台	165	7.5
11	北京人民广播电台经济台	143	6.5
12	中国国际广播电台 FM88.7	100	4.5
13	北京人民广播电台教育台	82	3.7
14	河北人民广播电台	63	2.9
15	美国之音	31	1.4
16	BBC	19	0.9
17	NHK	4	0.2
18	其他	38	1.7

本题为多选题，合计百分比超过100%。 n=2207

★收听效果最好的广播频道排名

排名	广播频道	人次	百分比
1	北京人民广播电台音乐台	442	20.0
2	中央人民广播电台一套新闻和综合类节目	433	19.6
3	北京人民广播电台交通台	383	17.4
4	北京人民广播电台新闻台	309	14.0
5	北京人民广播电台文艺台	215	9.7
6	中国国际广播电台 FM91.5	91	4.1
7	中央人民广播电台三套调频立体声台	67	3.0
8	中央人民广播电台二套经济、生活和科技	58	2.6
9	北京人民广播电台体育台	45	2.0
10	北京人民广播电台生活台	40	1.8
11	北京人民广播电台经济台	37	1.7
12	北京人民广播电台教育台	22	1.0
13	中国国际广播电台 FM88.7	19	0.9
14	河北人民广播电台	13	0.6
15	美国之音	9	0.4
16	NHK	1	0.0
17	BBC	1	0.0
18	其他	21	1.0
	总计	2206	100

● 非广播听众不收听广播的原因

	人次	百分比
看电视就不听广播了	891	54.8
工作太忙，没时间听	416	25.6
对广播节目不感兴趣	329	20.2
没有收听工具	241	14.8
只喜欢图文并茂的媒体	153	9.4
收听不方便	140	8.6
广播节目质量不高	49	3.0
信号不好，收听不到	40	2.5
其他	50	3.1

本题为多选题，合计百分比超过100%。n=1626

● 如果有条件的话，今后是否会收听广播

	会	不一定	不会	总计
人数	532	661	431	1624
百分比	32.8	40.7	26.5	100

北京人民广播电台及专业台的收听情况

1. 平常接触北京人民广播电台的情况

● 平常是否收听北京人民广播电台

	是	否	总样本
人数	2125	116	2241
百分比	94.8	5.2	100

● 不收听广播的原因

	人数	百分比
收听效果不好	14	12.4
别的电台节目更好	36	31.9
不知道北京人民广播电台的频率	18	15.9
信号不好，收不到	5	4.4
收听工具收不到	3	2.7
学校或单位的喇叭不转播北京台的节目	2	1.8
其他	35	31.0
总计	113	100

2. 北京人民广播电台各专业台收听效果评价

● 北京人民广播电台各专业台信号及收听效果

北京人民广播电台专业台	信号很好，音质很清晰	信号一般，音质一般	信号不稳定，音质不太清楚	信号很差，基本收不到	没收听过	样本量
新闻广播（新闻台）	48.5	20.5	3.0	0.5	27.5	1964
音乐广播（音乐台）	52.5	18.1	2.7	0.4	26.4	1961
交通广播（交通台）	50.0	18.5	2.7	0.4	28.4	1959
文艺广播（文艺台）	42.3	20.7	3.5	0.6	32.9	1941
教育广播（教育台）	20.3	15.6	5.3	1.4	57.5	1903
经济广播（经济台）	22.3	16.4	4.8	1.1	55.3	1916
体育广播（体育台）	25.1	17.3	4.9	1.5	51.3	1916

如果将“信号很差，基本收不到”赋予0分值，“信号不稳定，音质不太清楚”赋予1分值，“信号一般，音质一般”赋予2分值，“信号很好，音质很清晰”赋予3分值，对“没有收听过”的作缺失值处理，看看各个专业台的得分情况。

	新闻广播（新闻台）	音乐广播（音乐台）	交通广播（交通台）	文艺广播（文艺台）	教育广播（教育台）	经济广播（经济台）	体育广播（体育台）
有效样本	1423	1444	1403	1303	809	856	933
平均分值	2.61	2.67	2.65	2.56	2.29	2.34	2.35

在收听效果评分中，分值最高分为3分，其次是2分、1分、0分。从以上分析结果中看到，音乐台的得分最高，其次是交通台，第三是新闻台，这三个台的得分都在2.6分左右。第四是文艺台，第五是体育台，第六是经济台，教育台的得分最低，仅为2.29分。

3. 北京人民广播电台各专业台收听情况和听众喜爱度比较

◎经常收听的北京电台综合排名

排名	广播频道	人次	百分比
1	北京人民广播电台音乐台	1062	52.4
2	北京人民广播电台新闻台	1044	51.5
3	北京人民广播电台交通台	828	40.9

续表

排名	广播频道	人次	百分比
4	北京人民广播电台文艺台	754	37.2
5	北京人民广播电台体育台	277	13.7
6	北京人民广播电台经济台	179	8.8
7	北京人民广播电台教育台	143	7.1

本题为多选题，合计百分比超过100％。n＝2026

◎喜欢听的北京电台广播频道综合排名

排名	广播频道	人次	百分比
1	北京人民广播电台音乐台	1026	51.5
2	北京人民广播电台新闻台	999	50.1
3	北京人民广播电台交通台	779	39.1
4	北京人民广播电台文艺台	756	37.9
5	北京人民广播电台体育台	288	14.5
6	北京人民广播电台经济台	172	8.6
7	北京人民广播电台教育台	153	7.7

本题为多选题，合计百分比超过100％。n＝1993

★最经常收听的北京电台广播频道排名

排名	广播频道	人次	百分比
1	北京人民广播电台新闻台	717	35.4
2	北京人民广播电台音乐台	606	29.9
3	北京人民广播电台交通台	344	17.0
4	北京人民广播电台文艺台	225	11.1
5	北京人民广播电台体育台	53	2.6
6	北京人民广播电台经济台	51	2.5
7	北京人民广播电台教育台	29	1.4
	总计	2025	100.0

★最喜欢收听的北京电台广播频道排名

排名	广播频道	人次	百分比
1	北京人民广播电台音乐台	640	32.2
2	北京人民广播电台新闻台	614	30.9
3	北京人民广播电台交通台	322	16.2

续表

排名	广播频道	人次	百分比
4	北京人民广播电台文艺台	257	12.9
5	北京人民广播电台体育台	75	3.8
6	北京人民广播电台经济台	50	2.5
7	北京人民广播电台教育台	31	1.6
	总计	1989	100

（三）听众调查分析

新闻广播听众调查分析报告及节目调整思路

李　捷

最新一期的听众调查用翔实的数据，对比的方法对新闻广播的收听人群和收听现状做了较为清晰的描述和较为具体的解释，对新闻广播明确方向、改进节目具有较高的参考价值，下面仅从三个方面对调查报告及节目调整进行分析论述：

一、对新闻广播听众定位及频率资源的再认识

新闻广播听众的人群特点和收听现状一直不很清晰，虽然历次听众调查都涉及这个问题，但究竟是哪些人在关注新闻台，新闻广播的节目又聚集了哪些收听人群，我们一直不能作出详细准确的解释，或其解释与我们得到的反馈与印象不尽相同。此次调查让我们对新闻广播的听众有了一个较为明晰和全面的了解，对于新闻广播的听众有了一个较为全面的掌握。特别是此次调查对新闻广播一般听众和骨干听众进行了细致区分，其中的一些数据让我们对新闻广播的听众有了重新的认识。

提及新闻广播听众的年龄，一般印象是趋于老化，或者说老年听众占主体，但仔细分析调查数据却得出并不尽然的结论。在新闻广播一般听众中，绝对比例数最高的不是老年听众群体而是24～29岁的青年群体，达17.9%，比普通人群略高；而55～59岁的中老年听众的绝对比例数仅为5.7%，也只是比普通人群略

高。但是在新闻广播骨干听众的调查中却出现了另外一组反差很大的数字：同样是24～29岁的青年群体，绝对比例数骤然下降到9.4%，几乎是普通人群的一半；而55～59岁的中老年听众的绝对比例数急剧上升，达到8.3%，是普通人群的一倍，而在60～65岁老年听众中，绝对比例数更高达20%，是普通人群的两倍半。这说明在新闻广播一般听众中，老年人并没有占据主要位置，但在骨干听众中，老年人群无可置疑地成为主体。也就是说，不能简单地归结为新闻台老年听众多，只是新闻广播的骨干听众中老年人多。这是一个应该引起新闻广播足够警觉也是可以被新闻广播使用的数据和现象。骨干听众的走势对广告的投放及对广告商有很大的影响力，同时骨干听众对一个台的听众形象也有极大影响。

此次的听众调查还显示，新闻广播在听众经常收听和最经常收听的北京台系列台排名中位居第二和第一。这说明新闻广播拥有丰厚的频率资源以及广播听众对新闻的迫切需求，这是新闻台的优势也是新闻广播的财富，珍惜并充分利用它们，将给新闻广播带来持续的发展生机。

二、引人关注的数据现象及所说明的问题

通过这次调查，我们对新闻广播各节目的收听现状有了较为具体的了解。从调查中可以看出一些节目与我们的设计初衷较为吻合，另一些节目却有悖初衷，这既说明一些节目自身存在问题，也说明对一些节目定位不准，难以达到预想效果。

与以往调查一样，早间的《北京新闻》节目仍然高居各节目收听率之首，其它时段新闻包括创办仅半年多的《新闻时间》及转播中央台的新闻节目，也大多排在收听率的前几名。这说明新闻广播的主体节目与听众对新闻广播的需求十分一致，新闻广播的新闻节目权威性已经确立。

《新闻追踪》是一档节目排名上升较快的节目，目前的接触率已至新闻广播的第6、7位，节目的收听人群大多是初中文化程度、中等收入的普通百姓，这与新闻广播的主要收听人群和骨干听众群十分接近。它说明节目定位准确，节目内容符合普通百姓的兴趣与收听需求，也与节目创办初衷吻合，因而赢得了听众的喜爱，接触率和收听率也因此连年上升。

《今日京郊》顾名思义是一档办给农村听众的对象性节目，其目标听众无疑应为郊区听众。理论上讲，这个节目在郊区的收听排序中应该比较靠前，但这次调查却发现郊区听众很少听《今日京郊》。在他们最经常收听和最喜欢收听的节目排序中，《今日京郊》节目只排到了第十三位；而在普通听众中的收听排序中，这个节目却比郊区听众的排序高出两位，名列第十一位。反映郊区生活的节目，在郊区听众中的收听率并不高，实际的听众群多是城市人，这说明目前的节目定位存在问题。如果节目是办给郊区人群的，就应该尽量满足他们的要求，让他们喜欢，并在他们之中拥有较高收听率。如果是以目前的城市听众为主，就应该针对这个人群特点，办成满足都市人需求和兴趣的特色京郊节目。总之，听众调查的结果提醒我们，应该对节目内容或指向性作出调整。

这次的听众调查还反映出一些节目听众群的不一致性。《时代杂志》设计之初，是想吸引城市白领阶层，文化程度应以大专及大专以上为主，调查数据显示，后一个目的与调查十分吻合，大学本科及大学

专科文化程度的听众分别达到了23.4%和14.9%，与普通人群相比排在了第一位和第二位，是一个相当高的排位。但是前一个初衷“吸引城市白领”却与调查相去较远。在收听这个节目的人群排序中，第一位是大学生，第二位就是“劳务职”，而白领及接近于白领职业的收听人群比例大大低于一般收听人群，尤其是典型白领阶层的“管理者”一项居然为零。这种在一个节目中拥有的较大反差提醒我们，现实的听众层次与我们所希望的还有比较大的距离。

这次的听众调查也反映出了新闻广播一些节目的走势和听众群的特点，对于全面了解听众很有帮助。英语节目《感受北京》是获得绝对收听率最高的节目，在19～29岁的广播听众中的收听率是62.5%，但是它在40～49岁的听众中的收听率却是零，说明年轻人对英语节目的喜爱和中年人对英语节目的排斥，这与现实人群的文化特点和学习经历比较一致。《房产天地》是一档以买房置业为话题的节目，听众群应该是对购置房产感兴趣或者有购买能力的人群，调查结果表明节目意图与之相符。在家庭月总收入4000元以上的听众中，《房产天地》节目拥有最高的收听率，而在无收入和下岗待业者中该节目的收听率是零。这说明它虽然是一档创收节目，但节目内容及定位与实际情况比较一致。

此次调查提供的另一个应该关注的数字是老名牌节目《人生热线》收听率的下滑趋势。以前的听众调查中，《人生热线》大多排名在新闻台节目的前几名，但这次它却掉到了17名，而且在一般收听人群中的接触率和骨干人群中的收听率都是这个名次。这其中虽然有调查方法与以前不尽相同，节目自身由原来的一周五天改为一周两天等因素，但致使排名不断下降的主要因素还应该是节目内容游移不定，话题经常与人生问题偏离，节目质量不稳定等原因，这一点在平时的听众反映中已有所体现。这个现象并不仅仅是《人生热线》节目内容或主持人的问题，应该看成是怎样发挥和利用保持传统名牌节目扩大新闻台影响以及传统名牌节目如何保持活力、怎样创新的问题。

《新闻，2002》节目在历次的收听调查中，节目排序总是起落不定，这次也表现出这一特点。1996年，节目创办之初，总台进行的收听调查中，该节目即进入总台节目排序的前50名，且位居第22名，在新闻台自己的节目排序中也排到第13位，对于一个创办仅几个月的节目，这是一个不可思议的高收听率。但此后两年，总台节目前50名的排序中该节目再不见踪影，在新闻广播的排序中该节目也只是在中间位置徘徊。直到2000年，它又窜升至新闻台节目排序的第13位。2001年在总台节目排序中它又出现在第26位，新闻广播节目排序中升至第16位。今年它重又跌落到新闻广播节目排序的第17位。从节目的实际质量和成熟度及知名度来看，《新闻，2002》的接触率和收听率应该是稳步上升，即便是调查方法的改变也不应该经常出现如此大幅度摇摆。这虽然是个别节目的问题，但这一现象却并非偶然和个别，反映的问题值得我们认真分析研究。是节目名称随年月的递进更替而影响了听众对节目的认知还是其他什么原因？至少这一现象说明我们对节目的规律及听众还缺乏准确的把握和了解，也说明我们对听众调查的分析和认识还不清晰。

为了了解新闻广播潜在的听众群，本次调查中新闻广播希望对人群中不收听新闻广播节目的原因进行了解，其结果对我们认识新闻广播自身也很有帮助。在不收听新闻广播的十项原因中，排在首位的是“没有自己喜欢的节目”，比没有收听习惯还高出4个百分点。这说明节目是否与听众需求对位以及节目质量的高低，对一个台的收听结果所起的至关重要的作用。

三、面对的问题及应做出的调整

虽然获知新闻与信息是听众对媒体的首要需求，但此次调查表明，新闻广播在同类媒体中并不具有绝对优势。在听众喜欢收听和最喜欢收听的广播频率中，中央人民广播电台一套的综合节目都是紧随其后。专家同时提醒“这里的听众是新闻广播的固有听众，答案选择肯定对新闻广播有利”。这是一个尤其值得新闻广播注重的现象，也就是说新闻广播的竞争对手更多的不是在北京电台其他系列台之间，而是在于外部的同质媒体间。新闻广播应该有更多的忧患意识，并清醒地认识到近在眼前的生存危机。同时应该想方设法提高自己，更多地领先于竞争对手，或是拉大与后面竞争者的距离。

大众化的普通收听人群是新闻广播听众的现实状况，认清并了解新闻广播的听众现状及收听状况，对新闻广播调整与改进节目有很大帮助，新闻广播的节目设置应该建立在面对大众化的普通人群的基础之上。就全台而言，不可只顾某一人群而丢掉多数人群，就节目而言也不能所有节目都是面对所有人群的大众化节目，应该分出层次有针对性地吸引不同特色的听众。

在正视和面对现实的前提下，新闻广播也应注重改变和提升听众的结构与层次，特别应该在骨干听众群上下工夫。由于忠实听众对一个台的发展和形象所具有的极大影响，新闻广播首先应该将中青年听众吸引到骨干听众群中来，当中青年群体与老年群体共同成为新闻广播骨干听众的时候，新闻广播主流人群的形象将大为改观，新闻广播的影响力和经济实力也将大大增强。

新闻广播的改进和提高离不开节目，明年新闻广播将继续追求节目质量的提高和节目内容的改进。

2002年，新闻广播在专业化办台方面做了进一步努力，对节目进行了较大规模的调整，加强了新闻的力度和播出频次。从运行十个月的结果看，已得到听众和业内人士的认可。明年新闻广播将在深化和完善专业化办台上继续稳步前行。具体而言，新闻广播将保持目前的节目格局，不做大的调整，仅在局部进行微调：明年拟增加一些整点时段的新闻播出；在加强早间《新闻大视野》的贴近性上下工夫；增加《议案追踪》类节目；对定位不准或定位不清的节目进行内容上的改进。总之，要使新闻广播的节目更加符合听众的需求，让听众更加喜爱。

四、专业化的发展和所需的“保护”

按照专业化办台的发展方向，新闻广播应该具有越来越鲜明的专业特色和越来越纯粹的新闻构架，全新闻广播是它的目标所在，也是理想状态所在。但就目前中国的国情而言，我们还不能马上实现目标，走进理想。目前符合实际并与新闻广播发展相适应的是：适当和有限度地实现专业化。新闻广播要不断地扩大影响力和权威性，要在专业化办台的前提下稳步发展。

《北京新闻》是新闻广播全力投入的节目，也是最有新闻广播特色和独家地域特色的节目，所以新闻广播请求总台在这个节目上予以独家播出的保护。

经济广播目标听众定位和频率发展的再思考

——北京广播学院社会调查报告之分析

赵多佳　边　建

2002年8月北京广播学院IMI市场信息研究所为北京电台所做的社会调查报告，被看作是北京电台专业化改革以来最具参考价值的市场分析。它对于我们如何进一步完善专业化变革，提升北京广播在整个传媒市场中的份额具有重要指导意义。

对近三年来在专业化改革中苦苦探寻的北京经济广播，这份报告带给我们的无疑是鼓励、忧思、希望。它所指出的现实是：尽管经济广播通过专业化的改革，在目标受众中有了高收听比例，但收听总量过低给频率生存带来压力。经济广播面临着目标人群的再度延伸和频率定位的进一步拓展问题。

一、专业化改革的成效

1. 报告的数据说明，经济广播已经拥有了“面孔清晰”的固定听众——中小投资者。它已成为专业频率的宝贵资源。尤其是投资活跃的中小投资者，被成功稳定在经济广播频率中。听众中的投资者“经常收听”和“最经常收听”的广播频率，经济广播都排在第一位，而且相对其他频率具有绝对优势。（去年的调查，在投资群体中经济广播排第四。）

2. 报告数据和收听曲线表明：一批金牌财经节目像《股市热线》、《股市大家谈》栏目的产生，尤其是《股市大家谈》，不仅成为经济广播最受欢迎的专业节目，而且也成为北京电台的优秀栏目。作为广播的非黄金时段，它创下了这一时段广播的收听高峰。它在下午4点至5点之间，排在七个频率之首。可以这么讲，单一频率收听的增长为拉升北京广播总体收听曲线起到了作用。

3. 北京经济广播苦心经营的主体节目，经过三年的打造开始产生经济效益。《股市大家谈》、《国际汇市报道》节目的广告2002年首次出现排满的情况。

4. 经济频率在金融证券业等专业领域的知名度正在上升。配套的社会活动及广告公司的市场推介使品牌在业内中逐渐得到认可。

二、专业化改革中的问题及认知

1. 对频率接触率的再认识

以目前经济广播频率的接触率与前几名相比差距悬殊。造成差距的原因包括：受众资源窄化、节目结构不尽合理、频率资源相对较弱、品牌宣传不足等种种原因。但对经济广播而言，需要认识的不是拉齐与前几名频率的排名，更不是与前几名争夺广播的受众市场，而是应该找出实现专业化后，我们在目标受众中应达到多少比例才是一个专业频率最合理的接触率。美国数千家电台接触率千差万别，一些社区台接触率并不高，但依然生命力旺盛，最关键的是他们在自己的目标受众中做到了极致。宝洁公司 11 种洗发用品的市场占有率各自不同，有的差距很大，但公司正是利用了市场细分后的社会不同需求，扩大了公司在洗发市场的整体规模。因此通过这次社会调查，对经济广播而言，要想提高频率接触率必须首先明确中小投资者的概念、范围、在北京总人口中的比例、市场发展趋势，以及广播在这一群体中的最终可占有量。从以上几个方面看，经济广播目前还没有达到理想状态。也许在近几年之内，经济广播的接触率不会有太明显的增幅，但这并不意味没有增长或发展的空间，经济广播的努力方向是，如何在我们应该开发和可能开发的受众中把文章做足，在自身领域尽可能地填满市场份额，以达到一个专业频率应有的、科学的、合理的接触率。

2. 对目标听众的再认识

实现专业化以后，经济广播把目标听众定位在中小投资者，近三年的实践，这一群体可以说比较稳固的锁定在经济频率。但问题的关键是这一群体并非“高端用户”，经济广播的投资者和非投资者之间存在明显收听差异，主体节目和绿地节目之间缺少兼容性的公共地带。由于节目结构布局不尽合理，直接影响了受众的选择。所以，虽然我们在目标人群中培养了高收听比例的《股市大家谈》栏目，但却是异军突起，缺乏节目的整体连带效应。因此，对一个专业频率来说，不是有了目标听众就有了收听率，认真研究目标听众的质量、数量、包括边缘性的目标听众的需求是非常重要的。对目标人群不断地研究、培育、调整，我们的受众市场才能一点点发展、壮大，才能在最大限度开发目标听众的同时，降低频率定位的风险。与此同时，我们还应看到：任何一个频率目标听众的发展、壮大，是与社会政治经济环境、人民生活水平有着密不可分的关系，所以分析这一群体时，既要实事求是，更要目光长远。

3. 对专业节目深化与延伸的理解

由于经济广播专业节目和非专业节目之间缺少兼容性，造成专业节目在频率整个节目框架中明显孤立。这里既有老频率在改造过程中经济压力过大的问题，也有新老节目调整中人才匮乏的问题。重新整理目标受众，是对专业频率节目深化、延伸的再认识。专业频率的个性需求是频率生存发展的需要，它必须像一条红线紧紧贯穿在频率节目的自始至终。绿地节目不仅仅是好听、轻松，更重要的是它是否满足了你这个频率的受众需求，如果不需要再好听也无济于事（因为好听的轻松的可以在其他频率找到）。由于经济广播专业指向很强，实用信息成为吸引受众的主体，因此绿地节目的个性化内容就成为留住已有受众，吸引专业需求不明显受众的焦点。这就要求我们在好听、轻松内容与专业节目之间寻找到突破点。

4. 如何面对竞争

调查报告的数据显示：北京经济广播的竞争对手不是来自广播自身，而是电视、报纸（主要是电视）。在目前经济台最忠实的活跃投资者中，他们每天收看电视的时间平均为 3.6 小时，可每天收听广播只在 1.3～1.4 小时之间，而且他们对电视的接触度、权威性、影响力、信息丰富性、迅速性、便捷性的评价远远高于对广播的评价。由此给了我们一个重要信号，如果我们找不到具有广播特点，带有垄断性的信息资源，那么在这些所谓的忠实和稳定的听众中同样具备了极其不稳定的因素，频率受众的流动性依然成为制约频率发展的瓶颈。以现有的广播信息资源看，除了交通台的路况信息和音乐台的一些音乐资源，其他专业频率找到带有独家性质的信息资源难度很大。但广播的优势在于快捷、互动，充分利用广播的这些特点，就能把大众信息做成广播特有的信息资源。比如同样的行情，我们与市场大屏同步播出，就对投资者产生吸引。同样的分析，互动着去表现，就比单向传递更聚人心。虽然广播的这些优势在互联网时代，略显微弱，但市场既然造就了一个传媒形态，它就必然有其生存价值和发展空间。利用自身优势，努力找出带有独家特点的信息源头，就能帮助我们抢夺其他媒体可能占有或还没有占领的受众市场。

三、经济广播的发展思路

1．目标定位

基于对专业化改革的成效和问题的思考，2003 年经济广播将调整为“财经、生活”频率。这是对目标听众重新认识后的一次战略性推进。以往“炒股炒汇请听 AM1026”的口号，也将随着定位的扩延而改变。

我们将从两个方面构建经济广播目标听众的需求。

①如何挣钱（针对投资者）

②如何花钱（针对消费者）

调查报告对中小投资者挖掘潜力和定位风险的忧思深深地提醒着我们。对受众来说，投资是需求，消费更是需求，这就使得我们提出以此需求重新定位经济广播的目标受众，也就是在保留和进一步加强对中小投资者的股市、汇市节目的基础上，开辟新战场，争夺新领域——满足百姓的消费需求。

2．目标实现的可能性

调查报告有几组数据很说明问题。收听经济广播的非投资者把消费需求放在第一位，占到 49.7%。而投资者虽然把消费需求放在第四位，但也达到了 20.8% 的比例。经济广播的固定听众虽然不是“高端用户”，但却有着强劲的消费能力。根据统计数字，在调查报告的七项花费中，除了“穿”一项外，经济台的听众各项花费均高于广播听众和一般人群。特别是投资者的各项花费均高于广播听众和一般人群。在零食、穿、交通、通讯、保健上的花费远远高于非投资者。根据这样的需求能力，经济广播不仅需要帮助他们挣钱，还应该告诉他们如何花钱，怎样花钱。

3．频率定位与频率功能结合

从调查报告中我们还发现：北京经济广播的功能性特点，明显区别于其他频率消遣性特点。强化频率的服务功能，突出频率的工具特性，是形成品牌个性的重要手段。而投资理财类节目和消费指导服务类节目与频率的功能特性是完全吻合的。今后，经济广播节目的发展方向是专业节目权威、可信；绿地节目实用、轻松、好听。整体节目力争做到流畅、兼顾两头。

总之，社会在前进，频率的改革也将随着不断变动的潮流而随时做出调整。但万变不离其宗。广播改革离开了市场，离开了受众，是很难走向成功的。这次调查报告所反映的数据，为频率的调整提供了科学的依据。但数字并不包罗万象，更不能成为我们今后发展的包袱。跳出数字的羁绊，从数字背后寻找出合理性、科学性的因素，我们就能找到发展机遇，少走弯路。

一个专业频率的成功与否，既有市场环境的外部因素，也有我们在办台理念、操作过程中的科学性和合理性因素。只要我们把目光放长远，时间将会证明我们的选择。

专业化办台的再思考——关于调查报告

王　秋　陈炳岩

这一次总台的调查报告涉及面广、内容比较全面，尽管对于调查公司的运作方式及其依据的调查问卷内容设置的科学性、抽样目标对象的范围选取的合理性和有效性还有待商榷，但报告中对交通广播收听人群的界定及对我们节目提出的问题和建议，仍然很有价值。例如报告中指出，所谓“专业化”的交通广播第一要有针对性的人群；第二应当为目标听众提供全方位的服务而不仅仅局限于交通方面的内容，这种全方位的服务是指尽可能多的满足目标听众多方面的信息需求，应当增强节目的互动性和公益性。又比如，报告指出从交通广播长远的发展眼光看，首先是目标人群的再确定，由此带来节目编排设置的针对性，其次是交通广播要向纵深发展，为目标人群提供全方位、多层次服务，最终形成产业链。

关于目标听众

受众特征——移动人群

移动人群是指所有在特定时间和空间内即将或正在保持移动状态的人，可以细分为四个层次：

驾车人群——交通广播的忠实听众。从数据看，驾车人群经常收听的广播频率排名中，交通广播以 87.4% 的优势排在首位。这部分人又分为两种类型，一种是职业司机，以出租司机为主；另外一种是驾驶私家车的人。从调查结果分析，对驾驶私家车的人来说，要提供实用的信息；对职业司机来说，应主要体现三点：提供信息、工作陪伴、宣传提醒。现在司机认为下午的节目不理想，收听曲线明显减弱。改善的方向应体现陪伴作用，一方面加强引导，另一方面加强人文关怀。经常坐车的人——交通广播的伴随听众。这部分人基本是社会上的白领阶层，应以高品质和时尚的节目吸引他们，才有可能使他们变被动收听为主动收听。

有驾车打算的人——交通广播的潜在听众。今年私家车的数量已超过公务车，私人汽车的数量还在不断攀升，这部分人不断增加，在他们没有成为驾车人群之前，最希望获得有关汽车方面的信息，包括销售、保险、上牌、维修、保养、学车等。这类信息对于培养这些潜在听众的忠诚度，以及由潜在听众转变为忠诚听众都是非常关键的。

经常外出、打算外出的人——交通广播的边缘听众。“外出”有两方面的含义，一是指一天之内在本市的出行；另一方面是指一天以上本市之外的出行。无论那方面的出行，本地的交通情况、天气情况、目的地的交通和天气以及旅游景点、旅游路线都是他们非常关心的。要想抓住这些边缘听众，多提供一些有实用价值的、与外出和旅游相关的信息是必不可少的。

总之，交通广播的目标听众应概括为以下三个特点：第一，交通广播的受众多数处在移动状态；第二，交通广播的受众多为社会经济活动的积极参与者（收入普遍较高，用于吃、穿、交通、娱乐、教育、通讯等方面的花费都高于一般广播听众和一般人群）；第三，交通广播的受众中青年居多，年龄在19～44岁。达到有效样本的65%，调查结论和交通广播一贯坚持的是一致的。换句话说，交通广播以往确定的目标听众基本准确，只是对潜在听众和边缘听众开发不够，需要进一步加强。

受众需求——及时、丰富、轻松、实用

心理需求特点：

收益心理——据资料显示，交通广播的受众中22%的人收听目的是为获取实用信息，其中三分之二为获取及时、准确、权威的交通信息，其余三分之一左右的听众为获取其他信息。

求奇心理——由于交通广播的听众大多是社会经济生活的积极参与者，这就决定了他们对时事政治、经济生活、社会新闻、交通热点、突发事件等比较关心，目的是使自己时时保持耳聪目明的良好状态。

娱乐心理——据资料显示，有37%的受众收听是为了休闲娱乐。其中，音乐占三成，热线参与占两成，综艺类占两成，体育节目占两成，随意收听占一成。这些受众之所以选择交通广播，主要认为这是在动态中、在不经意中轻松一下的最便捷的方式。

实际需求特点：

节目的必听性——静态和动态的路况信息带有指导作用，违章曝光、法规政策咨询具有权威性。

实用性——专业性的服务节目具有极强的实用价值。

娱乐性——无论驾车还是乘车，长时间停留在一个狭小的空间内，都需要精神上的放松。

节目设置——突出三项功能

明确了自身的定位，明确了受众的需求，节目设置也就有了依据。节目设置的原则要体现三项功能：

以特色新闻为龙头，强化导向功能。

以专业信息为骨架，突出服务功能。

以综艺类节目为衬托，体现娱乐功能。

关于本年度整体节目的安排

今年整体节目调整是比较成功的，特别是《一路畅通》延长，路况信息的互动，交管局直播室的建立，都对扩大交通广播的影响，提升交通广播的品牌起到重要的作用。调查的总排名也比去年有所提升。但是部分节目和时段还存在着布局不合理、针对性不强、节目雷同等问题。

明年节目的预想

关于交通新闻：

《交通新闻》是向公众表明交通广播是有自己的声音和见解的专业媒体，听众调查结果显示：《交通新闻》、《今日交

通》、《交通热线》的各项排名均在前六名，并且比较受30～49岁年龄段的喜爱，而这个年龄段正是交通广播的主流听众。明年新闻节目包括《交通新闻》、《今日交通》、《交通热线》固定播出的栏目，以及《现场报道》等不固定播出的栏目。

《交通新闻》和《今日交通》作为交通广播早间的新闻板块从时间安排上考虑到道路流量的关系，提前到7：20播出，8：00前结束。这套节目下午16：00滚动或重播。明年这两个节目更倾向做一些百姓关注的题目，以关注百姓为己任。

交通广播的新闻节目未来的目标是形成快捷、生动、有效的风格。《现场报道》经过几年的实践，积累了经验，锻炼了队伍。它将成为今后交通广播一个努力的重点。

另外，明年我们继续在《一路畅通》等直播栏目中做一些新闻播出新样式的尝试，将时政新闻、文体新闻以最快捷的方式，简明扼要地播出。

关于路况信息：

1. 信息员骨干

今年上半年开始调整信息员队伍。到目前，已完成19个代号、23人。两高峰报告条数平均140条，比前两年的50条，增加1.8倍。高峰时段总台接报能力已近饱和。这部分信息从质和量的两方面看都是全部信息中的骨干因素，准确性和及时性极强。

明年上半年内即可完成30名信息员调整，使这部分骨干信息达到200条。

2. 听众电话基础

听众电话今年以来平稳保持在160条次，比去年平均数下降41%。仍然保持较高准确率，但及时性略有下降。考虑用设（现金）奖励方式，把0031向报告突发事件方向引导。除日常接听常规路况外，重点评选报告突发者，再使电话量向稳中有升恢复并保持与常规路况配合，使足0031号码的号召力。观察0031向综合热线发展趋势，着手探索综合信息热线。

3. 短信新生力量

短信在两高峰各400多条信息，其中涉及路况内容的50%弱，但短信路况存在信息要素不全、堵点不明确问题，因此使用率不高。但短信这一渠道的开发，具有很大的利用潜力。

关于《一路畅通》：

①《一路畅通》的成就来源于伴随性、实用性、互动性、趣味性四大特性与它独占高峰时段这一因素。短信是这三个特性的基础。应该建设自己的短信平台，A. 防止路况流失，B. 为下一步用足短信资源打好基础，C. 使用（编辑、挑选）顺手。

②目前的伴随性自封的因素大，必须着重强调“大家帮助大家”，在节目中解决听众问路和问路况两部分问题，切实竖起互相帮助的牌子，在听众自问自答中完成真实的伴随性。

③目前已和周边省市交通广播建立高速公路信息网，专人整理外埠道路资料并汇编。

关于专题节目：

增大娱乐节目的比重，在晚间开设一档结合路况信息、出租车调度信息（含晚间演出和娱乐信息在内）的娱乐性互动直播节目，为晚间的听众提供一个能让他们放松心情的节目。

压缩下午的《1039服务热线》，增加一档类似《动感音乐》的音乐节目。

《法制平台》节目重新改版，与市公安局及法院等机构取得联系，增加一些现场办案和庭审的采访内容，使节目生动活泼。

保留《今夜星空》作为交通广播获奖节目的出口，这也是晚间唯一一档比较严肃的节目。有前后的节目进行调剂，相信晚间节目不会因此显得沉闷。

《1039茶馆》固定到人，专门选择那些适合做聊天类节目的主持人，充分发挥其长处来制作。

晚间7点到8点，增加一档新闻性综合节目，汇集当天所有的报纸上有价值有趣味的消息，同时穿插路况信息以适应这个时段路况仍然较多的现状。

改版“旅游快车”，增强和听众的互动性，使整个节目形式更活泼，内容更丰富。

关于节目的形式

交通广播的节目在形式上应该追求三个突出的特点：

第一，增加直播节目的时段，适应交通变化和听众对路况信息的需求。

第二，加强与听众的互动，让听众可以很方便地参与到我们的节目中来。应该有效地利用热线电话、手机短信以及和听众的见面会等各种形式，来扩大节目的影响，吸引更多的听众。

第三，提高节目的制作水平，从片花的设计到音乐歌曲的选配以及语言的穿插连缀都必须精心设计。适时就节目的制作专门进行研讨，以提高节目的水准。

关于专业化的思考

专业广播的概念：

我们通常所说的专业广播是指以传播某种专业知识和信息为主要内容的电台，它的特性决定了它的传播内容只能是社会生活的某一方面。在《广播电视简明词典》中把“在某一方面为受众提供专门服务，节目内容有特定范围的广播电台称为专业广播”。二者的区别在于一个是主观的，一个是根据客观需要；一个是以内容界定各专业广播的划分，一个是从受众的需要出发来确定服务内容。从目前广播受众的情况看，广播的专业化还远远没有专到为某一个特定的受众群体开办一个专业性极强的专业广播的时候，从另一个角度说，现在的从业人员也远远没有达到能开办一个真正意义上的专业广播的水平，比如把专业性极强的东西用通俗的语言表述出来。换句话说，真正意义上的买方市场和卖方市场还没有形成，作为卖方的专业广播还拿不出受众需要的容易被接受的专业节目，而作为买方的受众其自身的素质也达不到能够接受和欣赏专业广播提供全天候专业信息和专业性节目的水平。所以，准确地说，我国开办的一些专业广播仅仅是在某一专业领域带有特定的专业色彩的专业特色广播。

日本采用的是“听众细分法”，这是受美国听众市场调查的启发，广播根据不同文化、不同爱好、不同年龄、不同需求的受众有针对性地制作他们所喜爱的节目，建立起多层次的收听网络。

交通专业特色台的分析

优势——有权威部门的合作和独家垄断的部分信息资源；有获取丰富的专业信息渠道；有相对稳定的高质量的听众群；有政府和行业的政策保护；有奥运前城市交通迅猛发展的社会环境；有一批有较高素质的从业人员。

劣势——由于专业内容的局限，影响了它的广泛性和连续性；专家型主持人的严重匮乏，汽车维修、服务节目的三名主持人没有一人驾车，更不用提修车、养车的知识了。

专业特色台的出路

1. 强化优势，把专业文章作足。一是节目设置要有针对性，以专业性内容为骨架，做足做透专业文章；二是提供多层次、多元化、全方位服务；三是加强信息服务的及时性和权威性，动态办广播，使移动人群在第一时间获取有效信息；四是加强互动，让大家帮助大家。

2. 跨媒体经营，整合资源，优势互补，组合传播。在分析了自身的优势和劣势的基础上，以内容为纽带，实现不同层次上异质媒体传播。

3. 利用活动造势。充分利用行业优势和本地资源，通过各种活动扩大影响，提升品牌。

4. 把握网络给广播带来的机遇，实现广播与网络的真正融合。在现有网站www.bj1039.com基础上，搭建短消息互动平台，为交通广播动态广播提供技术保障。前期投资全部由网站自己承担。

对2002年教育广播收听情况调查报告的几点思考

纪烈鸿

2002年教育广播收听情况的调查犹如巨石击水，在教育广播引起了不小的波澜，对于每一个结论和数据全台每一个同志都在进行着认真的思考。我个人认为这次调查不管其结论和数据有着多高的准确性，它带给我们的思考是深入的、全方位的、多角度的，它给我们提供了一个思考问题的方法和多个切入点。这次调查是教育广播建台以来最实用、最具有借鉴意义的调查，因而也促使我们对教育广播的现状和未来进行一次前所未有的审视和分析。下面我针对调查报告所作的若干结论谈几点想法。

关于现状与问题：

问题之一：收听情况不理想：这里包括两个方面，一是接触率低。调查显示，在4588份有效问卷中，有470名听众知道教育广播，占总体样本的21.6%，而其中听过教育广播的听众有174名。仅占总样本的8%。在听众经常收听、印象较好、收听信号、效果等参数排名中，教育广播名列最末。二是教育广播的听众对教育广播的忠诚度不高。在听过教育广播的听众中，22.6%的听众最常收听音乐台，21.9%的听众最常收听中央一套，12.2%的听众最常收听新闻台，而只有9.3%的听众最常收听教育广播，把这个比例和8%的教育广播听众比例相结合，结论是教育广播几乎绝大多数听众处于游离状态。

反思之一：对8%接触率的基本评估。一般来说，在一个上千万人口的大都市里，一家广播媒体拥有8%的接触率即有80万人在收听，情况不能说很糟。特别对于一个以教育命名的广播媒体而言更是如此。就教育广播概念化的社会形象而言，教育广播的收听率在短期内不可能有大幅度的提高，追求教育广播的高收听率似乎不太现实。我们必须对此有清醒的认识。但话又要说回来，教育广播的收听率多年来一直位居专业台最末，似乎成了一成不变的定律，总有一些原因值得我们深思，特别是当教育渐成社会热点，被认为市场前景广阔的时候，收听率不高确实给教育广播和她的耕耘者们蒙上了一层阴影。需要深入分析的是，为什么如今教育如此火暴，而教育广播却沾不上太多的光？以往我们把眼光集中在节目水平、听众定位、办台理念、总体形象等各个方面，希望通过不断调整来弥补不足。我们必须承认上述问题确实存在。但是没有一个对社会教育背景结构性的深刻认识，我们的每次调整都会失去依据和方向。那么，我们处在一个什么样的社会教育背景下呢？有如下三个概念需要我们界定清楚。一是教育，二是教育宣传，三是教育市场。这三个概念都貌似教育，但三者之间却存在着本质的区别。“教育”即我们通常所说的小教育，也叫学校教育，包括基础教育、中等教育、高等教育、民办教育和出国留学教育等等。这些纯教育有着自己特定的运行规律。所谓社会热点就集中在这些教育身上。“教育宣传”一部分是对学校教育的报道和推介，另一部分是对社会意识形态、新概念、新知识及众多社会现象、社会风化的报道、披露和推广，即所谓大教育。说到底教育宣传更多地具有媒体的特性而不具备教育的本质属性。而“教育市场”是改革开放后，教育资源产业化的结果。这个市场的运行主体是“学校教育”，充其量再加上出国留学中介机构，它们与学生的升学、学历、就业、职称、职务等有着直接的联系。因此表现为市场需求旺盛，市场前景广阔。其实也有一些学校特别是民办学校不适应教育市场的要求难免被淘汰。就“教育宣传”而言，在目前的教育市场中还只是一个配角，与教育市场接轨的方式也仅限于做做招生广告，开个有偿专版或专题打打品牌等等，就是这些与铺天盖地的房地产广告、汽车广告、化妆品广告相比简直是九牛一毛，我们只能在报纸的中缝或密密麻麻的小块拼凑中，才能找到有关学校的招生广告就是一个例证。

我们作上述分析的目的绝不是为教育广播收听率较低做辩护，而是要把概念搞清楚，认清自己的位置，不跟着教育、教育市场的火暴而盲目乐观、盲目悲观。我们这次的调整方向和原则应该更加实事求是。目的还是争取使教育广播的收听率有一个相对的提升。

反思之二：教育广播的听众群对教育广播的忠诚度不高，这对于本来收听率就偏低的教育广播来说，无疑是一个更为可怕的消息。然而冷静思考一下，我们也确实没有悲观的必要。其一，任何一个媒体的存在都是在一定程度上以满足受众的某种需求为前提的。广播专业化的设计更是如此。而人的需要具有多样化、复杂化的特点，当一个人想通过不同媒体需求教育内容的时候，不可能把这一种需求作为自己需求的全部，我们不可能奢望收听教育广播的听众，不再收听或很少收听其他台的节目。其二，按照马斯洛的需要层次论，我们发现，人的需求由低到高呈现出这样的结构：生理需要、安全需要、社会需要、尊重需要和自我实现需要。就个体而言层次越低的需要对其生存、生活的必要性越强，对群体而言需要层次越低则人群越广泛。从教育广播目前的节目设计看，他针对听众的需要层次相对较高，故而出现听众的游离现象并不奇怪。当然我们节目自身存在的内容和水平上的问题也是一个重要方面，需要我们在更深层次的认识背景下进一步改进。

问题之二：目标听众与实际听众之间的偏移，调查认为：教育广播设定的目标人群是求学者、求职者、求知者，但实际听众主体仅仅限于求学者。目标人群窄化的原因在于听众定位的空泛。调查显示，目前教育广播最主要的收听群是学生，年龄在 12～24 岁之间，收听比例是 45.1%。

反思之一：我个人认为就目前的情况看，至少有如下四个人群经常收听广播或者说对广播的忠诚度最高，一是司机和乘车人，二是赋闲在家的离退休人员，三是过集体生活的人，包括大学生、民工、军人等等，四是有个性化的需求或局限并对广播媒体比较偏好的人，比如隐私性的求助人群，个性化的咨询人群以及部分股民、汇民还有盲人等等。今年教育广播的听众定位就是根据这个基本判断，本着树立教育品牌、增加经济创收的务实思路做出来的。也就是说今年教育广播的目标听众群有两个，一个是求学、求职、求知者，另一个则是中老年听众。其实核心人群就是求学者和中老年听众，求职者是作为延伸服务的辅助人群并不是主要目标群体，而吸引求知人群的考虑是体现教育广播形象的必然要求。即使空泛也是教育广播不可或缺的题中之意。因此从调查报告的情况看，教育广播满足求学群体的目标设定与实际听众之间有着某种程度的契合而不是偏移。中老年群体收听教育广播的情况是 55～65 岁听众，收听比例是 11.5%，离退休人员是 9.8%。这个收听比例与今年教育广播保健品类节目的收听情况以及由节目引发的实际购买情况似乎有一定的距离，而单就今年教育广播在每天下午重点推出的老年节目的反馈情况与收听比例看，差距就更大了。这一点还需要我们进一步分析。

反思之二：调查显示：教育广播最主要的收听群体是学生，年龄在 12～24 岁之间，收听比例是 45.1%。对于这样一个调查结果，从表面上看似乎很符合教育广播的要求。即教育广播是办给学生和教师听的。但从教育广播近八年的办台实践看，学生、教师收听广播的时间极其有限。教育广播为这部分群体提供服务的回报率一直很低。去年底我们确实喊出过教育广播要回到教育的口号，但并不是说教育广播要全面回到小教育，而是要站在教育与社会的结合点上做文章。于是今年我们把立足点之一放在了服务求学人群上。也就是说主要为那些已经走出校门，目前又想继续深造或想补充某一类知识和技能的人群。这个人群与在校学生不同，年龄段至少在 19 岁以上，获取信息的渠道已经失去了学校组织传播的条件，更多的是依靠媒体。所以在这里还需要我们再区分两个概念，一个是在学人群，一个是求学人群，这两个群体对媒介的需求有相同之处但也存在着相当大的差异。根据调查报告，我们把 12～24 岁这个教育广播的主要收听群体再作一次细分，很有助于我们对这个问题的理解。报告显示，12～15 岁人群占收听教育广播总人数的比例是 12.7%，16～18 岁人群只有 7.5%，而 19～24 岁人群则高达 24.9%。从这些数据所反映出的情况看，我们对“在学人群”与“求学人群”的划分是科学的，有着比较深厚的实践基础，把两者笼而统之地看待容易模糊视线，偏离有效的听众定位。

问题之三：设定人群的收听目的有待考证。调查认为：教育广播的主要听众群——学生最经常收听和最有好感度的节目并不是和他们求学者的身份相对应的节目，预设收听情况和实际收听情况产生了偏移。这种偏移来自于广播收听习惯的长期性和教育需求的临时性之间的矛盾。

反思之一：根据我们上面对“在学人群”和“求学人群”的划分，“在学人群”最经常收听和最有好感度的节目不是和他们求学者的身份相对应的节目已经成为顺理成章的事。但对于“求学人群”而言，对教育广播求学节目的需求度并不低。调查显示：在收听过的教育广播节目排名和最喜欢收听的教育广播节目排名中，《求知求学求职快讯》、《关注考生》、《求学新干线》这三个并不针对大众，颇具教育广播个性的品牌节目，均处于中上游水平。这一点说明我们满足求学人群需求的节目定位还是正确的。

反思之二：关于广播收听习惯的长期性和教育需求的临时性之间的矛盾。这一点并不是教育广播的总体矛盾。这个矛盾其实只集中在上述三个教育广播的品牌节目上。但话又要说回来，求学人群是一个流动的群体，就某一个体而言求学需求确有临时性的特点，但从总体来说，这个社会需求才刚刚开始，正所谓方兴未艾、前景广阔，虽然求学者获取此类信息的渠道越来越多，但教育广播以其部分节目树立服务求学者的品牌形象，还是能够吸引一些求学者的关注。不会陷入不可调和的矛盾中不能自拔。

反思之三：调查报告关于学生经常收听教育广播节目的排名和关于学生群体兴趣点的分析，给了我们非常大的启示。报告认为，“对学生而言，有多种途径获取教育信息，广播并不是他们的最佳选择。学校老师是他们获取教育信息的第一来源，也是最权威最快捷的来源。除此之外，他们的媒介接触习惯决定了网络、电视、报纸等媒体是他们获取信息的主要渠道，广播在这一人群中没有太大优势。”而学生对《今夜私语时》、《英文金曲》、《每日一招说英语》、《英语 2008》以及《北京人英语 300 句》等节目的好感度却相对较强。这一点恰恰说明了教育广播所立足的教育绝不在小教育或叫学校教育上，而应当对学生群体而言着眼于学校教育的薄弱环节，对广大受众而言应着眼于对社会意识形态、新概念、新知识、新文化及众多社会现象进行的理性层面的引领、推广或披露。

问题之四：教育广播节目没能形成整体优势。调查报告认为，教育广播目前共有节目 48 个（包括有线调频）。在这些节目中，有像《今夜私语时》这样的名牌栏目，也有不少听众寥寥的弱势栏目。各种节目兼而有之，散乱安排，没有重点，未能发挥整体优势，更未形成整个教育广播的品牌效应。

反思之一：这个结论对我个人的刺激是最大的。办了近八年的教育广播所有的探索、思考、分析、调研几乎被这一结论一笔勾销。但静下心来，重新审视为之牵肠挂肚、夜难成寐的教育广播，我不得不痛苦地承认我们的教育广播确实缺乏总体形象，未能形成整体品牌效应。

反思之二：都说办教育广播难，那么究竟难在哪里呢？我个人认为第一难在总体形象不好把握。从理论上说，教育广播就要以教育内容为主，努力在听众心目中树立“要教育找教育广播”的概念。而这个教育内容究竟是什么呢？如果说是大教育，难免内容庞杂，超出人们通常意义上的教育概念；如果说是小教育又难免定位窄化，一则你处于教育的辅助地位，分得市场份额有限。二则广播传播教育信息和内容的传播形态受媒体自身劣势的局限，往往成为学生及其他教育人士的次选媒体甚至不选媒体。说到要教育找教育广播似乎可能性更小。试想，所有关系重大的教育政策信息的发布都将通过颇具影响的主流媒体，同时这些以发布新闻为主要内容的主流媒体也会把重大教育政策的出台作为重要新闻进行报道。而学校自身也将通过自己高度组织化的传播渠道发布教育信息解释教育政策。由于这些前提的存在，要教育找教育广播就目前的情况看也只能是一个宏伟的目标。

第二难是难在我们需要把公众习惯认为教育广播局限在纯教育的概念判断引领到教育广播的知识定位、文化定位和修养定位上。根据以上的分析，教育广播立足在纯教育上不会带来更高的收听率，经济效益也无从谈起，很难支撑一个频率的正常运转。那么，我们也只能实事求是地考虑在教育与社会的结合点上设计我们的节目构成和安排，希望通过弥补小教育的薄弱环节，着眼于对社会意识形态、新思想、新概念、新知识、新文化及众多社会现象进行的理性层面的引领、推广或披露，来逐步树立教育广播传播知识与文化、体现人文关怀的全新形象。我个人认为教育广播的这个定位是实事求是的、可行的。经过今年8个多月的实践，虽然我们的结构安排还有些零散，节目质量和主持人的主持水平还有待提高，但我们的办台方向是正确的，这一点不容我们有丝毫的怀疑。下一步需要我们付出艰苦努力的一个重要方面就是引领公众意识。毋庸置疑，就目前的情况看，提到教育广播公众的第一反应还是觉得它应该有教学内容，应该围绕着学校、学生、教师做文章，由于这种公众意识的窄化，教育广播在历次社会调查中一出手就丢了分，收听率不可能有多大的改观。事实上教育广播的办台定位主要不在教学、不在学校。我们需要把公众意识引领到提到教育广播就让大家觉得这是一个传播新知识、新思想、有着浓郁文化氛围、充满着人文关怀的电台。它服务的对象是广大的求学者、求知者，它的服务手段是通过亲切、感人、实用、互动的沟通与交流为听众提供实实在在的帮助。只有这样相对提升教育广播的收听率，使教育广播占有更多的市场份额，才具有比较现实的可能性和可操作性。教育广播似乎天生就具有任重道远的特质。

以上是我对调查报告有关教育广播现状与问题的几点反思。有些观点与调查报告所做出的结论并不一致。但值得欣慰的是调查报告第二部分对教育广播的未来所提出的5点建议，却与我对明年教育广播的设计有着很多不谋而合之处。比如强调节目的到位，强调修养类节目的设计，强调心灵沟通和节目互动，强调自身的宣传与推广，强调跨媒体的合作等等。这些建议确实点到了教育广播的要害。根据这个思路明年我们将不惜财力、物力下决心大力推出主持人，以此来带动教育广播社会知名度的提高。同时，增加具有较高文化品味的读物欣赏类节目、旨在提高市民素质的外语普及节目、体现人文关怀的心理咨询节目和配合电台培训中心的市场运作而开办的教育宣传节目等等。

十二、技术工作

2002年，本台的技术工作在技术人员减少的情况下，继续稳步前进。按照国家广电总局规定，2001年10月至2002年9月为一个年度。在这个年度里，全台开路广播总计播出50346小时，技术中心停播率为1.86秒/百小时，804台停播率为0秒/百小时（是近年来最好的成绩），全台总停播率为2.3秒/百小时（上年度为4.1秒/百小时），连续五年达到国家广电总局规定的标准（全年停播率5秒/百小时）。特别是经过前后两个多月的努力，圆满地完成了“十六大”期间的安全播出工作，做到了万无一失，安全播出。现有设备的运行技术指标也全部达到甲级标准，以高质量的维护水平保障了各专业广播宣传的要求。

为了保证安全播出，技术部门制定了相应的规章制度，并做到随时检查有关安全播音各项规章制度的执行情况，发现问题及时处理解决。为实现“十六大”期间零秒停播的目标，技术部门制定了各种应急方案，规范、完善了多年未成文的操作程序。在制订方案的过程中，对发现的一些安全播出隐患，及时采取了相应的措施。同时，总工办坚持执行主持人持证上岗制度，培训、考核工作及时、得力。

2002年，各专业台现场直播节目数量显著增加，规模也越来越大，据不完全统计，全年完成转播、扩声约40余场次。从党代会、人代会等重要会议，到车展、房展等各种商业性的展览会；从本市的活动到发生在外省市乃至国外的活动；从一套节目播出到几套节目联合播出，甚至发展到与其他省市电台联合转播等，这些直播、转播都对技术工作提出了更高的要求。为了适应这种战线前移，或称之为战场扩大的形势要求，技术部门设计了外形新颖的移动直播间，多次将直播室搬出电台，建在了直播现场。技术服务从单一性播出，发展成了包括播出、扩声、传输、录音等全过程的综合性服务。在发射方面也补充更新了设备，从美国HARRIS公司引进的4部DX—10全固态数字调制广播发射机于7月11日正式进入运行状态。这4部发射机是作为原有4部发射机的备机使用，对发射工作起到安全保障作用。皂君庙机房还更新一副调频发射天线。

为了提高本台的科技水平，也为即将开始的技术系统全面改造做准备，2002年，技术中心派出考察小组，对目前国内在主控室及直播室技术系统方面具备较先进水平、技术管理较完善的兄弟省市电台进行技术考察，并写出考察报告，对我台具有一定的参考作用。

面对技术发展的挑战和各媒体间的激烈竞争，2002年，技术部门对职工进行了各种技能的业务培训，多次组织业务技术讲座和业务考核，所有工作人员的从业能力都有不同程度的提高。在北京市总工会举办的合理化建议活动中，本台技术中心有关《ATM与千兆以太网双网在数字音频系统中的使用和建设》，3月被评为2001年北京市经济技术创新工种优秀成果。

在保障完成安全播出的前提下，技术部门还完成了全台其他相关的技术工作，如各办公室音频工作站、综合业务网工作站、语音教室、阶梯教室、健身房等相关技术设备的安装和维护工作。

十三、管理与经营

（一）加强党建工作，为广播事业发展提供有力保障

1. 领导班子年轻化。根据工作需要今年有两位年富力强的同志走上领导岗位，台班子的平均年龄由54.1岁降为51.8岁。此外，还在全台范围内推选了处级后备干部54人。

2. 年初党委中心组制定了明确的学习计划，坚持每月两次的集中学习。此外，党委理论学习中心组还曾先后到通州大营村、亦庄经济开发区等地参观学习。

3. 与北京电视台联合组织了“党支部书记培训”。两台党支部书记、纪检、审计干部等近80人参加了培训。

4. 根据市纪委、市委组织部、市委宣传部《关于组织开展2002年党风廉政建设宣传教育月活动的意见》及集团党委的指示，开展了“党风廉政建设宣传教育月”活动，并在全台范围内开展了“党的基本知识”竞赛。

5. 党办与各党支部，党支部与广大群众建立工作联系网，团结了人心，凝聚力量，调动了干部职工的工作积极性。全年发展新党员14名，23名预备党员转正。

6. 精神文明建设成果显著。交通广播被授予“北京市思想政治工作优秀单位”称号；新闻广播发起的“治理多伦一亩沙地，还北京一片蓝天”大型环保公益活动成效显著，被评为“首都精神文明建设最佳活动”；全台积极参与北京市“扶贫济困，春风行动”，共捐款39320元，资助本市贫困学生35人。

（二）加强宣传工作管理，增强人员素质，提高工作效率

1. 强调宣传人员培训。6月25日～26日，举办了“宣传管理干部培训班”，全台科级以上宣传管理干部90余人参加了培训，这是我台连续第四年举办这样的培训班。此外，还举办了多期宣传业务讲座和培训。

2. 各专业广播继续开展带有树立“品牌”色彩的公益活动。新闻广播继续开展“治理多伦沙地”活动；经济广播成功举办“2002年北京金融服务咨询日”活动；教育广播举办了“第四届北京出国留学咨询会”；交通广播为“北京的士希望小学”举办了五周年校庆联谊活动等。

3. 为了提高工作效率，实现资源共享，加速办公自动化建设，“新闻采编平台”在新闻广播《北京新闻》栏目正式投入使用；配合有线调频和数字广播的开通，信息资料中心对现有古典及通俗音乐CD唱片进行压缩上网，存入DVD光盘柜，到目前为止DVD光盘柜已存入音频数据128G，近1400张CD，15700多条音频，初步建成了DVD光盘资料库；建成了网络信息雷达系统和照片资料库。

4. “北京广播在线”开通一年以来，各类稿件的录入、编辑、发布近75000条，制作专题频道19个，累计发稿字数达5700万字。实现了全台七套专业广播的网上实时收听。

（三）坚持“以人为本”，优化职工队伍

1. 坚持干部队伍的竞聘工作，除19个正处级岗位、35个副处级岗位采取竞聘上岗外，年初还在全台范围内进行了科级干部的竞聘，为全台职工提供一个展示才能的平台，真正做到能者上庸者下，使干部队伍真正走上年轻化、专业化的道路。

2. 在职工中推行“内退”制度，针对职工队伍的年龄结构以及实际工作需要，制定了行之有效的“内退”政策。共有71位同志自愿内退休养。此项工作完成后，全台人员平均年龄由原来的40.3岁下降为38.5岁。这项工作达到了节约开支、减员增效的目的。

3. 坚持人员培训。6月份，有21名同志完成了“英语大专班”的学习，去年年底还与北大联合开办了“媒介经营与管理研究生班”，全台80名同志利用业余时间参加学习，这为我台培养年轻后备干部，提高干部队伍整体的素质奠定了基础。

4. 开始实施“五年英语采访计划”，为2008年北京奥运会的宣传报道工作做准备。设立“英语角”，聘请外籍教师辅导；开展各类英语口语培训班活动。从目前实际情况来看，参加这项活动的职工越来越多。

5. 通过业务技能考核和外语水平测试，选拔宣传和技术业务骨干，赴国外学习。10月份有6位同志分别赴澳大利亚、荷兰等国进行工作和学习。

（四）交通广播获“ISO9001（2000版）质量管理体系认证证书”

北京交通广播为了加强内部管理，确保节目播出质量，提高竞争能力，与国际管理模式接轨，于2001年5月下旬在国内广电系统内首次提出“进行ISO9001质量管理体系认证”的设想，并为此做了大量相关的准备工作。其中，包括建立起一套符合ISO9001（2000版）质量标准的质量管理运行体系；编写交通台《质量手册》，制定了交通台的质量方针和质量目标；重新修订了交通台已有的一整套管理制度，整理为“二级文件”；编纂下发了《ISO9001知识宣传手册》，对全体人员进行认证知识培训和考试；确定并培训出5名内审员；进行了两次内部审核及一次管理评审。2001年11月27日至29日，中国方圆标志认证中心按照本台的认证申请，派出了审核小组进驻本台，依照ISO9001（2000版）标准、交通台《质量手册》和二级文件、国家广电总局以及有关主管部门下发的相关法律法规，实地开展审核工作。经过中国方圆标志认证委员会的最终确认，北京交通台于2001年12月18日（即开播8周年纪念日），获得了由中国方圆标志认证中心颁发的《GB/T19001－2000版（即ISO9001：2000版）质量管理体系认证证书》和《国际认证联盟（IQNet）质量管理体系认证证书》。2002年3月26日，国家认证认可监督管理委员会在人民大会堂举行颁证仪式，国家认监委主任王凤清亲自为交通广播颁发证书。

（五）从大局出发，继续进行机构调整工作

1. 在职能部室的精简工作中，将原保卫部并入办公室进行统一管理，减少工作头绪。在不增加任何工作人员的情况下，保证各项工作的顺利开展。

2. 2001年成立的“广播发展研究室”，今年已拿出了研究结果，为广播事业的改革提供了有益的参考；今年在广告部下设“策划中心”对北京电台的整体形象、企业文化建立以及各专业广播的发展进行了有益的探索。

3. 对原“北京广播发展公司”进行重组，将各部门所属三产并入其中，并加大对其资金投入，正式更名为“北京广播

公司”（Radio Beijing Corporation，简称“RBC”），使其成为北京电台进行跨领域合作、吸纳外部资金、对外进行战略性扩张的龙头。

（六）不断完善基础设施建设，为职工创造优良的工作和学习环境

1. 为进一步改善职工的学习条件，在电台主楼二层原有基础上建立“培训中心”。目前已建成一个中型会议室（可作为电视电话会议的主会场，可进行计算机、音频视频演示）；现代化的语音教室、阶梯教室的基础建设也于近日完工。

2. 为提高广大职工的身体素质，我台积极开展健身运动。对主楼21层进行改造，建立“健身中心”，10月底已全面投入使用；“美容美发室”也即将投入使用。

3. 为了合理使用空间，扩大办公面积，积极运作技术楼加层的工作，目前工程正在进行中。

4. 推广公务用车改革。

（七）财务管理和经营创收

1. 在财务管理工作方面，修定了《2002年经济管理办法》，完善了《内部会计控制制度及财务管理规定汇编》，提出了“内部控制管理”的新理念；为了贯彻落实《预算法》、《政府采购法》成立了采购监督委员会，规范了采购程序，加大了监督管理力度；完成了《2003年收支预算》。

2. 在经营创收工作上，加大管理力度，理顺广告代理关系，多种经营模式并行；对于广告进账坚持“周清月结”的管理制度；强化广告部的管理职能，完善广告监听；加强对从业人员的法律法规教育和业务培训工作；采取多种方式与各签约广告公司进行交流沟通，明确双方相互依存的关系。年内还开展了学习交通广播先进经营理念的活动。

在全台职工的共同努力下，2002年我台的创收工作取得了可喜成绩，截止到11月份创收总额已达2.08亿元，比去年同期实际增长5200多万元，增幅达33.9%。

附：《2002年经济管理办法》（试行）

2002年经济管理办法

（试行）

台字［2002］4号

根据党中央制定的各项经济政策以及《中华人民共和国会计法》、《事业单位会计准则》、《事业单位会计制度》、北京市各主管局的相关规定要求，结合本台实际情况，本着依法办台，依法理财，严格民主监督，强化预算管理，狠抓制度落实，加大节支力度，注重经营实效的原则，制定本办法。

一、根据总台加强预算管理、深挖收支潜力、保障重点经费需要，压缩消费性开支的精神，继续坚持“效益优先，兼顾公平”的原则，个人收入分配与效益挂钩，全台的个人收入均以总体创收和当期利润为基础，按动态方式管理，每年增长幅度不得超过已定的控制比例；公用费用要强化落实预算，加强成本控制，设立成本费用审查机构，并按制度严格把关，加强事前事中控制，切实降低成本。

二、合理控制经营成本，广告代理费加优惠幅度全年平均不得超过总台确认的控制比例，要严格合同管理，进账款一律不得以任何名义支付创收费用或代理费用。

三、收入的管理

1. 所有收入都必须纳入全台的预算管理，一律到财务办理交款手续，任何单位和个人都不准以任何名义自行留用，不准私设小金库。

2. 按月均衡进款，严格按合同与播出时间入账，确保电台利益不受损失。

3. 零星收入（如挂失、点歌、征婚、物品交换等）在取得收入当天必须送交财务入账，不得以任何理由自行存放。

4.2002 年全台创收按 8%～10%的比例增长。

四、内部控制的管理

1. 内控总体要求

严格执行内控制度，任何部门和个人不得以任何理由超越权限审批各种费用开支，不得超预算审批、支付费用；全台各部门要本着节约的原则，严格执行预算，对所经办项目认真调研、论证，真正把好审批关，提高资金使用效果。

2. 审批权限

在强化预算管理的前提下，强调各部门一把手预算执行第一关。在预算计划内部门一把手所有报销单据均由主管台领导签字。如部门一把手不在时，所有收支报销业务由主管台领导审签。

3. 强化审批预算制度

对大项支出采取政府采购方式，以招标形式完成，如专项工程、基建工程、装修、修缮工程、办公用品及劳保用品购买、汽车维修、大型专题活动、设备购置、租房、礼品奖品购买、宣传印刷品、物品制作费用、节目调查等开支项目，经办部门要进行严格论证，并预算到细目后，上报监督审查机构审核批准后方可执行；如无预算、无特殊原因突破预算，财务有权拒绝付款；如追加、调整预算，要申明追加、调整的理由与金额，必须先经监督审查机构和领导审批，未经论证审批的预算，或超预算未获追加批准的支出，财务不得行使付款职能，严格禁止预算执行中的随意性。

4. 审批限额

以年初预算为基础行使审批权限。专业台超过 2 万元（不含 2 万元）以上至 4 万元，由主管台领导审批；4 万元以上至 6 万元以内由台长审批；6 万元以上报台务会审批。新闻中心并入新闻台。

职能部门、技术部门、信息资料中心、国际部的费用按总台预算管理，在严格预算管理的前提下，费用开支仍实行归口管理，各分管部门超过5000元至 1 万（不含5000元）报主管台领导审批，1 万元以上，上报台长审批，固定项目按预算计划于年初上报监督审查机构审批。

5. 监督审批具体要求

（1）不得以冒名或相同费用多领支票的办法支取费用。

（2）个人费用的支取和各项费用的签字，一律使用在人事部备案的姓名，不得以播音名或其他姓名领取。

(3) 凡经财务支付的客座稿费、临时工工资，所列人员均需在人事部存有书面备案材料和身份证复印件，以备各监察机构查验。

(4) 根据市财政局强化部门预算的规定，严格落实预算，各项费用均预算到明细，利用财务软件功能，严格执行预算计划。

(5) 无论自制还是外来原始凭证，均要求写清用途、明细或附购物清单。

五、创收分配比例

1. 交给国家部分

占毛收入的:19.5%;包括以下内容:

(1) 税金占毛收入的5.5%;

(2) 文化基金占毛收入的3%;

(3) 教育基金占毛收入的2%;

(4) 上缴财政专户占毛收入的9%(占毛收入税后的10%)。

2. 交总台部分

占毛收入分别为:23%;21%;18%;

(1) 综合管理费：占毛收入的10%;

(2) 技术运营费：占毛收入的5%;

(3) 频率资源费分三档:

第一档：交通台、音乐台、文艺台各占毛收入8%;

第二档：新闻台占毛收入6%;

第三档：经济台、教育台、体育台各占毛收入3%。

3. 专业台提取自用部分

设备购置费占毛收入的10%。

上交及提取自用部分三项合计:

一档：52.5%;

二档：50.5%;

三档；47.5%。

可用部分与利润合计:

一档：47.5%;

二档：49.5%;

三档：52.5%。

利润率:

全台年平均利润率不能低于20%

交通台30%，不能低于29%;

音乐台25%，不能低于20%;

文艺台15%；新闻台15%；经济台15%;

教育台10%，(不能低于8%);

体育台10%。

六、支出的管理

1. 支出控制要求

总体要求：本着收支配比的原则，以收定支，量入为出，严格控制预算，杜绝随意性支出，杜绝无预算的赤字消费。具体要求如下:

(1) 各专业台的开支要按预算控制，要求每月完成利润计划，不允许赤字消费。继续实行按月结算的办法，结余奖励后的部分收归总台进行整体调控，如当月亏损，要用下月利润进行弥补。

(2) 如出现赤字，财务将出示黄牌，除保证基本费用（人员费用部分）外，停止该单位大额等费用的支付。

(3) 设备购置费如无特殊原因，每月必须提取，如免提需经主管台领导批准；当年有结余可在下年度继续使用，也可部分参加利润分配，分配后的设备购置费全部收归总台；如购置费当期为赤字，不允许赤字支付购置及修缮等费用，如在预算计划内，确需支付的购置费可直接在事业支出中列支；设备购置费（修购基金）不得进行年末赤字结转。

(4) 总台各部门的正常开支要控制在核定比例之内。

(5) 全台性开支力争控制在最低水平。

(6) 个人收入项目：工资条内容、效益工资（节目制作费）、加班费、过节费，以及所有工资类发给个人的款项（如值班费、奖励、技术保障费、早晚夜班费等）。

2. 全台费用总体指标

（1）人员费用部分：控制在收入总额的25%以内。包括：工资、补助工资、其他工资、职工福利费、社会保障费（退休费等除外）、节目制作费。

（2）公用费用部分：控制在收入总额的40%～45%以内。包括：公务费、设备购置费（包括总台的设备购置、专业台购置提取超支的部分在此列支）业务费、修缮费、其他费用、业务招待费。

（3）设备购置费：控制在提取的比例之内，其中：专业设备占75%；行政设备占25%。各专业台的购置项目在各自提取的设备购置费中列支，总台一律不负担专业台的设备款。

七、国有资产管理

1. 加强资金管理，严格执行相关制度规定。

2. 加强债权债务关系的处理，严格投资类项目的审查管理。

3. 加强固定资产与相关物资的管理，确保国有资产保值增值。

八、财经纪律

1. 要加强世界观、人生观、价值观的警示教育，增强自律意识，提高拒腐防变能力，加强对经营与经济活动全过程的管理和监督。

2. 对大项支出要严格论证，严格购买纪律，按计划购买时必须三人以上进行，防止因论证不足和把关不严且集体决策或行为而造成损失。

3. 严格执行会计法，加强财务监督，任何单位和个人不得违反财经纪律办理会计事项。凡违反财经纪律和台内管理规定办理相关事项的，按国家和内部各项处罚规定进行处罚。

4. 任何单位和个人、特别是副处以上领导干部，不得利用工作之便收受现金私分；不准接受回扣，凡收受现金和接受回扣不交公或其他违规违纪行为，一经查实，按相关法律条款处理。

5. 不准公款私存，不准将本台的收入存入他人账上或私设账外账，查实按违纪严肃处理。

6. 必须把好用人关，健全制度，堵塞漏洞，防止和避免发生个人违法违纪问题。

7. 不准搞有偿新闻，不准未经批准私插广告，违者没收全部收入，并追究当事者与部门领导的责任。具体条款执行总台有关广告管理规定。

8. 任何单位和个人，不得转借、转让、代开发票；未经税务机关批准，不得拆本使用发票；不得扩大专业发票的使用范围。所有发票或收据必须经财务部门盖章方为有效，未经允许私购私开收据的行为按违纪严肃处理。

9. 严格按物价局核定的项目与标准如实开具发票，所有联次要复写一致，严禁上下联数据、单位名称不一致。

10. 本办法由计财部负责解释，自2002年1月1日起执行。

二〇〇二年一月四日

十四、外事外宣

2002年为进一步规范我台职工因公出境、同外国驻华使馆交往、接待境外人员来访以及在对外交往和宣传中的有关问题，北京电台重新修订了《关于外事外宣管理工作的若干规定》，明确规定全台外事外宣工作实行统一领导和归口管理，外事外宣领导小组为全台外事外宣工作的领导机构。领导小组由总编辑、总编室主任、人事部主任、国际部主任4人组成，总编辑兼任组长，总编室主任主管外事工作，人事部主任负责政审工作，国际部主任负责日常外宣工作。总编室作为全台外事外宣工作的归口管理机构，设外事兼职管理干部，在外事外宣领导小组的领导下，负责管理全台与国外及港澳台地区广播机构之间的业务往来等有关事宜。

由于台领导的重视，2002年北京电台的外事外宣工作取得了可喜的成果。除继续在海外电台播出新闻节目、专题节目外，又与美国中国广播网和新西兰中文广播电台等建立了合作交流关系。为了加大北京电台对外宣传的力度，经向国家广播电影电视总局申请，北京电台英语广播——有线调频97.8兆赫于12月6日零点开始试播，这是北京电台建台以来首次开播全天24小时英语广播频率。

2002年我台与海外电台合作的节目量有较大增加，在海外落地的中文栏目15个，每天播出约70分钟。为澳大利亚和加拿大等电台传送的新闻节目，由原来每天2套增加到4套，全年累计传送新闻6580条。还应海外华人听众的要求为澳大利亚3CW中文电台、加拿大中文电台和加拿大华侨之声电台增加了每周六、日2档新闻性专题节目《城市链接》，该节目的内容由中国各地电台提供，这样使我台送出的节目既立足北京，又放眼全国，不但丰富了我台在海外节目的内容，也使旅居海外的华人、华侨以及留学生能听到来自中国各地的消息。除中文新闻节目外，我台有15个栏目的400个专题在海外播出。澳大利亚澳洲广播电台（ABC）从年初开始，每月开辟一档新节目《新人类特区》，为了更好地介绍中国青年人的现状，特请我台国际部每月为他们提供一个话题，并邀请国际部主持人与澳洲广播电台节目主持人一起主持。

2002年我台在原有海外合作电台的基础上，又与美国中国广播网和新西兰中文广播电台等建立了合作交流关系。每周6天在美国中国广播网播出我台传送的《人物访谈》、《空中笑林》、《评书联播》、《老唱片》、《梨园金曲》、《今日北京》等节目，每档节目30分钟。美国中国广播网的节目覆盖美国东西部地区，在华人中影响很大。2002年6月，美国中国广播网的台长来北京洽谈具体合作事宜，希望与我台建立长期合作关系。2002年7月，我台国际部制作的《今日北京》和北京文艺台的《空中笑林》两套节目合并而成的“北京电台精心奉献”栏目在新西兰AM900中文电台首播成功，此后我台的《今日北京》、《空中笑林》每周在该台播出。新西兰AM900电台位于奥克兰市，是该国目前唯一一家24小时播音的中文电台，也是当地华人的舆论中心。

2002年我台制作的节目在海外电台每天播出情况如下：

《经济新闻》	5分钟
《体育新闻》	5分钟
《城市链接》	5分钟
《今日北京》	30分钟
《人物访谈》	30分钟
《中国之窗》	10分钟
《时事聚焦》	5分钟
《新人类特区》	15分钟

《世界一耳》	5分钟
《空中笑林》	30分钟
《评书联播》	30分钟
《中国歌曲排行榜》	65分钟
《老唱片》	30分钟
《梨园金曲》	5分钟

这些节目分别在澳大利亚澳洲广播电台、澳大利亚SBS电台、澳大利亚3CW中文电台、BBC英国广播公司、新加坡新传媒电台、新加坡动力电台、新加坡国际广播电台、加拿大中文电台、加拿大华侨之声、美国新世纪电台、美国中国广播网、新西兰中文台等播出。

我台国际部于2001年5月8日开播的英语节目《TOUCH BEIJING》（感受北京），每天分别在新闻台和交通台播出50分钟，这档节目播出后，在北京地区收听效果非常好，开播半年多就在2001年度“中国彩虹奖”评选中获得英语节目二等奖。2002年我台国际部与BBC英国广播公司联合制作了英语教学节目《英语快行线》，他们派记者专程来北京采访了副市长张茅和北京奥组委秘书长王伟等，全面报道了北京的发展变化和2008年奥运会的筹备情况。该节目得到BBC方面的高度评价。为了更快提高北京人学习英语的水平，2002年我台国际部与BBC英国广播公司正式签署了开展教学节目的合作协议，双方共同制作、出版了52集英语讲座，并在北京教育台播出。

2002年是中韩建交10周年，6月8日凌晨5时，韩国MBC文化放送《孙石熙视点》节目，在我台技术楼备份直播间开始了主题为“你好中国，我爱你韩国——纪念中韩建交10周年”的对韩国现场直播，韩方共有二十多人参加了这次活动，整个节目进行了3个小时，取得了圆满成功。这是我台首次在直播区接待外宾且人数众多。这次成功的尝试为今后双方的合作打下了良好的基础，也为我台与境外电台合作进行直播积累了经验。

出访大事记

2月14日—24日　国际部副主任冉丽赴澳大利亚参加业务交流活动。

3月15日—25日　台长降巩民、副总编辑张礼栓、国际部副主任白玉清、广播发展研究室记者傅珊珊赴美国、加拿大参观、考察。

3月11日—17日　教育台副台长周敏赴英国参加《英语500句》节目的录制工作。

4月　交通台记者赵颖随北京市对外友好协会出访团赴希腊访问、考察。

5月9日—19日　技术中心副主任张国强、郭励随中国广播电视访问团赴德国、瑞士进行技术考察。

5月15日—29日　804发射台台长秦建庄和技术人员陈云、邓亚程赴法国进行技术考察。

5月25日—6月30日　体育台记者李轩、李凯赴日本和韩国采访世界杯足球赛。

5月28日—6月2日　经济台记者沈星、黄溦赴香港参加“第16届香港国际旅游展览会”。

5月　新闻台记者赵介岐随北京汽车工业控股有限公司出访团赴韩国访问、考察。

6月9日　由我台音乐广播联合全国15家省市音乐广播主办的《中国歌曲排行榜》在美国纽约康城举行第一届海外票选颁奖典礼。为了表彰北京音乐广播和纽约侨声电台对海外华人文化的推动，美国白宫总统亚太顾问委员会主席祖炳民博士的代表陈伟民向两台颁发了“总统亚太顾问委员会文化贡献奖”。同时，纽约市议会第一位华裔议员刘醇逸也向北京音乐广播和纽约侨声电台颁发了特别奖。在此次活动中，田震、孙楠、羽·泉、郑钧、林依轮、孙悦、陈琳、朴树、张弥、零点乐队分别演唱了由华人投票选出的十大金曲，内地流行音乐的整体制作水平第一次完整的呈现在海外华人面前。

6月7日—18日　记者张树荣随中国爱乐乐团出访团赴美国访问。

6月15日—22日　教育台副台长周敏赴泰国参加研讨会。

6月24日—7月3日　广播发展研究室副主任许秀玲赴台湾参加“2002年海峡两岸广播事业交流研讨会”。

6月　新闻台记者范援生随北京市贸促会出访团赴荷兰、德国、瑞士访问、考察。

6月　新闻台记者关晓松随中央民族乐团出访团赴希腊访问。

7月　副总编辑白福义随《人民日报》出访团赴埃及、南非、土耳其访问、考察。

7月　新闻台记者康雪随北京市对外友好协会出访团赴挪威访问、考察。

8月15日—9月1日　教育台记者周敏赴英国录制教学节目。

8月26日—9月10日　体育台记者姚钢赴美国采访“第14届世界男篮锦标赛”。

8月　新闻台记者关晓松赴日本参加舞台艺术节活动。

8月　新闻台记者顾炜随北京市新闻办公室出访团赴澳大利亚、新西兰访问、考察。

9月28日　本台技术中心高素萍赴荷兰参加新媒体在广播系统的应用培训。在荷兰为期3个月的技术培训中，学习国外媒体的新技术、新方法，了解世界媒体的技术发展方向，并参加相关的英语语言培训。

9月29日—10月14日　体育台记者焦钰晖、耿雪梅赴韩国釜山采访第十四届亚运会。

10月1日　本台派出的第一批赴澳大利亚媒体访问学习团一行5人到达墨尔本，他们是新闻台陈晖、交通台吴勇、技术中心马玉章、国际部臧轶洁和教育台马维。他们分别在澳大利亚广播电台（ABC）和墨尔本中文台（3CW）进行为期3个月的访问学习，主要任务是通过协助两个电台制作广播节目及进行技术保障，了解世界媒体的发展方向，学习世界媒体的管理方法，同时还参加相关的英语语言培训。

11月初，国际部记者洪新、陈雪瑾赴新加坡就2003年节目的交流与新传媒集团的高层人士进行商谈。新传媒副总裁石慧敏女士表示希望能进一步扩大合作范围，在国际突发事件专家评述方面以及互换节目上寻求合作。

来访大事记

1月15日　应本台邀请，台湾中广公司的经营管理人员及广告代理商一行27人来本台访问。双方就广告经营的发展与合作前景进行了广泛的探讨。台长降巩民、副台长尤士成出席了座谈会，各专业广播主管经营的副台长参加了这次经验交流行动。

3月11日—15日　本台邀请英国广播公司原中文部主任姜华女士来台授课，讲授英国广播公司的新闻采集、新闻报道、节目编排及演示BBC新闻实录。各专业广播和新闻中心的二十多名采编一线的年轻骨干参加了培训。台长降巩民、总编辑汪良出席了开班仪式并分别讲了话。这是本台第一次邀请国外媒体来台开展培训工作。

3月14日　日本驻华使馆文化公使宫家邦彦和公共主管王建辉等3人来台进行礼节性拜访。北京广电集团管委会主任李建、电台台长降巩民与客人就加强两国广播媒体间合作进行了交流探讨。集团国际联络部副主任李增民、电台总编室主任亢亚志及国际部副主任冉丽等会见时在座。

4月18日　香港特别行政区广播处副处长吴锡辉、香港电台第五台台长李再唐来台进行礼节性拜访。北京广电集团管委会主任李健、电台台长降巩民会见了香港客人。

5月10日　南非台湾同乡会代表团一行13人来我台参观。台长降巩民向客人们介绍了北京电台近年来的改革发展情况，并就双方感兴趣的问题进行了探讨。客人们还参观了音乐广播直播机房和交通广播办公区。

6月8日　凌晨5时，韩国MBC文化放送《孙石熙视点》节目在我台技术楼备份直播间开始了主题为“你好中国，我爱你韩国——纪念中韩建交10周年”的对韩国现场直播，共有20多人参加了这次活动，整个节目进行了3个小时，取得了圆满成功。这是我台首次在直播区接待外宾且人数众多。

7月18日　路透社北京记者站电视部为拍摄一部介绍中国性教育的新闻短片，来我台拍摄了教育台《今夜私语时》节目，为听众直播解答性教育问题的内容。

8月22日　英国广播公司（BBC）教学部节目主管萨拉·摩根女士来我台访问，并就两台联合制作播出系列英语教学节目问题与本台台长降巩民正式签署了教材出版协议。同日，台长降巩民还与澳大利亚3CW中文电台台长就北京电台选派编播和技术人员赴澳学习交流一事正式签署了协议。

9月16日　香港新闻界北京大学国情研修班学员一行28人来我台参观访问。台长降巩民、交通广播负责人王秋和音乐广播负责人邵军以及部分节目主持人参加了接待。

11月　美国《华尔街日报》、《亚洲华尔街日报》驻京记者陈女士为撰写一篇专题报道，来我台采访交通台台长王秋和记者刘思伽、李莉，听她们介绍北京交通台受听众喜爱的原因、具体做法及未来发展思路。

12月3日　以陶维许为团长的“越南之声”代表团一行6人来本台参观访问。台长降巩民、副总编辑马仕存、总工程师王季平会见了越南客人。会见时在座的还有办公室主任曹丽霞、人事部主任郑金诗、技术中心主任常青。会谈后，越南客人参观了本台语音教室、阶梯教室以及部分录制机房和播出机房。

12月13日　香港特别行政区政府新闻主任国情研修班成员一行20余人来本台参观访问。台长降巩民、人事部主任郑金诗、办公室主任曹丽霞与研修班成员进行了座谈，座谈后客人们参观了本台培训中心和部分录制机房和播出机房。

十五、机构

北京人民广播电台
2002年台级领导任职情况

台　　长：降巩民

总 编 辑：汪　良

副总编辑：马仕存、白福义（11月6日止）、张礼栓、刘爱勤（11月6日起）、赵多佳（女）（11月6日起）

副 台 长：尤士成

党委副书记：汤　玲（女）（11月6日止）

总工程师：王季平

北京人民广播电台
2002年机构设置及副科以上领导任职情况

办公室（22人）

主　任：曹丽霞（女）

副主任：吴亚非（兼保卫部主任）、丑承培、张秋萍(女)(7月16日止)

秘书科　**科　长：**李建华（女）

副科长：潘宗锰

行政科　**科　长：**王亚伟（女）

副科长：虞国飞

固定资产管理科　**科　长：**付　昱

副科长：赵文静

广播中心工程建设办公室(非常设机构)(3人)

主　任：尤士成（兼）

副主任：丑承培（兼）

主任科员：李连平（女）

总编室（22人）

主　任：亢亚志

副主任：王福全、朱晓明（女）

宣传管理科　**科　长：**刘　兰（女）

听联科　**科　长：**田凤芝（女）

节目考评科　**科　长：**童淑玲（女）

副科长：周国华、杨　雪（女）

总工办（3人）

副总工程师：章　通

主　任：常　青

副主任：张国强

党办（4人）：

主　　任：柴修杰
纪委副书记：娄源斌
主任助理：黄文雁（女）
主任科员：玉　红、李爱卿（女）

人事部（6人）
主　　任：郑金诗
副 主 任：吉立同（女）
主任科员：游良婕（女）

计财部（16人）
主　　任：张秀勤（女）
副 主 任：陈春梅（女）
主任科员：吕　方
副主任科员：李　淼（女）、卢　曼（女）

广告部（13人）
主　　任：张树荣
副主任：张秋萍（女）（7月17日起）
广告审查科　科　长：金　慧（女）
广告监听科　副科长：张　威

广播发展研究室　（3人）
主　任：张礼栓（兼）
副主任：许秀玲（女）

工　会（4人）
主　席：刘祥汉
副主席：谢建国、张秋萍（女）（兼）
（6月19日起）

技术中心（35人）
主　任：常　青（兼）
副主任：张国强（兼）、郭　励、阮　勤（女）
技术管理科　科　长：王艳华（女）
播出维修科　科　长：刘志勇
副科长：谷会敏（女）
录音维修科　科　长：程　春
传输科　科　长：黄坚坚（女）
副科长：张　旭
传音科　科　长：于慧娟（女）
副科长：冯　丽（女）
网络系统科　科　长：刘　爽
副科长：马玉章

信息资料中心（24人）
主　任：李晓晖
副主任：王　勤（女）、史博华（女）（以上两人自3月29日起）
音响资料科　科　长：王　勤（女）（兼）
副科长：严玉鹏
图书报刊科　科　长：史博华（女）（兼）
信息处理科　科　长：边　江
网络节目科　副科长：黄维晔（女）

804发射台（35人）
副台长：曹　昌（主持工作）、陈　云
发射科　科　长：陈　钊
行政科　科　长：张光之
发射科　副科长：邓亚程

国际部（11人）
主　任：冉　丽（女）（12月2日起）
副主任：白玉清（女）
专题组　副科长：陈　琦（女）

新闻台（86人）
台　　长：刘爱勤（11月13日止）、李　捷（女）（11月13日起）
副台长：李　捷（女）（11月13日止）、陈建勋（6月28日起）、牟燕文
编委会主任：陈晓海（6月28日起）
编委会副主任：李彦平(女)(6月28日起)
台长助理：张立新
业务指导：范援生、亢亚琴（女）

政文部　主　任：顾　炜（女）
经济部　主　任：朱凌翔
编播部　主　任：周燕玲（女）
　　　　副主任：王萍萍（女）
社会新闻部　主　任：白　玉（女）
《北京报道》监　制：景　兵
新闻编辑部　主　任：张立新（兼）
　　　　　　副主任：李　革
　　　　　　　　　　张娜依（女）
《新闻时间》监　制：李　革（兼）
《新闻追踪》监　制：张娜依(女)(兼)
　　　　　　监　制：冯　放（女）
《新闻 2002》监　制：陈　晖
专题部　　　主　任：苏京平
　　　　　　副主任：宋　爽
《今日京郊》监　制：宋　爽（兼）
《新闻 2002》监　制：张红力（副科）
《法制天地》监　制：许向东（副科）
《时代杂志》监　制：康　雪(女)(副科)
《世纪文化潮》监　制：晏积萱(女)(副科)

公关部　副主任：王金成（副科）

经济台（43 人）
台　　长：赵多佳(女)(11 月 13 日止)、
　　　　　孟　立(女)(11 月 13 日起)
副 台 长：边　建、秦学刚(1 月 11 日起)
台长助理：陶　津（女）(9 月 30 日起)
财经新闻部　主　任：秦学刚（兼）
　　　　　　副主任：张安宁（女）
　　　　　　　　　　蔡明可（女）
综合专题部　主　任：杜　敏（女）
　　　　　　副主任：韩建强、陶　津（女）（兼）
策划部　主　任：邱桂垣
　　　　副主任：刘继彤、王　萍（女）
公关、办公室　主　任：纪爱华（女）
　　　　　　　副主任：杨夙园

教育台（24 人）
台　长：纪烈鸿（12 月 2 日起）
副台长：孟　立（女）（11 月 13 日止）
　　　　周　敏（女）、孙萱北（女）
公关部　　　主　任：李建华
　　　　　　副主任：杨丽华（女）
社会服务部　主　任：刘国庆（女）
专题访谈部　主　任：李玉昆
　　　　　　副主任：蒋芫苇（女）
求学服务部　主　任：刘　薇（女）
　　　　　　副主任：孙宝慧（女）
社会服务部　副主任：孙　岩（女）

交通台（35 人）
台　　长：王　秋（女）
副 台 长：秦晓天、陈炳岩
台长助理：宋林祥
新闻部　主　任：宋林祥（兼）
　　　　副主任：唐　琼（女）、潘九阳
公关部　主　任：林　兵
　　　　副主任：罗燕萍（女）
专题部　副主任：李春赞、李秀磊（女）

体育台（26 人）
台　　长：后晓军
副 台 长：张友信、李　康
台长助理：梁　晋
新闻部　主　任：姚　钢
　　　　副主任：李　萱
综合部　主　任：杜　丰
专题部　主　任：罗霄兵
公关部　主　任：赵金梅（女）

文艺台（36 人）
台　长：张厚美
副台长：孙　巍（女）、路　程、陆　彤（12 月 5 日起）
策划部（办公室）　主　任：赵春甫

副主任：杨　帆

采录部　主　任：孙　伟

副主任：郑雄鹰

文学部　主　任：（监制）沈　弘

综艺部　主　任：（监制）高　红（女）

副主任：周　杰

戏剧曲艺部　主　任：（监制）张　宏（女）

副主任：徐北威（女）

广播剧部（广播艺术中心）主　任：李　健

公关部　主　任：陆　彤

音乐台（47人）

台　长：邵　军

副台长：张　勤（女）、艾　禾

严肃音乐节目　监　制：吕雪瑞（女）

环球音乐节目　监　制：吴志飞

通俗音乐节目　监　制：伍洲彤

综合音乐节目　监　制：梁　红（女）

策划部　主　任：吕亚欧（女）

合同执行部　主　任：夏建军

采录工程部　主　任：陈小斌

排行榜　监　制：郑　阳（女）（副科）

974信息网　监　制：李　维（女）（副科）

专题音乐　监　制：冯　健（副科）

策划部　副主任：刘　慧（副科）

采录工程部　副主任：朱学兵（女）（副科）

十六、人　物

北京人民广播电台
2002年新任副处以上职务人员简况

刘爱勤（男）（1955～　）2002年担任北京人民广播电台副总编辑，高级编辑，大学学历，中共党员，北京市人。1971年在北京人民广播电台参加工作，历任记者、编辑、编辑组组长、新闻编辑部副主任、新闻台副台长及常务副台长、经济台台长、新闻台台长（其间2000年1月至5月兼新闻中心主任）等职。

工作业绩:组织部署完成了新闻台与新闻中心的合并工作,圆满完成了“十六大”的开幕式、记者招待会等重大活动的转播报道任务,提出并组织了大型广播特写《变迁》(20集)、多集系列报道《北京纪事》(70集左右)以及《金秋的收获》等系列报道,延续了“治多伦一亩沙地,还北京一片蓝天”的社会活动,担任《回顾五十年,迈向新纪元》文集的副主编。

主要获奖作品及论文:2000年撰写的《新北京走在大路上》被评为北京广播奖一等奖,同年撰写的《北京新闻元旦特别节目》分别获得中国新闻奖二等奖、中国广播奖一等奖和北京新闻奖一等奖,2000年撰写的论文《高层次的媒体竞争——浅论新闻策划》刊登在《北京广播电视》杂志上。

2000年被评为北京电台优秀共产党员,2002年被评为首都绿化美化积极分子。

社会职务：北京广播电视学会理事

赵多佳（女）（1955～　）2002年担任北京人民广播电台副总编辑,高级记者,大学学历,中共党员,山西省人。1974年参加工作,1982年调入北京电台工作,历任北京新闻台经济部主任、新闻台副台长、经济台台长等职。

工作业绩：制定节目创收、经营创收管理规定；实施经济台专业频率建设；组织完成了纯广告的行业分工和竞标；组织、策划了首届金融咨询服务日、大型保险咨询活动以及第三届北京经济论坛等活动；与歌华网络签订了“数据财经广播”协议；与上海电台合作打造《中国财经广播网》的正式启动；促成海外与内地十几家广播媒体的联动采访等。

主要获奖作品及论文：多次获得北京新闻奖一、二、三等奖和北京广播奖、中国广播奖和行业奖，处级干部理论文章获广电集体二等奖，撰写的论文《专业化与受众》获得中国广电学会论文一等奖、《论经济广播四步曲》刊登在《中国广播》杂志上，2002年出版发行了《论广播专业化》一书。

曾被评为局级优秀党务工作者、局级优秀共产党员、北京电台优秀共产党员，1999年被评为北京市爱国立功竞赛标兵，2001年被评为宣卫系统优秀共产党员。

郑金诗（男）（1966～　）2002年担任北京人民广播电台人事部主任，高级经济师，大学学历，中共党员，山东省人。1990年在北京光华染织厂担任技术员，

1991年在北京市纺织工业局人事处，1993年在北京电台人保部，1995年在北京电台人事部，1997年至2001年担任人事部副主任。

工作业绩：组织参与了北京电台干部职工岗位聘用制工作，制定电台聘用合同制实施细则，进行专业技术职务评聘分开试点，推行新的用人制度，试点推行聘用合同制，在做好继续教育工作方面，完成全台副科以上干部的集中培训、采编播人员的轮训，组织完成了全台主持人普通话测试工作，还参与组织了电台20名骨干参加BBC封闭培训，启动了电台医疗保险、失业保险的工作，参与了电台公司化运作的体制改革等多项工作。撰写的论文：《关于完善我台专业技术职务聘任制的思考》获得北京电台第一届优秀论文评选三等奖，《引入竞争机制，创新人事制度》获得北京电台第二届优秀论文评选二等奖，并刊登在《中国广播》杂志上，《从我台专业技术人员现状看实施继续教育必要性》刊登在《北京广播电视》杂志上，《坚持改革不断发展》在中国新闻人才高级研讨会上宣读，《转换用人机制，深化人事改革》刊登在本台刊物《宣传业务》上。

1993年被评为电台优秀党员，1995年被评为电台先进工作者，1999年被市语委评为市语言文字先进工作者。

张秀勤（女）（1953～ ）2002年担任北京人民广播电台计财部主任，会计师，大学学历，中共党员，辽宁省人。1973年参加工作，历任北京电台主管会计、计财部副主任兼预算外会计、计财部副主任（主持工作）等职。

工作业绩：制定了《北京电台创收奖励办法》、《北京电台财务管理规定》、《核算员的使用管理规定》、《事业支出的管理规定》，完善制定《经济管理办法》、《财务管理规定汇编》、《工作量化考核管理办法》，完善了会计核算与会计报表两大体系的联系和“专管员”与“核算员”相结合的管理制度，建立了会计内部监督制度，完善了内部考评制度等。撰写的论文《会计电算化为财务管理服务》获得全国预算会计研究会征文二等奖、《浅论激励机制与按劳分配》获得北京市论文评选鼓励奖、《广播电台财务管理的思路与实践》获得北京市第四届广播电视学术论文评奖三等奖、《内部会计控制在事业发展中的作用》刊登在《北京财会》杂志上、《用实际行动为党旗增添光彩》入选《中国新世纪理论精典文库》并荣获二等奖、《内部会计控制在事业发展中的积极作用》刊登在《北京财会》和《北京广播电视》上。

多次被评为局级优秀共产党员、北京电台优秀共产党员和优秀党务工作者、华北地区财务管理先进工作者。

冉 丽（女）（1956～ ）2002年担任北京人民广播电台国际部主任，主任播音员，大学学历，河北省人。1975年在北京市东城区东四新华书店工作，1982年在北京电台播音部工作，1993年在北京新闻台担任编辑、记者、播音员、主持人工作，2001年在北京电台国际部担任副主任（主持工作）。

主要获奖作品及论文：《窗口》获得全国优秀广播剧三等奖，《他没有过得意》获得广播电视优秀节目三等奖，《民族音乐风情录》获得北京市优秀广播节目三等奖，《希望之声在回响》获得各地电台残疾人节目展播三等奖，《敢问路在何方》获得北京市优秀广播节目二等奖，《世界知识》获得全国广播电视优秀播音作品一等奖（学会奖），《开放的中国盼奥运》获得全国体育声像作品创作特别奖，新闻

《介绍中国著名建筑师马国馨》获得劳模宣传好新闻优秀奖，主持的《世界之窗》连续两年获得北京电台主持人节目展播提名奖，《波黑和平协议在巴黎正式签署》获得首届中国国际新闻奖三等奖（政府奖），《李鹏总理学习过的地方——访莫斯科动力学院》、《期望与希望——美国各界人士对江泽民访问美国的反响》分别获得第二届、第三届中国国际新闻奖三等奖（政府奖），《如何认识和把握国际新闻报道的“尺度”》获得市外宣征文三等奖，《北京新闻》获得中国广播电视学会播音学研究委员会、全国第十届优秀播音与主持作品一等奖（学会奖）和中国播音与主持作品奖三等奖。撰写的论文《一次大胆而有意的尝试》和《访日本 NHK 有感》刊登在《宣传业务》上，《浅谈如何把握国际新闻报道中的“尺度”》刊登在《北京广播电视》杂志上，《东瀛散记》（上、中、下）刊登在《北京日报》上。

1990 年获得北京电台“最佳女播音员”称号，1992 年被评为局级先进工作者，1994 年被评为北京电台先进工作者，2000 年被评为北京市优秀新闻工作者。

社会职务：中国国际广播学会会员、北京广播电视学会播音学会会员。

王　秋（女）（1959～　）2002 年担任北京人民广播电台交通台台长，高级记者，大学学历，文学学士，中共党员，北京市人。1983 年毕业于北京师范大学，在北京 223 中任教，1985 年调入北京电台工作，先后任北京电台新闻部记者、北京经济台监制，北京交通台副台长等职。

工作业绩：先后策划组织成立了“北京的士希望小学”、组织制订试行《北京电台内部职称评聘办法》并负责实施落实、组织交通台第二次大型系列报道《中国汽车》、在新疆组织承接了“中国广播电视学会交通宣传委员会暨全国交通台台长会议”、组织建国 50 周年大型庆典活动配合性报道、策划组织出版了《司机导行手册》、与人合作出版了《敢问路在何方——大陆传媒与网络预言》、策划组织了“世纪国道万里行”大型采访活动、组织成立了“北京的士爱心公益基金”、组织出版了盒带专辑《永远相伴》、组织召开了“首届全国交通台节目推展会”、率先提出交通台实行广告按行业代理的新思路、组织三场交通台主持人为司机交警和广告客户的慰问演出、组织北京交通安全消夏文化广场活动、组织策划并参与了《直播西部》大型采访活动等。

主要获奖作品及论文：《星期三热线办公》获得北京广播奖一等奖，《热线投诉》获得广播电视评比优秀栏目奖，1997 年撰写的论文《交通台全面质量管理的探索》和 1998 年撰写的论文《探求交通台全面质量管理》在《中国广播》杂志上发表，其中《探求交通台全面质量管理》获得中国交通广播奖一等奖，1999 年撰写的论文《以创新求发展的北京交通台》刊登在《新闻与写作》上，2000 年撰写的论文《眺望新世纪广播》刊登在《北京广播电视报》上。

1995 年获得北京市三八红旗奖章，曾多次被评为北京广播电视局、北京电台先进工作者和优秀党务工作者。

社会职务：中国广播电视学会交通委员会副秘书长、北京广播电视学会会员、东城区青联委员。

后晓军（男）（1951～　）2002 年担任北京人民广播电台体育台台长，主任播音员，大学学历，中共党员，山东省人。1968 年在海峡之声广播电台参加工作，历任副营职组长、正营职组长、副团职组长、副处级组长等职，1989 年调入北京人民广播电台，历任专题部编辑、节目主持人、经济台午间节目组组长、经济台副台长、生活台副台长等职。

工作业绩：参与筹建北京体育台，参与策划世界杯、亚运会、世界游泳锦标赛、羽毛球汤尤杯等重大赛事报道及转播工作。

在海峡之声广播电台工作期间曾多次获得嘉奖，1997年、1998年、1999年连续三年被评为北京电台优秀党务工作者。

张厚美（男）（1952～　）2002年担任北京人民广播电台文艺台台长，编辑，大专学历，中共党员，北京市人。1969年在内蒙古生产建设兵团工作，1974年至1993年在宁夏人民广播电台工作，其间1975年至1977年就读于北京广播学院，1991年在宁夏人民广播电台文艺部担任副主任，1999年在中共北京市委宣传部文化处担任副处长，2000年9月调入北京人民广播电台担任总编室副主任，2001年4月起担任北京电台文艺台副台长。

工作业绩：组织协调“五个一工程”广播剧的创作生产及推荐申报工作，组织参与文艺台节目改版、庆祝建党八十周年、新北京新奥运、相约北京等活动，策划大型音乐专题节目《红色交响》，组织协调参评北京广播奖、北京电台十佳及中国广播奖工作，成功举办了京剧连台本戏《宰相刘罗锅》、2002年新春民族音乐会、北京国际电视周、北京国际科博会、2003年新年音乐会、国际合唱节等大型活动的现场直播和宣传工作及文化、科技、卫生“三下乡”活动、公民道德建设题材相声小品展播季、建设者之歌庆祝活动、中国第五代电影人20年聚首活动等一系列社会文化活动。

1996年被评为市委宣传部优秀共产党员。

纪烈鸿（男）（1962～　）2002年担任北京人民广播电台教育台台长，主任编辑，大学学历，中共党员，天津市人。1984年在北京电台社教部理论组参加工作，历任专题部法制组副组长、新闻台时政部（《时事追踪》节目）主任、新闻台新闻部副主任、社教部副主任、教育台副台长等职。

工作业绩：组织“深入学习邓小平理论”系列讲座，创办了“青年法律信箱”栏目，推出《科学与素质》系列广播，起草了“教育台节目质量管理办法”，组织策划“国庆五十年专题报道”，参与组织了“首都少年儿童中华古诗文经典诵读汇报演出”和“心系东方红，情洒黄土地首都少年儿童向陕北老区小伙伴捐书”活动，策划了《“三个代表”十二论》专题节目，开辟了《校园阳光直播站》和《话说旅游》节目，参与了市十一届人大四次会议的宣传报道的组织工作，组织参与了中招咨询会、第四届出国留学咨询会、“倡导网络文明”专题座谈会、“新苗杯”全国中学生电视节目主持大赛（北京赛区）、“母亲节、父母节”公益活动、纪念周总理为北京电台外语讲座批示30周年座谈会及首届市民外语游园会等活动。

获奖作品及论文：采写的多篇作品获得电台“隆福杯”最佳新闻奖、北京广播奖、全国理论广播奖、优秀节目奖；撰写的论文《讲政治是新闻工作的灵魂》刊登在《宣传业务》上、《谈教育台发展之路》刊登在《北京广播电视》上、《浅谈教育台的特殊性》刊登在《中国广播》上。

社会职务：北京市青年记协理事、中国广播电视研究会理论广播研究会常务理事、北京市青年联合会委员。

陈春梅（女）（1966～　）2002年担任北京人民广播电台计财部副主任，助理会计师，大学专科，中共党员，北京市人。1984年在北京广播电视局计财部参加工作，1992年调入北京电台计财部，历任计财部副主任科员、主任科员等职。

工作业绩：组织电台财会业务的核算、监督和各类报表的编制工作，制定了“北京电台财务管理的内控制度”，制定了“北京电台工会会计核算管理规定”，组织举办了三期核算员培训、两期专题讲座。

陈　云（男）（1960～　）2002年担任北京人民广播电台发射台副台长，大学专科，中共党员，江苏省人。1981年参加工作，在北京电台发射台担任值班员，曾任发射科副科长、科长等职。

工作业绩：参与了新机房50千瓦装机工作，828千赫和1026千赫的装机调机工作，927千赫的维护工作，负责台内所有重大停播事故的抢修、天馈线抢修和发射塔调配室抢修工作，负责安装“一备四”的安装调试工作，完成了1476→603发射台改频工作，更新了两部数字调幅发射机，安装了音频输入系统、输出系统、输出监测系统，更换四部发射机的电源线，安装了四部发射机用的稳定电源，参与了小天线试验和发射机自动控制试验工作，处理天线调配927发射机侧穿出室外的天线连线打火故障，协助安装机房的消防报警系统装置和电力配电室的装修工作，安装计算机的控制系统和发射机的掉高压报警装置，进行了828备用小天线的实验工作，改装了音频输入连接系统，多次组织有关发射机和发射机自动控制系统的技术分析研讨会，完成了微波、光缆两路音频信号交换系统的迁移和交换工作，完善了备用高频馈线的倒换系统，完善了音频信号系统的供电改造，完成了音频系统的迁移工作，完成了四部10千瓦发射机的安装调试任务并正常运行，安装了自动开机系统控制，完成了建外发射台的同域网系统的搭建，铺设了第三路备用电源。

获奖论文：《DX－50发射机1/2大台阶故障分析与处理》被华北五省市广播电台技术年会评为二等奖。

曾两次被评为北京电台先进工作者。

孙萱北（女）（1950～　）2002年担任北京人民广播电台教育台副台长，主任编辑，大专学历，中共预备党员，北京市人。1968年在内蒙古土默特左旗北什轴公社插队，1971年在内蒙古土默特左旗乌兰牧骑担任文艺宣传员，1976年在内蒙古广播电视艺术团工作，1980年在内蒙古人民广播电台文艺部担任编辑、记者、主持人，1989年在北京市食品研究所工作，1990年调入北京电台，先后在经济台《共度今宵》节目部、《午间时光》节目部、《星期天》节目部和假日节目部担任编辑、记者、主持人。

主要获奖作品及论文：1991年文艺专题《系列介绍广东音乐名家名曲》获得北京市广播优秀节目三等奖，1992年专题节目《希望工程特别节目》获得北京广播奖二等奖，同年专题节目《茶余饭后》分别获得北京广播奖二等奖（主持奖）、北京广播奖三等奖（编辑奖），1997年综合板块《访张家声》分别获得北京广播奖一等奖、中国广播电视新闻奖广播社教板块节目一等奖，1998年综合板块《自信、自尊、自强、努力向前——访下岗女工李颖》获得北京广播奖二等奖，1999年板块节目《访张家声》获得第四届全国广播节目主持人“金话筒”铜奖。1995年撰写的论文《通俗之中求深刻》刊登在《北京广播电视》上，1998年撰写的《节目同样需要经营》刊登在《宣传业务》上，2000年撰写的《热线电话利弊谈》、《试论访谈节目主持人的魅力》刊登在《北京广播电视》上。

1993年被评为电台先进工作者。

社会职务：中国广播电视学会主持人研究会会员。

王　勤（女）（1956～　）2002年担任北京人民广播电台信息资料中心副主任，高级工程师，大学学历，工学学士，中共党员，沈阳市人。1972年在总参通信部第二通信总站担任无线调配员，1979年在总参通信部第一通信总站担任无线调配员，1981年在北京电台发射台担任维修值班员，1988年在北京电台发射台担任助理工程师，1989年3月在日本大阪日中外国语学院学习，同年12月在北京电台总工办计算机科担任助理工程师，1992年在北京电台总工办计算机科担任工程师，1999年至2000年在北京电台总工办担任工程师。

工作业绩：1993年1～8月编制电台“固定资产管理系统”软件，1997年1～2月参与建立电台新华社新闻信息网，1997年3～6月参与建立音乐台、文艺台音频工作站，1998年1～6月参与建立全台音频网，1998年5～9月参与电台技术楼计算机网络的综合布线工作，1999年3～12月参与解决计算机2000年问题，2000年2～8月参与电台内部网站的网页设计与制作。

1983年、1987年、1988年被评为台级先进工作者，1985年、1996年被评为局级优秀党员。

许秀玲（女）（1965～　）2002年担任北京人民广播电台广播发展研究室副主任，主任编辑，大学学历，中共党员，河北省人。1986年调入北京人民广播电台新闻组任编辑、记者，1988年在总编室负责《英语新闻》编审，1989年在北京人民广播电台专题部任记者，1993年在北京新闻台新闻部任记者，1996年在新闻台任新闻节目主持人。

主要获奖作品及论文：《妖魔化中国的背后》被北京广播电视学会评为北京广播二等奖，获北京人民广播电台1998年“隆福杯”最佳奖，主持人节目展播《新闻1998》获最佳奖。论文《主持人与听众的换位思考》被评为电台优秀论文二等奖。

1988年被评为台级先进工作者。

社会职务：中国广播电视学会主持人节目研究委员会委员。

李　康（男）（1966～　）2002年担任北京人民广播电台体育台副台长，研究生学历，中共党员，河北省人。1989年在北京电台参加工作，历任北京电台专题部记者，北京经济台专题部记者、主持人，北京经济台新闻部副主任、主任，北京经济台专题部主任，北京生活台副台长等职。

主要获奖作品：1992年录音报道《竞赛没有终点》、《退二进三再展雄风》、《再生之地——北京火柴厂改革纪实》等节目分别获得北京市工业好新闻奖和北京电台优秀节目奖，1993年采写的《从主业精副业兴看国营企业发展的转移》、《专家系列访谈》、《与同行走进山区》、《1026新闻一小时》等节目分别获得北京市工业好新闻、中国经济台优秀节目和北京广播奖，1995年专题《众说纷纭极品消费》被评为北京电台“隆福杯”最佳热线节目，《1026新闻半小时》栏目获得北京市首届优秀广播电视节目评选提名奖。

1995年被评为“北京市优秀青年岗位工作者”。

李彦平（女）（1955～　）2002年担任北京人民广播电台新闻台编委会副主任（副处级），主任记者，大学学历，中共党员，河北省人。1975 年在北京自动仪表七厂参加工作，1976 年在北京东城电子仪表局工作，1978 年在北京计算机二厂工作，1990 年调入北京人民广播电台，历任专题部记者、新闻台新闻部记者、新闻中心采访部副主任、时政部主任、新闻中心副主任等职。

主要获奖作品：录音特写《我与大决战》获北京市老年优秀新闻三等奖、新闻专题《心灵的震撼》获北京新闻奖三等奖、新闻专题《小平放心，小平走好》分别获得“隆福杯”最佳奖和新闻台一等奖、《街道办事处转变工作职能刻不容缓》获全国人大好新闻三等奖、《让我们携手同行》获“中国彩虹奖”对外广播三等奖、录音新闻《投下神圣的一票》获中国广播奖一等奖、录音新闻《不朽的旋律，永远的记忆》获北京电台“隆福杯”十佳节目奖、特别报道《申奥成功，北京沸腾》分别获得中国广播奖消息类二等奖和新闻中心季度一等奖、《中华圣火在这里燃起》获中国广播奖一等奖和中国新闻奖二等奖、言论《水，在世界水日敲响警钟》获北京电台优秀节目奖、言论《让这样的好事再多些》获北京电台十佳节目奖、《入世航船抵达彼岸》获北京新闻奖二等奖。

曾被评为局级优秀党员和北京市优秀新闻工作者。

张友信（男）（1963～　）2002 年担任北京人民广播电台体育台副台长，大学学历，河北省人。1983 年在北京焦化厂参加工作，1985 年就读于北京联大文法学院中文系，1989 年调入北京人民广播电台新闻部编辑组，历任新闻部编辑组编辑、新闻台文体部副主任、新闻台专题部副主任、新闻台《时代杂志》节目监制等职。

主要获奖作品：《隆福大厦火灾目击记》分别获得中国新闻奖消息类二等奖和中国广播奖（第四届）消息类一等奖、《中国足球队闯入广岛亚运会》获得第六届全国广播体育好新闻一等奖、2000 年获得中国广电学会广播体育节目奖一等奖。

工作业绩：参与奥运会、欧洲杯足球赛、甲 A 联赛、全国运动会、足球世界杯外围赛、法国世界杯、世界排球锦标赛、世界大学生运动会、世界羽毛球锦标赛等报道工作，策划实施了《时代杂志》节目，策划了“来自儿童福利院”大型系列报道，参与了大型系列报道《普通党员》、大型直播节目《光荣属于你——伟大的中国共产党》、《感谢 3·15》、《7·13 申奥特别节目》撰稿和策划工作，策划组织了世界杯、亚运会、汤尤杯等大型综合赛事的宣传报道。

周　敏（女）（1967～　）2002 年担任北京人民广播电台教育台副台长，研究生学历，中共党员，北京市人。1991 年参加工作，1992 年调入北京人民广播电台，历任外语组组长、社教部外语组组长、教育台外语部主任等职。

工作业绩：筹办了《中国人使用英语常见错误分析》、《卡通儿童英语》活动，策划了《英语 2000》讲座节目，参与了《大家说英语》播讲老师与听众见面会及签名售书活动，全程参与了《初、中级英语听力集锦》讲座，参与了《双休日，学外语，做现代文明北京人》活动，策划了日、俄、德三个语种的录制工作，组织了“双休日特价书市”咨询活动，多次组织专家、学者和热心听众进行教学节目研讨会，参与了《教你如何使用地道英语》，组织了外语教师与听众见面会，策划双语杂志《英语广场》。

主要获奖作品：《卡通儿童英语》获“隆福杯”优秀栏目奖、《21世纪英语》获北京广播奖二等奖、《英语2000》获“隆福杯”优秀栏目奖，《空中英语教室——我一生的朋友》收录在《英语教改论丛》中并发表。曾被评为“十佳”主持人提名奖。

秦学刚（男）（1971～　）2002年担任北京人民广播电台经济台副台长，大学学历，中共党员，山东省人。1993年参加工作，1994年9月调入北京电台，曾担任北京经济台新闻部记者、早间部主持人、财经部副主任及主任等职。

工作业绩：策划了《中国财经60分》、《国际汇市报道》、《股市大家谈》、《证券早报》、《个股点播台》、《即时行情》，组织了股票投资报告会，定期举办听众与节目主持人见面会，举办了“2002年投资理财咨询日”活动，两会期间推出了两会代表、地方领导谈西部大开发专题，直播了“2000年中国东西部投资贸易洽谈会”和上市公司“九五”辉煌成就专题节目。

主要获奖作品及论文：《依依惜别了，王府井书店》分别获得中国优秀经济广播一等奖、北京市好新闻消息一等奖、中国新闻奖二等奖、中国广播奖一等奖和北京新闻奖一等奖，《谁来监督厂长、经理?》获得全国电台主持人大赛三等奖。论文《田忌赛马，扬长避短》和《广播与网络的联合之路》刊登在《北京广播电视》上。

孙　巍（女）（1968～　）2002年担任北京人民广播电台文艺台副台长，大学学历，中共党员，北京市人。1990年参加工作，历任文艺台戏曲部编辑、副主任、主任等职。

工作业绩：创办了《京剧大世界》节目，开办了直播节目《戏迷俱乐部》，定期举办“戏迷、票友、演员联谊会”，策划了“京剧大家谈”有奖征文活动，参与了《欢欢喜喜过大年》慰问演出，直播了《新春民族音乐会》。

主要获奖作品及论文：多次获得北京电台优秀节目奖、北京广播奖，戏曲故事《烟壶》获得中国广播文艺奖戏曲节目二等奖，综合专题《百年老舍》获得中国广播文艺奖综艺节目二等奖，专题《王晶华与京剧舞台》、《一组毛主席诗词》、《古韵新声》、《戏歌——舞台生涯》分别荣获1996年度、1997年度、2000年度和2001年度北京广播奖，其中戏曲专题《古韵新声》还获得中国广播文艺奖戏曲节目二等奖，戏曲专题《风风雨雨话“同仁”》获得中国广播文艺奖戏曲节目三等奖，戏曲故事《宰相刘罗锅》（第三本）获得中国广播文艺奖戏曲节目二等奖。论文《谈谈京剧〈宰相刘罗锅〉的现场直播》刊登在《宣传业务》上，《戏曲广播的现状与革新》刊登在《北京广播电视》上，《听戏曲节目专家奖参评节目随想》刊登在《中国文艺广播》上。戏曲故事《烟壶》刊登在《中国戏曲广播文萃》一书中。

曾被评为北京电台优秀共产党员，曾获“十佳戏曲广播编辑”称号。

史博华（女）（1964～　）2002年担任北京人民广播电台信息资料中心副主任，大学学历，中共党员，河北省人。1986年在北京电台总编室资料室参加工作，历任资料室副主任、信息资料中心图书报刊科科长等职。

工作业绩：参与编写的《北京实用资料大全》、《外国历史上的今天》、《中国历史上的今天》、《中国城市纵览》、《世界城市纵览》、《中国风景名胜纵览》、《世界风景名胜纵览》等书籍均由改革出版社出版发行，参与了电台《广播文选》、《广播稿选》、《北京电台四十五年大事记》、《北京电台在改革中前进》等资料汇编工作，参与了中国新闻资料学会组织的《中国新闻资料机检分类代码表》的编制工作，策划建立了北京电台图片库和新闻采编系统平台。

曾被评为北京电台先进工作者和局级先进工作者。

北京人民广播电台
2002 年新任副高以上职称人员简况

秦晓天（男）（1957～　）2002 年评为高级编辑，大学学历，中共党员，山西省人。1976 年在中国科技情报所参加工作，1979 年入北京航空学院学习，1983 年毕业分配到北京五金电器工业公司，1987 年调北京人民广播电台工作，曾任北京经济台副台长、北京生活台副台长，现任北京交通台副台长。

主要获奖作品及论文：《揭开克隆多莉的神秘面纱》获中国广播奖二等奖，《著名商标企业的成功之路》获北京广播奖二等奖、北京新闻奖二等奖、中国广播奖三等奖。论文《科普广播亟待加强》获北京电台首届论文评选三等奖，《世纪之交话科普广播》获第七届全国科普广播优秀论文二等奖，《素质教育呼唤科普广播》获第八届全国科普广播优秀论文二等奖。发表的论文主要有《北京交通台获 ISO9001 认证，与国际管理模式接轨》、《交通广播面对竞争、创新与发展而引发的思考》等。

1990 年被评为局级先进工作者。

社会职务：北京广播电视学会会员，中国科技新闻学会会员，北京科技记者编辑协会副秘书长。

陈建勋（男）（1952～　）2002 年评为高级记者，大学学历，学士学位，中共党员，浙江省人。1968 年在山西省河曲县插队，1976 年在山西省地质局 211 地质队担任宣传干事，1979 年在北京六零三厂教育科担任教师，1985 年调入北京人民广播电台担任新闻采编工作，1988 年在北京电台新闻部工业组担任副组长，1999 年在北京电台新闻中心担任副主任。

主要获奖作品及论文：《生命的辉煌》获得北京新闻奖二等奖，《打开康居之门的钥匙》获得中国广播奖二等奖，《用生命去投入》获得全国城市广播新闻奖消息一等奖，《张百发首次承认基模过大》获得北京新闻奖一等奖和中国广播奖二等奖，《下沉中的北京城》获得中国环境新闻奖二等奖，《中华圣火在这里燃起》分别获得中国新闻奖二等奖、中国广播奖消息一等奖和北京新闻奖一等奖，《圆梦在今朝》获得中国广播奖新闻专题一等奖。论文《深入实际是记者的基本功》、《成长的足迹》和《历史与现实特定时空的整合》刊登在《北京广播电视》杂志上。

曾多次被评为台、局先进工作者。

冯　健（男）（1954～　）2002 年评为主任编辑，大学学历，北京市人。1983 年起在北京电台工作，1993 年担任北京音乐台晚间节目部主任，1995 年至 1997 年担任音乐台早间节目部副主任，1998 年至 2002 年担任音乐台严肃音乐节目监制，2001 年担任音乐台《专题音乐节目》制作人。

主要获奖作品及论文：《春天生命交响曲》获得优秀广播电视节目奖、《通俗音乐会》获得北京广播奖、《演奏小提琴“梁祝”》获得文艺汇演奖、《从毛泽东到莫扎特》获得北京广播奖、《世纪之约》获得中国广播奖一等奖、《留得华韵播环宇》获得中国广播奖一等奖、《芳草碧连天》获得中国广播奖二等奖、《黄河》获得中国广播奖三等奖。撰写的论文《广播配乐的结构、修养和感觉》、《通俗音乐会》、《成功的转播，巨大的反响》刊登在《北京广播电视》上。

社会职务：北京市音乐家协会会员。

李　革（男）（1965～　）2002 年评为主任记者，大学学历，中共党员，河北省人。1986 年在北京电台参加工作，历任北京新闻台新闻编辑部副主任、主任等职。

主要获奖作品及论文：《审计人员进驻“大碗茶”》获北京广播奖消息类三等奖、《扎堆聊天何时了》获市、局级好新闻一等奖、《四放开之后》获北京市好新闻三等奖、《搞活大中企业，实现财政收入爬坡》获首届财政好新闻三等奖、《查打假发票》获财政部好新闻二等奖、《三尺柜台情暖人间》获北京广播奖二等奖、《保险业该为自身上保险》分别获得中国广播奖三等奖和“隆福杯”提名奖、《洪水无情人有情》获中国广播奖二等奖。论文《责任与灵感》分别刊登在《宣传业务》和《商报笔友》上，《浅谈组合式报道在广播中的运用》和《加强新闻策划树立受众意识》刊登在《北京广播电视》上，并获得台内优秀论文三等奖。与人合著的《中外文学人物形象辞典》由山东文艺出版社出版。

刘　薇（女）（1957～　）2002 年评为主任编辑，大学学历，江苏省人。1977 年在海淀区羊坊店第二小学参加工作，1986 年调入北京电台，历任编辑、主持人、北京教育广播求学服务部主任等职。

主要获奖作品及论文：《开开心心讲故事，轻轻松松写作文——张光英老师点评小学生作文》获得中国广播电视新闻奖、广播社教节目奖对象性节目三等奖和北京广播奖社教节目一等奖，《新编俄语》由中国广播电视出版社出版，《南非留学知多少》刊登在《出国与就业》上，《怎样去乌克兰留学》和《一个留学生眼中的澳洲教育》刊登在《中国教育报》上。论文《广播节目主持人的经营意识》刊登在《北京广播电视》上。

李春赞（男）（1966～　）2002 年评为主任记者，大学学历，中共党员，北京市人。1990 年调入北京经济台担任记者、编辑、主持人，调入北京交通台后历任假日部主任、综合节目部主任、专题部主任、专题部副主任等职。

主要获奖作品及论文：广播剧《抛锚之后》获北京广播奖三等奖，《浅谈交通台宣传工作的正确舆论导向》获中国交通广播三等奖，并刊登在《宣传业务》上，《节目把关人的作用》刊登在《宣传业务》上，《窄播化——电台发展的必然趋势》刊登在《北京广播电视》上，《浅谈网络技术在广播中的应用》刊登在《中国广播》杂志上。

孙　伟（男）（1957～　）2002年评为二级艺术，大学学历，中共党员，上海市人。1983年在北京电台参加工作，现任北京文艺台采录部主任。

工作业绩：负责录制唢呐大师民族器乐及协奏曲，参与了《健牌歌曲总决赛》的录音及转播工作，录制了POPS音乐会，为中央音乐学院录制了二胡、琵琶、扬琴、钢琴考级曲目的录音带，负责文艺台的技术保障，参与了《世界三大男高音演唱会》的转播及直播工作和播出机房、录制机房的订购、安装工作，负责北京市人防演习的扩音和录音工作。

主要获奖作品及论文：录制的歌曲《八骏马》和广播剧《升旗》获得广播节目技术二等奖，论文《外出立体声录音的心得》刊登在《北京广播电台技术报告集》中，《谈外出实况录音》和《调音经验浅谈》刊登在《北京广播电视》中。

陶　津（女）（1959～　）2002年评为主任记者，大学学历，天津市人。1983年参加工作，在北京涤纶实验厂担任技术员，1988年在首都经济信息部担任工程师，1990年调入北京电台经济台，历任经济台记者、主持人、财经新闻部主任、专题部主任、经济台台长助理等职。

主要获奖作品及论文：《来自世界自然科学博览会的启示》分别获得中国广播奖科技类二等奖、第二届中国科协好新闻二等奖和全国第三届优秀科普广播节目一等奖，《养殖又一新途径》获中国广播奖科技类三等奖，《公交线路图的错究竟在哪里》分别获得中国广播电视学会经济广播二等奖和北京广播奖一等奖，《众说纷纭极品消费》获全国经济电台优秀节目板块节目一等奖，《故宫更灿烂》获北京建设好新闻二等奖，《从燃气公司群众呼声电话拒绝接受咨询说开去》获北京广播奖三等奖，《再也不能白白扔掉废电池》获中国广播电视学会优秀节目三等奖和首届全国经济台优秀稿件三等奖，《地震与社会》获全国地震专题广播优秀编辑一等奖，《莫道前途无知己》获北京电台优秀节目奖。《无奈的滇池，希望的洱海》刊登在《中国百名记者西部行好新闻作品选》上。论文《对科普广播的若干思考》获第七届全国科普广播优秀论文一等奖，《从“消费者热线”看新闻舆论监督》分别获得全国经济广播优秀论文三等奖和北京电台优秀论文二等奖，《我做主持人，主持人的ABC》刊登在《北京广播电视研究》上，《对科普广播的若干思考》刊登在《北京广播电视》上。

曾被评为1999—2000年度北京市优秀新闻工作者，在第五届“金话筒”评选活动中获“全国百优广播节目主持人”称号。

王　萍（女）（1956～　）2002年评为主任编辑，大专学历，中共党员，辽宁省人。1975年参加工作，1976年调入北京电台，一直从事编辑工作，现任北京经济台策划部副主任。

主要获奖作品及论文：《北京新闻》节目获得全国广播新闻编排三等奖，《报刊文摘》节目获得北京电台优秀栏目奖，系列报道《改革发展稳定——专家访谈系列报道》获中国经济广播三等奖，《1026新闻半小时》获北京首届优秀栏目奖提名奖，《1026新闻一小时》获中国经济台优秀节目版块二等奖和北京市首届优秀广播电视节目（栏目）提名奖。论文《广播要在进一步与市场经济接轨中运行》刊登在《北京广播电视》上，《关于创办全国旅游广播网的几点思考》刊登在《北京广播电视》和《中国广播》杂志上。

曾被评为台、局级先进工作者和优秀

共产党员。

邱桂垣（男）（1955～ ）2002 年评为主任记者，大学学历，山东省人。1975 年参加工作，在北京市新中街中学任教，1990 年调入北京电台从事记者工作，曾担任过新闻部副主任，现任北京经济台策划部主任。

主要获奖作品及论文：《中美双方就中国加入世贸组织达成双边协议》分别获得中国广播电视新闻奖节目编排类二等奖和广播新闻节目编排年赛银奖，《用现代经营理念重新整合老字号的品牌价值》分别获得中国广播电视新闻奖三等奖和北京广播奖三等奖，《警惕幽灵在游戏中游荡》分别获得北京广播奖二等奖和通讯类三等奖，《规范与规模——连锁店生存和发展的根本》获北京广播奖三等奖，《再就业工程面面观》获北京广播奖三等奖，《京城步行街》获北京建设好新闻二等奖，《先把马步蹲好》获北京市商业好新闻三等奖。论文《对经济台十年新闻节目的简要回顾》和《谈谈广告专题节目主持人的服务意识》刊登在《北京广播电视》上。

曾两次被评为北京电台先进工作者。

张　宏（女）（1967～ ）2002 年评为主任编辑，大学学历，河北省人。1989 年至今一直在北京文艺台工作，历任编辑、记者、主持人、曲艺部副主任、戏曲曲艺部监制等职。

主要获奖作品及论文：编辑制作的《空中曲苑》、《特殊的仪式》、《女神》、《人命关天》分别获得中国广播奖一等奖，《曲坛盛会喜空前》获得专家奖曲艺一等奖，《快板艺术一代宗师》、《北京颂》、《老哥俩》、《寅初五鼓天将亮》分别获得中国广播奖二等奖，《寅初五鼓天将亮》曾在广播曲艺颁奖会上播放，《新改行》、《当兵的人》分别获得中国广播剧三等奖。论文《给评书插上音乐的翅膀》、《经久不衰的〈空中笑林〉》分别刊登在《北京广播电视》上，《特殊的仪式，特殊的纪念》和《从曲艺编辑到节目主持人》刊登在《宣传业务》上。

曾两次被评为北京电台先进工作者。

社会职务：中国广播电视学会戏曲曲艺委员会副秘书长、中国曲艺家协会会员、北京曲艺家协会会员。

赵　爽（女）（1963～ ）2002 年评为主任编辑，大学学历，中共党员，河北省人。1986 年参加工作，在河北省群艺馆担任刊物编辑，1988 年在河北广播电台担任节目编辑，任《综艺交响》节目组长。2002 年调入北京电台工作。

主要获奖作品及论文：《'92 广播迎春文艺晚会》获得河北省第一届优秀广播文艺节目一等奖、《综艺交响——青苹果乐园》获得河北省广播电视广播文艺二等奖、《综艺交响》两次获得河北省广播电视文艺节目一等奖、《星光灿烂——1998 春节文艺晚会》获得河北省广播文艺节目评选一等奖、《回家》分别获得第一届中国广播专家奖一等奖和河北省广播电视文艺节目一等奖、《壮美风光普陀山》获得河北省广播电视文艺节目二等奖、《跨过千年之门》获得河北省广播电视文艺节目一等奖、《八音盒》获得河北省广播电视文艺节目二等奖、《父与子的对话》获得中国广播奖三等奖。论文《办班散记》和《儿童早期音乐教育》刊登在《河北群众文化研究》上，《我的广播读书节目》刊登在《采写编》上，《我看文艺直播节目利弊》和《歌声中的故事》分别刊登在《河北广播》上，《小学生百事问》一书获晋冀鲁豫四省第一届优秀少儿读物一等奖和中国“冰心”图书奖，《摇篮故事》一书由河北少儿出版社出版，《温馨趣味智商故事》由河北人民出版社出版，《我的知识大王》由北京测绘出版社出版，《少儿知识大博览》由国家地震出版社出版。

曾被评为河北广电厅先进工作者，河北省委宣传部重大宣传报道优秀先进个人和河北省庆祝建国五十周年、迎接澳门回归等重大文艺活动宣传报道中工作成绩突出者。

社会职务：中国音乐家协会河北音乐家分会会员。

北京人民广播电台2002年职称评定情况一览表

序号	姓　名	专业技术资格名称	取得资格时间	专业等级
1	祝　捷	助理馆员	2002.09.19	初级
2	钟　辉	助理政工师	2002.06.06	初级
3	冯　亮	助理会计师	2002.08.01	初级
4	张　澎	助理编辑	2002.08.01	初级
5	赵　男	助理编辑	2002.08.01	初级
6	卢欣然	二级播音员	2002.08.01	初级
7	朱　秦	二级播音员	2002.08.01	初级
8	刘　冰	助理记者	2002.08.01	初级
9	邵新妤	助理编辑	2002.08.01	初级
10	隋传慧	二级播音员	2002.08.01	初级
11	高　磊	助理编辑	2002.08.01	初级
12	熊　丽	二级播音员	2002.08.01	初级
13	王　异	二级播音员	2002.08.01	初级
14	张　程	助理编辑	2002.08.01	初级
15	尹晓华	助理编辑	2002.08.01	初级
16	冉　燕	助理馆员	2002.09.25	初级
17	周　静	助理编辑	2002.08.01	初级
18	陆　暄	助理工程师	2002.08.30	初级
19	卢　曼	会计师	2002.05.26	中级
20	熊　辉	会计师	2002.05.26	中级
21	金　慧	编辑	2002.09.11	中级
22	曹　力	一级播音员	2002.09.06	中级

续表

序号	姓　名	专业技术资格名称	取得资格时间	专业等级
23	刘小仲	记者	2002.09.11	中级
24	宋梓祯	记者	2002.08.01	中级
25	李　娜	记者	2002.09.11	中级
26	唐爱菊	一级播音员	2002.09.06	中级
27	秦学刚	记者	2002.09.11	中级
28	薛燕玲	工程师	2002.08.30	中级
29	张云仙	工程师	2002.08.30	中级
30	耿雪梅	记者	2002.09.11	中级
31	王　伟	记者	2002.08.01	中级
32	马　超	三级艺术	2002.09.18	中级
33	戴蔚然	一级播音员	2002.09.06	中级
34	傅珊珊	编辑	2002.08.01	中级
35	李　革	主任记者	2002.09.28	副高
36	李彦平	主任编辑	2002.09.28	副高
37	王　萍	主任编辑	2002.09.28	副高
38	陶　津	主任记者	2002.09.28	副高
39	邱桂垣	主任记者	2002.09.28	副高
40	冯　健	主任编辑	2002.09.28	副高
41	张　宏	主任编辑	2002.09.28	副高
42	孙　伟	二级艺术	2002.09.18	副高
43	刘　薇	主任编辑	2002.09.28	副高
44	李春赞	主任记者	2002.09.28	副高
45	赵　爽	主任编辑	2002.09.28	副高
46	刘爱勤	高级编辑	2002.10.29	正高
47	陈建勋	高级记者	2002.10.29	正高
48	秦晓天	高级编辑	2002.10.29	正高

十七、出版物

书　名	著　者	出版单位	出版时间
眺望新北京——北京市第九次党代会专访录	北京新闻广播	内部	2002 年
北京人民广播电台年鉴 1997	北京电台年鉴编委会	内部	2002 年 3 月
北京人民广播电台年鉴 1998	北京电台年鉴编委会	内部	2002 年 7 月
北京人民广播电台年鉴 1999	北京电台年鉴编委会	内部	2002 年 11 月
《百姓 TAXI》杂志	北京运输管理局、北京交通台、百姓杂志编辑部	百姓杂志社	2002 年 11 月创刊
广播媒体质量管理体系的建立与审核	北京人民广播电台交通广播	开明出版社	2002 年 12 月

十八、大事记

1月1日 北京人民广播电台体育广播（体育台）开播，播出频率是中波927千赫、有线调频92.7兆赫。与此同时，原利用中波927千赫播出的北京人民广播电台生活广播（生活台）停止播出。

体育广播是以体育爱好者为主要听众群、以体育宣传为主要内容的专业广播。

体育广播以“体育立台、竞技健身并举”为办台的根本宗旨。以弘扬奥林匹克精神和爱国主义精神、促进中国体育运动和全民健身运动发展为最高目标和行动指南。

体育广播的主要任务是：报道体育新闻，传播筹办奥运信息，普及竞技、健身、健康知识，提供相应的咨询服务。

体育广播的节目设置以体育新闻、体育专题、赛事直播、健身健康专题为主，辅以知识类和娱乐类节目。体育广播每天5：55开始播音，24：00播音结束，全天播音18小时零5分钟。

1月1日 本台四套有线广播（古典音乐广播98.6MHz、通俗音乐广播97.0MHz、教学广播99.4MHz和英语广播97.8MHz）正式开播。这四套节目是北京电台专门为有线广播制作的，用户可通过有线广播电视网收听。

1月1日 北京交通广播在北京市交管局指挥调度中心的直播室建成启用，直播新闻板块节目《一路畅通》。直播内容除保留了原有由交通民警即时发布路况信息的形式之外，还增加了122信息、值班民警轮流发布路况等形式。平均每天早晚两高峰时段播发路况信息100条左右、突发事件十余条。这将有助于本市高峰时段的交通指挥及疏导。同时，交通广播还实现了24小时不间断播出，弥补了北京夜间交通疏导的空白。

1月4日 我台为完善聘用合同制，加快新老干部的交替，优化职工队伍内部结构，提高职工队伍整体素质，保持职工队伍的生机与活力，减员增效，促进广播事业发展，根据京办发［2000］63号文件的精神，结合我台实际情况，颁布了《关于在推行聘用合同制工作中人员分流的有关规定（试行)》。至2月10日，此规定停止执行。经党委批准，共有71名职工正式办理内退手续。

1月4日 为了总结经验，统一认识，进一步把《七台精彩节目联播》节目办好，总台召开了有各专业台主管宣传的副台长及有关部门负责同志参加的座谈会。座谈会由副总编辑马仕存主持。会上，大家畅所欲言，总结了各自的经验，对存在的问题进行了讨论。总编辑汪良出席座谈会并发表了重要意见。《七台精彩节目联播》已创办三年，为各专业台的优秀节目提供了一个展示的园地，加强了专业台之间的交流，对促进全台创优起到了很好的作用。

1月6日 由北京音乐广播《你好TAXI》、中央电视台《同一首歌》栏目和北京市交通管理局联合主办的特别节目——“北京的士之星”暨“北京出租汽车司机最喜爱的歌”评选颁奖晚会在北京工人体育馆举行。来自首都出租汽车行业的755位“北京的士之星”、3000多位出租汽车司机与演艺界人士欢聚一堂。北京市委副书记龙新民，市委常委、宣传部部长蒋效愚等领导出席了晚会。

1月8日 北京交通广播与北京市交管局、中央电视台共同推出大型晚会《同一首歌——走近交警》，为交警们送去真诚的问候和祝福。

1月11日 本台召开了2001年度工作总结会。台长降巩民对本台2001年度的工作作了全面总结，并对2002年的工作进行了展望。会上，台长降巩民和总编辑汪良还分别作了述职报告。全台副处以上干部参加会议，并对降巩民同志和汪良同志进行了民主测评。全台干部职工通过闭路电视会议系统收看了总结会的实况。

1月17日 北京教育广播直播机房技术改造工作完成，并投入使用，这是继交通广播、音乐广播、文艺广播、新闻广播、经济广播、交通广播交管局直播室后，第七个采用数字播出调音台的直播机房。经过改造后的教育广播直播系统，在技术性能、安全可靠程度以及声音质量上都有较大提高。

1月22日 本台第七届主持人节目展播评选揭晓，评委们从31个参展节目中评选出7个最佳奖、10个优秀奖。

1月22日 我台总工程师王季平和办公室主任曹丽霞带领有关同志赴平谷白各庄村，参加了由市委宣传部组织的“北京燕山情三下乡”活动。活动期间，我台向白各庄村赠送了5台电视机，技术中心的同志为当地村民维修了电视机、收音机等家用电器20余台件。

1月22日—27日 由北京交通广播和市交管局等单位联合主办的首届“北京市交通安全漫画展”在中国美术馆举行。展览展出了一批知名漫画家的83幅有关交通题材的作品。

1月23日 本台召开党员代表大会，按照差额和无记名投票的办法，从36名代表候选人中选举产生了27名出席北京广播影视集团第一次党员代表大会代表。

1月25日 为了更好地配合本台编辑、记者英语达标5年考核计划的顺利实施，让大家拥有更多练习英语口语的机会，我台举办第一期“英语角”活动。“英语角”活动计划每周举办一次，每次两小时，并特邀有丰富教学经验的老师现场指导。

2月5日 北京文艺广播与北京市文联、北京娱乐信报、北京曲艺家协会共同举办了一台集曲艺、戏曲、歌曲、游艺为一体的《欢欢喜喜过大年》大型文艺下乡活动。这是为落实中宣部关于广泛深入开展“三下乡”活动的指示精神，丰富农村春节期间的文化生活，同时也感谢为首都市民能喝到净水而默默奉献的密云县高岭镇的人民，以此表达北京市民对高岭镇人民的感激之情。在举办文艺活动的同时，四家单位还联合开展了向当地军烈属、劳动模范、农民群众送温暖活动。

2月10日 根据北京市机构编制委员会办公室“京编办事［2002］32号”文件精神，本台正式成立“广播发展研究室”。其主要任务是监测国内外广播事业发展、拟订并完成研究课题、编印业务刊物、负责全台听众调查等。

2月11日 （农历腊月三十）北京市委副书记龙新民，市委常委、宣传部部长蒋效愚，副部长王荔茹、宋贵伦等领导来本台慰问广大干部职工，向北京电台的全体工作人员拜年。

2月 本台2001年度优秀节目评选揭晓，91篇作品分获一、二、三等奖。今年是本台实行新的评奖办法的第一年。以往的年终评奖，从各专业台推荐的作品中评出北京广播奖的参评作品后其余全部为台级优秀节目。新的评奖办法是先在各台推荐的110篇作品中评选出一、二、三等奖90篇之后，再从获奖作品中推荐参加北京广播奖的参评作品。

3月1日—3月15日 北京经济广播的“3.15”特别节目改变了往年在“3.15”当天集中全台力量“集团作战”的方式，突出宣传普及科学消费常识，以听众参与有奖答题为主要方式，在经济广播节目中进行了连续播出。这次“3·15”特别节目的两个突出特点是“听众参与”和“现场感”。

3月4日和7日 本台分两次召开了2002年度工作计划通报电视电话会议。各部门主要领导向全台干部职工介绍了本部门2002年度工作计划、要达到的目标及采取的保障措施。召开工作计划通报会的目的是为了加强全台各部门之间的联系与沟通，并对各部门的工作予以监督。

3月12日 本台总编室与北京新闻广播联合召开听众座谈会，就今年新闻台节目改版征求听众的意见。副总编辑白福义参加了座谈会。与会听众充分肯定了今年新闻广播的改版坚持专业化办台的方向，拓展了新闻的领域和空间，使节目架构成串、成网，改版基本是成功的。

3月14日 本台广播发展研究室召开兼职研究员见面会，15名来自全台各部门的兼职研究员参加了会议。副总编辑、研究室主任张礼栓对研究室的基本情况、主要课题方向以及今后兼职研究员如何开展课题研究作了详细介绍，兼职研究员在拟定新课题、如何发挥兼职研究员的作用、研究室今后发展方向等方面也提出了自己的看法。

3月26日 国家认证认可监督管理委员会在人民大会堂为包括北京交通广播在内的100家获得质量认证的单位举行隆重的颁证仪式。国家认监委主任王凤清亲自为本台交通广播颁证。交通广播于2001年12月18日通过了ISO9001（2000版）质量管理体系认证，在国内广播电视系统是第一家。

3月26日—27日 本台办公室举办了固定资产管理员培训班，党委副书记汤玲和总工程师王季平到会并讲了话。固定资产管理科付昱和赵文静讲解了《北京电台固定资产管理办法》，行政科王亚伟对《行政集体采购实施细则》（讨论稿）进行了说明。

3月27日 本台首届名牌节目评选揭晓，《北京新闻》、《新闻大视野》、《消费者热线》、《中国歌曲排行榜》、《路况信息》、《空中笑林》、《新闻2001》、《体育大世界》、《生命生育生活》和《时代杂志》被评为我台2001年度的名牌节目。另外，《评书联播》、《前沿话题》等19个栏目被评为优秀节目。

3月27日 上午，本台内退职工党支部召开第一次支委会，就支部成立的意义、任务及2002年的活动计划进行了充分的讨论和研究。内退职工党支部是在2月份党委批准71名职工内退后成立的，张玉兆、李清华、亢廷君、王丰、杜敏5位同志为支部委员。当天下午，内退党支部召开了全体党员（43名）大会，认真传达了台党委2002年党支部工作安排、纪委2002年工作要点，讨论了支部活动安排，划分了党小组并选举了组长，建立了以支部为核心的联系网络。

3月 在北京市总工会举办的“合理化建议”活动中，我台技术中心《ATM与千兆以太网双网在数字音频系统中的使用和建设》被评为2001年北京市经济技术创新工种优秀成果。章通同志在群众性经济技术创新活动中提出的“将ATM与千兆以太网应用于数字音频系统的建议”被评为北京市优秀合理化建议。

4月1日—15日 为了认真贯彻落实北京市“扶贫济困春风行动”计划，我台以党支部为单位，组织干部职工进行了自愿捐款活动，采取“统一认领、分包资助”的形式，帮助部分家庭生活特别困难的学生完成中学学业。这次捐资助学活动，共有474人参加，总计捐款达39320元。

4月10日 朝阳区政协委员一行40人来我台参观。台长降巩民为委员们介绍了我台近年来的发展情况，随后委员们参观了音乐广播播出机房、交通广播办公区以及技术楼的录制机房和直播区。

4月27日 北京电台2001年度听评月和2001年度主持人节目展播颁奖会举行，100多名听众与50多位电台领导、主持人出席。电台领导与节目主持人为60名在听评月中获奖、35名在主持人节目展播听众评议中获奖的听众和在主持人节目展播中荣获最佳奖、优秀奖的主持人颁发了奖金和证书。在颁奖会上，我台还向100多名到会的听众颁发了业余监听员聘书。

5月1日 北京音乐广播正式开通古典音乐频道（有线调频98.6兆赫）和欧美流行音乐频道（有线调频97兆赫）。这两套有线音乐频道最大的特点是让听众可以完整地欣赏自己喜爱的音乐，节目中尽量压缩了语言的比例，仅对音乐标题做简明提示，在内容方面更是涉及到广泛的音乐门类。两套音乐频道都采用有线光缆传输的播出形式，因此收听效果和音质都要超过现有的无线调频广播。

5月9日—11日 为期三天的北京国际电视周在北京展览馆举行，北京文艺广播在展会上直播的《空中笑林》、《蒙太奇影院》、《新戏曲》等节目，受到了现场观众与收音机前听众的一致欢迎。

5月10日 为期十天的第二届“金钟奖”暨首届鼓浪屿国际钢琴艺术节在厦门鼓浪屿隆重开幕。为将这次音乐盛事及时传送到首都北京，应主办方中国音乐家协会特别邀请，北京音乐广播专门派出了转播、报道小组赴厦门鼓浪屿现场直播艺术节开幕式音乐会。这项工作使北京及全国音乐卫星广播协作网的16家电台的听众与现场的观众同步聆听了我国音乐界盛大的演出实况。

5月14日 我台邀请市委办公厅信息处处长陈静同志对全台信息员进行了培训。

5月中旬至6月中旬 根据市纪委、市委组织部、市委宣传部《关于组织开展2002年党风廉政建设宣传教育月活动的意见》及北京广电集团党委的布置，我台开展党风廉政建设宣传教育月活动。此次活动内容主要包括：党风廉政建设宣传教育月动员，党委书记、台长降巩民讲党课“树立正确的利益观”；开展作风建设大讨论；制定北京人民广播电台党风廉政建设责任制实施细则和实施细则配套措施；成立北京人民广播电台党风廉政建设领导小组；开展向优秀党员汪洋湖同志和方工同志学习的活动，组织观看汪洋湖、方工同志先进事迹的录像；根据北京广电集团纪委安排，组织电台党员参加党风廉政建设知识竞赛活动。

5月22日—25日 我台在“第五届中国北京国际科技产业博览会”国际现代传媒新技术成果展现场设立直播间，各专业广播以及国际部先后在直播间里进行了直播和现场演示。台长降巩民、副总编辑张礼栓、党委副书记汤玲亲临现场指挥直播活动。此次活动在介绍国际现代传媒新技术成果的同时，也是对北京电台一次成功的自我宣传。

5月23日—26日 北京教育广播成功举办第四届北京出国留学咨询会。市委副书记龙新民、副市长林文漪在总台台长降巩民的陪同下亲临留学咨询会现场指导工作。咨询会到会的人数平均日流量达1.2万人。

6月1日 北京教育广播在北京市劳动人民文化宫举办了以“争做奥运小主

人”为主题的大型联欢活动。多个幼儿园和小学的小朋友表演了歌舞、器乐演奏等，教育广播的主持人还组织了现场问答，向小朋友们发放了小礼物。

6月2日 在2001年度全国对农广播节目评奖会上，我台新闻广播选送的《大桃之乡说入世》（作者宋爽）、《今日京郊综合板块》（作者丹青）获得中国广播电视学会二等奖。

6月8日 由北京经济广播和西城区人民政府共同主办的“2002 年北京金融服务咨询日”活动，在北京西单文化广场成功举行。西城区副区长曹长胜、市金融工委书记成燕红、工商银行总行行长助理牛锡明、北京电台总编辑汪良等出席了活动的开幕式并讲话。本次金融服务咨询日汇集了银行、保险、证券、基金、投资顾问、金融衍生、集邮等 50 多家金融投资服务机构，为市民提供了多种形式的金融咨询服务活动。在活动现场还举行了小型金融专题讲演和文艺演出。

6月8日 凌晨5：00，韩国 MBC 文化放送《孙石熙视点》节目在我台技术楼备份直播间开始了对韩国的现场直播，主题是“你好中国，我爱你韩国——纪念中韩建交 10 周年”。整个节目共进行了 3 个小时，取得了圆满成功。这是我台首次在直播区接待外宾且人数众多。

6月17日 为纪念“世界防止荒漠化和干旱日”，9：00 至 12：00 北京新闻广播和内蒙古广播电台联合推出大型直播特别节目《为了我们共同的家园》。

6月24日 由本台研究室负责的“北京人民广播电台受众定位与整合管理调查”工作正式展开。此次调查采取随机抽样、非随机抽样、座谈会三种手段相结合的方式进行，历时两个月，完成了总台和七个专业台的调查报告。此次调查的执行公司 IMI 创研公司是通过招标被总台确定的。

6月25日～26日 我台举办宣传管理干部培训班，全台科级以上宣传管理干部 90 余人参加了培训。这是我台连续第 4 年举办这样的培训班。总编辑汪良为培训班作了动员报告，副总编辑马仕存对我台各项宣传管理规章制度进行了讲解和分析，市委宣传部副部长肖培作了题为“如何坚持把握正确的舆论导向”的报告。台长降巩民在总结发言中充分肯定了宣传管理干部培训班所起的重要作用。

6月28日 根据我台新闻广播专业化建设及事业发展需要，为加强我台新闻节目的运作和管理，经党委研究决定，自即日起，新闻中心并入新闻台，并在新闻台内暂设编委会。编委会的职责：协调新闻台内各新闻节目的统一运作；负责日常新闻节目的管理；策划组织重大宣传报道活动。陈晓海为新闻台编委会主任（正处级），李彦平为新闻台编委会副主任（副处级）。

7月10日 为搞好电台照片资料的收集、保存和利用，本台颁布《北京人民广播电台照片资料收集管理办法》。

7月11日 本台从美国 HARRIS 公司引进的 4 部 DX—10 全固态数字调制广播发射机，正式进入运行状态。这 4 部发射机是作为原有 4 部发射机的备机来使用的，它的正式运行对于发射工作起到了安全保障作用。

7月15日 北京经济广播与上海东方广播电台的财经频率联合制作《中国财经 60 分》节目，依托 ISDN 技术，每周一到周五 18：00—19：00 在北京和上海两地同步播出。

7月15日 为迎接党的“十六大”胜利召开，北京新闻广播在《北京新闻》、

《新闻时间》、《新闻2002》节目中推出大型系列报道《世纪跨越1997—2002：北京纪事》，对党的“十五大”以来近5年北京各项事业的发展、社会生活的进步以“大事回顾”的方式加以梳理和描述，反映在党的“十五大”确立的思想路线指引下，首都社会生活方方面面的可喜变化。

7月15日—18日 由北京新闻广播和北方出租汽车有限责任公司共同组织的“北方绿色环保夏令营”，在内蒙古多伦县举行。其目的是对少年儿童进行一次生动的环保教育，使他们从小树立起正确的环保意识。

7月16日—20日 2002年华北地区广播技术协作会第七届年会在天津召开。在本届年会上，本台谷会敏的论文《ON－AIR2000数字调音台》获得一等奖；薛燕玲的论文《DX－50数字固态发射机欠激故障的分析》和张云仙的论文《对哈里斯D－X25发射机一例机障的分析》获得二等奖；邓亚程的论文《北京电台发射台音频交换系统的完善与操作》获得三等奖。

7月18日 中宣部干部局专家处副处长胡邦胜和尹哲军同志，来本台就“我国加入WTO后新闻出版领域人才工作面临的机遇挑战及对策”进行调研。台长降巩民和总编辑汪良就本台新闻人才队伍现状进行了汇报。党委副书记汤玲、人事部主任郑金诗以及部分专业广播负责人参加了调研活动。

7月18日 纪念周总理为北京电台“外语讲座”开播批示30周年、“戴尔英语杯‘想起当年学外语’大型征文”颁奖仪式暨“今天如何学外语”座谈会在人民大会堂举行。这个座谈会由北京市委宣传部、北京市民讲外语活动组委会办公室、北京人民广播电台等单位共同主办，北京人民广播电台教育广播策划承办。出席座谈会的有全国侨联副主席唐闻生、中央档案馆副馆长杨公之、市委副秘书长赵东鸣、市委宣传部副部长宋贵伦、市精神文明办公室副主任滕毅、市外办副主任李洪海以及北京电台台长降巩民、总编辑汪良等，出席座谈会的还有外语教育界的专家、学者和“戴尔英语杯‘想起当年学外语’大型征文活动”的17位获奖者及部分参与者。

7月18日 由中共北京市委农村工作委员会、北京市人民政府农村工作委员会、北京市新闻工作者协会共同举办的北京市农口第五届好新闻评比揭晓，本台选送的《多媒体网络用于县政府会议》（消息 作者宋爽）、《京郊农村与中关村“两村合作”正式启动》（消息 作者陈万清）获得一等奖，《村账双审——农民服气干部清白》（录音专题 作者宋明梅）、《感受“民主议政”》（录音报道 作者丹青）获得二等奖。

7月23日 本台召开广播宣传阅评交流会。市委宣传部阅评领导小组和广播阅评组成员，电台台长、总编辑、副总编辑和各专业广播、国际部、总编室负责人及台内监听员等35人参加了会议。

7月26日—30日 本台参加了在国际展览中心举行的第四届北京国际广告博览会。我台在现场设立了40余平米的展台，运用多种先进的宣传手段，采用平面展示、影像展示、广播展示等多种形式，充分展现了北京电台广告经营业绩和独特有效的广告资源。

7月27日 由中华人民共和国文化部港澳台司主办，北京歌华太阳文化艺术有限公司、北京电台音乐广播、香港电台承办的“庆祝香港回归五周年大型演唱会”在北京工人体育场举行。北京音乐广播通过（全国）卫星音乐广播协作网在全国16家省市音乐台进行了现场直播。

7月28日 由本台国际部自制的新闻专题类节目《今日北京》和文艺广播的《空中笑林》两套节目合并而成的“北京电台精心奉献”栏目在新西兰AM990中文电台首播成功。新西兰是继澳大利亚、新加坡、加拿大、美国和英国之后，本台节目又新增的一个海外落地播出国。新西兰AM990电台位于奥克兰市，是该国目前唯一一家24小时播音的中文电台，也是当地华人的舆论中心。

7月30日 北京教育广播与双井街道工委、办事处在劲松二中校园操场联合举办了庆“八一”夏日文化广场文艺演出。来自双井街道的居民演员、驻区武警战士及社会单位的职工等为社区居民演出了歌曲、舞蹈、小品、相声、双簧等节目，双井街道干部和群众1000多人观看了演出，气氛十分热烈。

8月3日 北京经济广播全体人员在九华山庄欢聚一堂，庆祝经济广播正式开播10周年（1990年8月6日试播，1992年8月6日正式播出）。同时，经济广播首届文化节也拉开了序幕。台长降巩民、总编辑汪良以及马仕存、白福义、张礼栓、汤玲、王季平、刘祥汉等总台领导和各个部门的领导参加了活动。

8月3日—4日 在“2001年度中国彩虹奖”评选中，我台国际部记者陈琦、王海杰、郑菁、戴敏与教育广播记者马维联合制作的英语节目《红丝带连着你我心——一位帮助艾滋病人的志愿者》获得专题类节目二等奖。

8月12日—18日 中国广播电视学会和黑龙江广播电视局在哈尔滨举办了“哈尔滨·第二届广播节目交流会暨台长论坛”。本台文艺广播精心准备了以文学、戏曲、曲艺、音乐、影视戏剧节目为代表的一批高质量节目参加本届交流会，先后与全国近10家兄弟电台达成了节目交流意向。交流会期间，还举办了以“时代·创新·市场”为主题的台长论坛，本台台长降巩民做了题为《关于北京电台可持续发展战略的思考》的主题报告，得到了与会代表的一致肯定和欢迎。

8月16日 在2002年度中国广播电视学会广播受众研究会上，我台选送的4篇受众研究论文获奖：《2008年的广播给谁听——北京未来广播“目标听众”市场预测》（张宇程、赵男）、《浅论广播专业化与受众》（赵多佳、边建）获得一等奖；《重视效果研究　满足受众需要》（顾炜）获得二等奖；《强化听众意识　建立听众反馈系统——北京台业余监听员队伍建设的回顾与思考》（田凤芝）获得三等奖。

8月22日 北京人民广播电台网站——“北京广播在线”开通一周年研讨会举行。台长降巩民、总编辑汪良、副总编辑马仕存、白福义、总工程师王季平及各专业广播、各职能部门的负责人和网络管理员共40余人参加了会议。该网站由信息资料中心网络节目科负责管理，开通一年来，取得了较好的宣传效果，形成了一定的规模和影响力。

8月22日—31日 2001年度中国广播电视学会交通广播奖揭晓。北京交通广播获奖情况如下：《北京巴士上市将使北京公交发生革命性变化》获消息类一等奖、《真心陪你走一程》获新闻专题类一等奖、《看遍四海夕阳红》获综合节目类一等奖、《怀旧是一种美——访陈佩斯》获综合节目类二等奖、《雪天特别路况》获路况信息类二等奖、《关键在一个“做”字——评“文明乘车，从我做起”》获评论类二等奖、《快速处理一起交通事故》

获消息类三等奖、《路牌——文明的标志》获新闻专题类三等奖。

8月26日 由中华全国新闻工作者协会主办的第五届范长江新闻奖、韬奋新闻奖和全国百佳新闻工作者评选揭晓，本台记者张娜依荣获全国百佳新闻工作者称号。

8月底～9月中旬 为提高本台采编播人员的素质，确保党的“十六大”召开前夕的宣传工作顺利开展，根据国家广电总局和市广播影视集团领导指示精神，本台在延庆声屏苑培训中心共举办三期“北京电台迎‘十六大’宣传培训班”。各专业广播、国际部、总编室全体采编播人员及副科级以上干部和在本台兼职一年以上的采编播客座人员、2002年应届大学毕业生共350人参加了培训。

9月1日—8日 由本台承办的“2001年度中国广播文艺奖”评奖工作在九华山庄会议中心举行。参加这届中国广播文艺奖评选的评委及中广学会评奖办工作人员近30人，本台台长降巩民任评委会副主任。

9月7日 市委副书记龙新民，市委常委、市委宣传部部长蔡赴朝，市委副秘书长赵东鸣，市委宣传部副部长王荔茹等领导在北京影视集团党委书记马朝军的陪同下来本台就迎接“十六大”、宣传“十六大”的工作部署情况进行调研。总编辑汪良就本台迎接“十六大”宣传报道工作的安排、人员培训、安全播音的情况进行了汇报。台长降巩民就本台的基本情况、党建工作、企业文化建设、宣传与宣传管理工作、技术现代化进程、经营创收工作以及可持续发展的思路做了汇报。龙新民副书记针对电台的工作情况以及如何做好迎接“十六大”、宣传“十六大”的工作作了重要讲话。

9月13日—9月15日 由北京经济广播、北京市委、市政府有关部门和北京新闻媒体等7家单位联合主办的“2002年北京经济论坛”活动，在北京国际饭店举行。在为期3天的时间里，近60位专家学者、政府官员、企业代表围绕“建设新北京、办好新奥运——机遇与发展”的主题，就“科技创新与北京奥运”、“紧抓奥运机遇，振兴北京现代制造业”等6个专题做了精彩发言。经济广播《2002年北京经济论坛特别节目》，全面报道了论坛情况。本次论坛不仅现场讨论十分热烈，还有近万人次访问北京经济论坛网站，就自己感兴趣的论题发表看法，参与讨论。

9月14日 由北京广播艺术协会和北京市汽车摩托车运动协会联合推出的“974爱车俱乐部”举行授牌新闻发布会。“974爱车俱乐部”是一个以全新时尚理念包装的汽车与音乐文化相结合的汽车俱乐部，它以北京音乐广播为运作平台，在提供专业汽车服务的同时引导车迷培养独特的时尚品位和文化理念。

9月20日 本台国际部特邀我国原驻澳大利亚墨尔本文化领事松雁群先生来台做赴澳出国培训讲座，讲座的主要内容包括：中澳文化，澳大利亚新闻媒体发展状况，在澳华人及华人社团情况等。

9月25日 本台两年制英语大专班毕业典礼举行。台长降巩民、北京第二外国语成教学院院长刘荣江等出席毕业典礼并向31名学员颁发了毕业证书。这个英语大专班是2000年本台与北京第二外国语学院的合作项目。

9月25日 本台技术中心的程春和樊燕宏同志在总工程师王季平的带领下到门头沟区下苇甸乡，参加市委宣传部组织的“三下乡”活动，为当地群众提供技术咨询服务。

9月28日 本台工会主席刘祥汉、纪委副书记娄源斌前往市“春风行动”办公室，代表全台职工捐献助学款33920元。

10月1日 由北京教育广播承办的北京电台培训中心成立，其前身为北京电台外语学校。该中心是北京电台所属面向社会进行知识普及，开展初、中、高等业余教育，为社会开发和储备各类人才资源的非盈利性社会办学机构。其宗旨是：以不断增长的、广泛迫切的社会求学、求知需求为背景，通过广播与面授相结合的传播、教育渠道，提高包括少年儿童在内的广大市民的社会适应能力、基础从业技能和科学文化素质。

10月6日 由北京教育广播与北京市民讲外语活动组委会、北京市委宣传部等单位联合主办的“首届市民外语游园会”活动在北京市劳动人民文化宫举办。此次游园会是今年市民讲外语系列活动之一，也是北京首次以外语为主题举办的大型游园活动。北京教育广播为此次活动搭建的大型玻璃圆球直播室，成为当天活动的一大亮点。市委常委、宣传部长蔡赴朝，副市长张茅，在北京电台台长降巩民的陪同下，走进玻璃大球，来到教育广播的直播现场并讲话。游园会各项活动丰富多彩，充分体现了“普及性、实用性、群众性和趣味性”的特点。

10月11日—12日 本台在宽沟招待所举办了“专业化办台研讨会”，会议由总编辑汪良主持。台长、副总编辑及各专业广播台长、副台长、台长助理和总编室、信息资料中心、广告部主任等有关人员参加了研讨会。

10月12日 由中国保监会北京办事处主办的2002年北京保险优质文明服务月大型保险咨询活动在北京朝阳公园举行。北京经济广播作为北京专业的财经·生活广播频率，成功地参与并直播了这次活动，达到了宣传保险和宣传经济广播“双赢”。

10月16日 北京新闻广播《法制天地》栏目被共青团北京市委员会、市广播电视局授予北京市优秀“青少年维权岗”称号。

10月28日 由北京新闻广播倡议组建的“全国广播电台有声新闻网”正式开通试运行。这是全国广播电台间首次以联网方式实现有声新闻的资源共享、互惠互利的合作，也是现代广播人为探索发展道路所做的又一尝试。全国广播电台有声新闻网以国际互联网为载体，专门传输具有地域特色的口播新闻及录音新闻，目前由19家省级广播电台及直辖市广播电台组成。

10月31日 北京新闻广播领导与北京绿化基金会专家前往内蒙古多伦县，对“治多伦一亩沙地，还北京一片蓝天”大型环保公益活动二期工程在多伦县自查基础上进行验收，并与多伦县的领导就“治还”工程的前景及发展交换了意见。

11月1日 在中共北京市委召开的北京市思想政治工作“双优”表彰大会上，北京交通广播被授予“北京市思想政治工作优秀单位”称号。

11月2日 由北京市交通局、北京交通广播及百姓杂志联合推出的《百姓TXAI》杂志试刊面世。该刊每月下旬出版，免费发放至每一辆出租车上。

11月2日 北京体育广播在成立一周年前夕与市体育局领导和有关部门召开座谈会，共同探讨如何做好来年体育广播的宣传报道工作。北京电台副总编辑马仕存、市体育局副局长张立华以及市体育局法规宣传处、群体处、竞赛管理中心、体育彩票中心的领导和体育广播的采编播人员一起参加了座谈。

11月4日 国家广电总局副局长张海涛来本台检查“十六大”安全播出的准备工作，北京市委常委、宣传部长蔡赴朝，副市长张茅和市广电局、广播影视集团的领导陪同检查。

11月6日 市委宣传部研究决定：1. 免去白福义同志北京人民广播电台副总编辑职务；2. 免去汤玲同志北京人民广播电台党委副书记职务；3. 任命刘爱勤、赵多佳同志为北京人民广播电台副总编辑。11月14日上午，市委宣传部干部处臧处长在电台处级干部会上宣读了上述干部任免事项。

11月13日 下午，电台党委会研究决定：1. 刘爱勤同志不再兼任新闻台台长职务，赵多佳同志不再兼任经济台台长职务；2. 李捷同志试岗新闻台台长，孟立同志试岗经济台台长。二位同志试岗期限为2002年11月13日至2003年12月31日；3. 北京人民广播电台成立基本建设办公室（临时性机构，待基建任务完成后自行撤销），尤士成同志兼任基建办公室主任，丑成培、路程同志为副主任。路程同志聘期自2003年1月1日至2003年12月31日，同时自2003年1月1日解聘其文艺台副台长职务。

11月22日—24日 本台羽毛球队参加了中华全国新闻工作者协会、中国羽毛球协会、北京羽毛球协会举办的“北京2002年新闻工作者羽毛球赛”。比赛中，本台代表队荣获“体育道德风尚奖”，杨伏祥获得男子单打第二名。

11月23日 由北京市扶贫济困春风行动办公室和本台联合举办的“扶贫济困春风行动——北京人民广播电台助学结对仪式”在北京青年宫举行。首都精神文明办公室副主任滕毅、北京市总工会副主席韩荣代、本台副总编辑赵多佳出席仪式并讲话。赵多佳同志还代表电台接受了北京市扶贫济困春风行动办公室授予的《荣誉证书》。

12月1日—31日 本台举办第八届“主持人节目展播”活动，集中播出从年初以来本台七个专业广播中精选的31套优秀主持人节目。

12月5日 本台召开“表彰大会”，对在“十六大”期间做出突出贡献的部门和在2002年各项评选中的获奖人员进行表彰，对荣获政府奖的人员进行重奖。

12月6日 零点起，北京电台英语广播——有线调频FM97.8兆赫开始试播。这是北京电台建台以来首次开播全天24小时英语广播频率。

12月6日 在“贯彻落实党的‘十六大’精神，推进首都精神文明城市建设大会”上，副市长刘志华宣读了《关于表彰首都文明创建活动示范点和精神文明建设最佳活动的决定》。由北京新闻广播、北京绿化基金会和内蒙古多伦县人民政府共同发起的“治多伦一亩沙地，还北京一片蓝天”大型环保公益活动获得“首都精神文明建设最佳活动奖”。“首都精神文明建设最佳活动”每两年在全市范围内评选一次，评选的标准是在全市有一定影响、连续举办两年以上的活动。

12月6日 本台举办2003年“合办节目”招标会。此次招标会由广告部组织，广告部主任张树荣主持。台长降巩民、副台长尤士成、副总编辑刘爱勤以及相关专业广播的台长、副台长出席了招标会。来自20余家广告公司的80余名代表参加了此次招标会。招标会旨在更加合理的利用各广告时段，统一“合办节目”价格，同时加强对“合办节目”的宏观调控。在全部 21 个合办节目时段的竞标中，中标总额达9314万元。招标会为本台在经营工作中全面推行“广告计划模式”进行了有益的尝试。

12 月 17 日 由北京交通广播和北京交通工程学会共同主办的首届“国际城市交通广播论坛——奥运交通暨智能交通信息化发展趋势与技术应用研讨会”在京隆重举行。举办此次交通论坛的目的是通过广泛的学术交流，为社会公众提供一个阐述交通政策、展示学术理论和科技创新发展的平台，在政府主管部门和学术专家以及交通专业电台之间架设一座相互沟通的桥梁。与会的中外交通专家共 50 多位，分别就交通信息化发展趋势与技术应用等进行了深入探讨。此次论坛是由我国交通广播专业媒体首次举办的国际学术活动，来自首都 30 多家新闻单位的记者对论坛进行了采访。北京交通广播对论坛进行了直播报道。

图书在版编目（CIP）数据

北京人民广播电台年鉴.2002／北京人民广播电台编.
北京：中国广播电视出版社，2005.4
ISBN 7-5043-4562-8

Ⅰ.北… Ⅱ.北… Ⅲ.广播电台-北京市-2002
-年鉴 Ⅳ.G229.271-54

中国版本图书馆CIP数据核字（2005）第011490号

北京人民广播电台年鉴2002

编　　者	北京人民广播电台
责任编辑	任逸超
封面设计	张一山
责任校对	谭　霞
监　　印	陈晓华
出版发行	中国广播电视出版社
电　　话	86093580　86093583
社　　址	北京市西城区真武庙二条9号（邮政编码　100045）
经　　销	全国各地新华书店
印　　刷	涿州市京南印刷厂
开　　本	787毫米×1092毫米　1/16
字　　数	450（千）字
印　　张	19.75
版　　次	2005年4月第1版　2005年4月第1次印刷
印　　数	1000册
书　　号	ISBN 7-5043-4562-8/Z·208
定　　价	42.00元